COURS
DE MORALE
THÉORIQUE ET PRATIQUE

PAR

GABRIEL COMPAYRÉ

Ancien élève de l'École normale supérieure
Agrégé de philosophie, docteur ès lettres
Professeur aux écoles normales supérieures d'instituteurs et d'institutrices
Membre du Conseil supérieur de l'Instruction publique

PARIS
LIBRAIRIE CLASSIQUE PAUL DELAPLANE
48, RUE MONSIEUR-LE-PRINCE, 48

COURS

DE MORALE

THÉORIQUE ET PRATIQUE

A LA MÊME LIBRAIRIE

BOURLOTON. — Imprimeries réunies, B, rue Mignon, 2.

COURS

DE MORALE

THÉORIQUE ET PRATIQUE

PAR

GABRIEL COMPAYRÉ

ANCIEN ÉLÈVE DE L'ÉCOLE NORMALE SUPÉRIEURE
AGRÉGÉ DE PHILOSOPHIE, DOCTEUR ÈS LETTRES
MEMBRE DU CONSEIL SUPÉRIEUR DE L'INSTRUCTION PUBLIQUE

PARIS

LIBRAIRIE CLASSIQUE PAUL DELAPLANE

48, RUE MONSIEUR-LE-PRINCE, 48

1887

COURS DE MORALE

THÉORIQUE ET PRATIQUE

INTRODUCTION

POURQUOI ON ENSEIGNE ET COMMENT ON DOIT ENSEIGNER LA MORALE

Enseignement de la morale. — Nécessité de cet enseignement. — Objections. — La morale est-elle une science? — Rapports de la morale et de la psychologie. — La morale indépendante. — Caractères propres de la morale. — La vertu peut-elle s'enseigner? — Le devoir et les devoirs. — Les connaissances morales principes d'action. — Utilité de la morale. — Enseignement didactique de la morale. — Limites et portée de cet enseignement. — Méthode d'enseignement de la morale. — Ordre des matières. — Abstractions et faits. — Faits historiques. — Récits fictifs. — Faits juridiques. — Lectures expliquées. — Instruction et éducation morales.

Enseignement de la morale. — L'enseignement de la morale est depuis longtemps inscrit au programme des classes de philosophie dans notre enseignement secondaire. Depuis 1881, il a été introduit dans les écoles normales d'instituteurs et d'institutrices (arrêté du 3 août), et depuis 1882, dans les écoles primaires elles-mêmes (arrêté du 27 juillet).

La France n'est pas le seul pays où cette innovation nécessaire soit un fait accompli. En Italie, le nouveau programme des écoles normales du 30 septembre 1880 comprend l'*Enseignement des droits et des devoirs*. En Belgique, le plan d'études des mêmes écoles contient un *Cours de morale et de savoir-vivre*, qui embrasse la morale théorique, la morale pratique, et même un aperçu sommaire de l'histoire de la morale. Aux États-Unis, l'enseignement théorique de la morale n'est pas négligé non plus : les programmes des écoles normales de Boston, de Philadelphie, etc., portent un cours de morale.

Nécessité de cet enseignement. — Il est à peine besoin d'insister pour justifier un pareil enseignement, dont il n'est personne au monde qui puisse se passer, mais qui est particulièrement nécessaire quand il s'agit d'élever de futurs instituteurs qui n'auront pas seulement à pratiquer la morale, mais seront chargés par la loi de l'enseigner. N'oublions pas, en effet, que les élèves des écoles normales primaires, à la différence des élèves que forment les autres maisons d'instruction, ont besoin de la morale, non seulement pour eux-mêmes, mais aussi pour les autres, pour les nombreuses générations d'enfants qu'ils sont appelés à instruire et à moraliser. Aussi M. Janet*, dans le *Rapport* annexé à l'arrêté du 22 janvier 1881, disait-il avec raison : « L'enseignement de la morale dans les écoles normales doit être un enseignement de première importance, et il doit même être placé en tête de tous les autres programmes. »

Objections. — Il y a pourtant des objections auxquelles il convient de répondre. D'une part, on affirme que la morale ne constitue pas une science : les uns n'admettent pas qu'elle puisse exister en dehors des dogmes de la religion ; les autres la considèrent comme un système de vaines affirmations destiné à disparaître avec l'ancienne métaphysique. Dans ce cas, il ne saurait être question d'enseigner une science qui n'existerait même pas.

D'autre part, on proteste que la morale est bien une science, mais on ajoute qu'il est inutile de l'enseigner, l'étude des vérités morales n'étant qu'une recherche de curiosité spéculative et ne pouvant exercer aucune influence sur la pratique, sur l'action. La science morale, dit-on, existe assurément dans de beaux livres qui en exposent les principes et en déduisent les conséquences. Mais, ajoute-t-on, il est impossible, par l'enseignement, de faire passer ces nobles maximes de la théorie dans l'application, de faire descendre la vertu, du livre qui en trace le tableau idéal, dans le cœur et la volonté de l'élève.

La morale est-elle une science? — Quoi qu'en disent ceux qui exploitent contre l'existence même de la morale la diversité et la confusion des systèmes philosophiques, la morale est une science. Comme on l'a dit, s'il y a plusieurs philosophies, il n'y a qu'une morale, la morale du devoir. « S'il est, dit M. Janet, des systèmes de morale qui simulent la morale du devoir en invoquant d'autres principes, c'est en raffinant et en subtilisant sur ces principes de manière à leur faire signifier la même chose que ce que nous appelons morale du devoir. » Même ceux qui proposent l'intérêt bien entendu comme principe de nos actions aboutissent à recommander, dans la pratique, les mêmes vertus que ceux qui se réclament du principe du bien.

On dit, il est vrai, que le monde traverse aujourd'hui une crise redoutable, que le scepticisme contemporain en ébranle les fondements, qu'elle n'est plus « qu'un abri provisoire qui craque de toutes parts et qui s'effondrera demain [1] ».

Il est possible en effet que les progrès de l'esprit scientifique aient pour conséquence de renouveler certaines parties de la morale. C'est ainsi que nous voyons des philosophes subtils et ingénieux, qui aspirent à se défaire de tous les préjugés et qui ne réussissent souvent qu'à exclure des principes néces-

---

1. M. Boirac, *Revue philosophique,* dixième année, p. 310.

saires, s'essayer, comme M. Guyau *, à esquisser le plan d'une « morale sans obligation ni sanction [1] ». Mais ces essais eux-mêmes ne prouvent-ils pas que l'humanité a toujours besoin d'une morale, que la philosophie cherche sans cesse à établir une règle des mœurs, parce que la société ne peut subsister sans cette règle ? A travers toutes les variations de la pensée humaine, dans toutes les religions, dans tous les systèmes de philosophie, il y a toujours, il y aura toujours un fonds commun de croyances, dont il est possible d'établir la légitimité, en montrant qu'elles ont pour principes les vérités psychologiques. La morale en effet n'est qu'une application, qu'une induction ou une déduction de la psychologie.

Rapports de la psychologie et de la morale. — La psychologie répond à cette question : *Qui suis-je ?* la morale, à cette autre question : *Que dois-je faire ?* Il est aisé de comprendre que ces deux questions se tiennent et sont intimement liées l'une à l'autre. La solution de la première nous apprend quelle est notre nature ; la solution de la seconde, quelle est notre destinée. Or, notre destinée ne peut être que la conséquence de notre nature. Nos devoirs ne sont pas les obligations d'un être imaginaire et abstrait ; ils sont les actes appropriés aux conditions réelles de notre existence, et que nous commande le développement régulier, conforme à l'ordre, de nos facultés naturelles. Aussi a-t-on pu dire avec raison que la morale n'était que « la psychologie continuée [2] ».

Les erreurs des philosophies ou des religions, dans leurs doctrines de morale, proviennent toutes d'erreurs correspondantes préalablement commises dans leurs conceptions psychologiques. Si les mystiques proposent à l'homme un idéal de conduite surhumain et une abdication complète des aspirations terrestres,

---

1. C'est le titre même de l'ouvrage publié en 1885, à la librairie Alcan, par M. Guyau.
2. M. Charles, *Éléments de philosophie*, t. II, p. 218.

c'est qu'ils ne veulent pas reconnaître les besoins réels de la nature humaine. Si les Épicuriens * abaissent le but de la vie en émancipant toutes les passions, en autorisant tous les plaisirs, c'est qu'ils omettent d'envisager les facultés par lesquelles nous nous relevons. Il y a nécessairement proportion entre ce qu'est l'homme et ce qu'il doit être. La morale de l'homme n'est ni la morale de l'ange ni la morale de la bête.

La morale indépendante. — Reste l'opposition de ceux qui ne veulent pas entendre parler d'un enseignement de la morale séparé de la religion. Mais la cause est jugée. En dehors et au-dessus de toute doctrine confessionnelle, il y a une morale humaine qui ne relève que de la science pure, qui ne se fonde que sur la raison naturelle. C'est celle dont Voltaire * disait qu'elle n'a rien de commun avec les dogmes, c'est celle que Talleyrand * recommandait comme une science véritable, dont les principes seront démontrés à la raison de tous les hommes, à la raison de tous les âges, comme un rendez-vous commun où, malgré la différence des sectes, les hommes doivent tous se réfugier et se réunir.

Caractères propres de la morale. — Le caractère particulier de la morale entre toutes les sciences, c'est qu'elle n'est pas seulement une science de faits, elle est une science de préceptes, elle s'exprime par des règles ; elle a un caractère impératif. Elle tend à autre chose qu'à éclairer l'intelligence en lui présentant une série de propositions à comprendre ; elle aspire à agir sur les sentiments et la volonté, sur l'action en un mot.

D'où cette question nouvelle : Y a-t-il un profit pratique à espérer de l'enseignement de la morale ? Question que se posaient déjà les philosophes de l'antiquité, quand ils se demandaient « si la vertu peut s'enseigner ».

La vertu peut-elle s'enseigner ? — Les idées, dira-t-on, ne font pas les mœurs : or la seule chose qui importe, ce sont précisément les mœurs. Rien ne nous sert d'avoir nourri l'esprit de nos élèves des plus belles maximes morales, si ces maximes ne se traduisent pas par des actes. Peu nous importe que vous connaissiez les théories de Kant * sur l'obligation absolue du bien, les doctrines des stoïciens sur la souveraineté de la vertu et la sublimité du courage, si en fait vous agissez comme un lâche ou un libertin. Et, dans la réalité des choses, n'est-il pas vrai quê souvent l'érudition morale la plus savante s'allie avec l'irrégularité et les défaillances de la conduite ?

Nous répondrons qu'en effet la connaissance des devoirs ne saurait en garantir absolument l'accomplissement pratique. Il s'en faut que Socrate * eût raison quand il confondait la science et la vertu, quand il affirmait que c'est seulement par ignorance du bien qu'on fait le mal. La vertu est faite de sentiment et de volonté plus encore que d'intelligence. Mais, ces réserves faites, il n'en est pas moins vrai que la connaissance du devoir est un des éléments essentiels de la moralité, de même que l'étude des règles de l'hygiène est une des conditions de la santé.

Le devoir et les devoirs. — Sans doute il n'est pas besoin d'avoir suivi un cours de morale pour savoir qu'il y a un devoir. D'instinct et naturellement l'homme croit à une loi morale. Il y a cru dans tous les temps, à tous les degrés de la civilisation. Mais ce qu'ordonne au juste la loi morale, quels sont les devoirs précis auxquels elle nous oblige, c'est ce qu'on ignore très fréquemment, c'est ce qu'il est nécessaire d'apprendre. Et la preuve, c'est que la formule de ce qui est permis et de ce qui est défendu a singulièrement varié dans la suite des siècles. « Dans les temps troublés, disait Guizot *, il est souvent plus difficile de connaître son devoir que de le faire. » Il ne parlait que pour les hommes très éclairés et très instruits ; pour le commun des mortels, c'est dans tous les temps qu'il est difficile de connaître son devoir. La conscience tend spontanément au bien, nous l'admettons ; mais encore faut-il qu'on lui enseigne en quoi consiste le bien. Que de fautes, que de crimes commis par ignorance ! Si l'on avait montré aux intempérants les conséquences de leur inconduite, n'est-il pas certain qu'ils auraient hésité à persévérer dans leur vice ? Comment espérer d'autre part que les devoirs seront accomplis par des hommes qui n'en connaissent même pas le nom ?

Pour pratiquer les devoirs, la première condition est donc de les connaître ; et l'on n'a point perdu sa peine si l'on a fait pénétrer un peu plus de lumière dans la conscience obscure des humbles et des ignorants.

La connaissance des devoirs n'est pas à elle seule une garantie de moralité, mais l'ignorance des devoirs est une certitude d'immoralité.

Les connaissances morales principes d'action. — On aurait tort de croire d'ailleurs que l'enseignement moral prétend seulement à éclairer la route, à montrer le chemin, sans accroître les forces dont nous avons besoin pour y marcher droit.

La vérité morale bien comprise, quand elle n'est pas une maxime apprise par cœur et récitée du bout des lèvres, quand elle a réellement pénétré l'esprit, la vérité morale, ce n'est pas seulement le poteau indicateur placé à l'entrée d'un carrefour ; c'est un principe d'action. Elle est un viatique, un secours ; elle élève et ennoblit les sentiments ; elle réconforte, elle soutient la volonté ; elle prépare l'action.

Il y a une solidarité étroite entre notre intelligence et nos autres facultés. Nous en souffrons quand l'intelligence est égarée par les sophismes ; nous pouvons en profiter, si l'intelligence éclairée, en même temps qu'elle nous indique la bonne voie, nous engage à y entrer.

Si nous avons réfléchi sur les principes de la morale, sur les conditions qui créent notre responsabilité, ne serons-nous pas plus forts pour résister aux tentations de la passion? C'est une erreur de croire que les idées profondément méditées s'arrêtent à la surface de l'âme : elles entrent dans notre substance, dans notre chair et dans notre sang.

Une simple maxime gravée dans notre souvenir et dans notre cœur peut beaucoup pour assurer notre moralité. Ne savons-nous pas tous par expérience qu'au moment de commettre une faute, de céder à un instinct mauvais, nous avons été retenus par l'apparition subite dans la conscience d'une sentence morale apprise dans notre enfance, d'une recommandation paternelle ou maternelle, qui après des années retentit encore à nos oreilles? Il est vrai que, dans ce cas, il y a une part à faire à l'autorité des êtres aimés qui nous ont transmis le précepte; mais le précepte seul, si nous en avons bien compris le sens et la portée, a par lui-même son efficacité.

« Si la vérité morale est gênante, écrivait V. Cousin*, c'est que, comme vérité, elle est ce qu'elle est et ne se plie à aucun caprice. Toujours la même et toujours présente, malgré que nous en ayons, elle condamne inexorablement, d'une voix toujours entendue, mais non toujours écoutée, la volonté insensée et coupable qui croit l'empêcher d'être en la niant, ou plutôt en feignant de la nier[1]. »

Utilité de la morale. — Il y aurait encore d'autres raisons à donner pour justifier l'enseignement de la morale. On a dit, avec raison, que la vraie moralité ne consistait pas dans une conformité extérieure des actions avec la loi : elle suppose la bonne volonté éclairée, l'intention réfléchie; elle réside dans les motifs plus encore que dans l'action elle-même. A ce titre, il est bien évident que l'étude de la morale est indispensable. Autre chose en effet est l'innocence inconsciente et aveugle, autre chose la vertu raisonnée, qui seule convient à la dignité de l'homme.

1. V. Cousin, *le Vrai, le Beau, le Bien*, p. 319.

Ajoutons que la vertu réfléchie, outre qu'elle a un prix plus grand, est la seule qui puisse répondre aux nécessités de la vie. Si nous ne sommes vertueux que par habitude, qu'arrivera-t-il en présence des circonstances nouvelles, alors que nous serons jetés tout d'un coup dans une situation inaccoutumée? Nous serons désarmés, n'ayant pour guides que des habitudes qui ne correspondent plus aux besoins de l'action. Au contraire, dirigés par des principes, nous saurons toujours faire face aux éventualités de l'existence et trouver la réponse exacte à la question posée par les hasards de la vie.

Enseignement didactique de la morale. — La morale comporte donc un enseignement didactique. Même à l'école primaire, nous l'avons dit ailleurs [1], aux entretiens familiers, aux récits, aux exemples, il faut joindre, dans le cours supérieur tout au moins, de petites leçons graduées; il faut, comme le dit M. Janet, « employer avec discrétion et sous les formes les plus modestes la méthode doctrinale [2] ». Mais à l'école normale, surtout avec des adolescents, qui ont déjà l'habitude de la réflexion, qui ont suivi un cours de psychologie, qui d'ailleurs doivent être initiés à la morale, non seulement pour la pratiquer, mais pour l'enseigner à leur tour dans les écoles primaires, une série de leçons didactiques s'impose évidemment.

Limites et portée de cet enseignement. — Ce n'est pas que nous voulions, même à l'école normale, réduire à un exposé théorique l'enseignement de la morale. Il ne s'agit pas seulement de mettre les élèves en mesure de définir, de classer les notions morales, sans se soucier de les habituer à les mettre en pratique.

Ce n'est pas seulement leur instruction, c'est leur

---

1. Voy. dans notre *Cours de Pédagogie* (2ᵉ partie), leçon VII, *la Morale et l'Instruction civique.*

2. Voy. le *Rapport* de M. Janet lu à la section permanente du Conseil supérieur le 21 juin 1882.

éducation morale qui doit nous préoccuper ; et à ce point de vue il faut savoir retenir quelque chose de la méthode recommandée pour l'école primaire.

« On a fait à l'enseignement moral, disait M. Jules Ferry, une place à part, une place d'honneur. On a dit au maître : L'enseignement moral, ce n'est pas un enseignement didactique, cela ne se fait pas en trente leçons, ni en quarante ; cela se fait toujours ; cela doit se mêler à tout enseignement, à tous les entretiens du maître avec les élèves : c'est une leçon qui doit à tout instant sortir du cœur du maître pour passer dans le cœur de l'élève. Ce n'est pas un cahier ou un livre, c'est un ensemble de moyens ayant pour but de créer dans l'école une atmosphère morale élevée, une atmosphère saine et fortifiante [1]. »

Ces moyens, Talleyrand les définissait ainsi :

« Trois méthodes principales s'offrent à l'esprit : la première est de faire faire à l'enfance un apprentissage véritable de la morale, ce premier des arts, et comme un premier essai des vertus que la société lui demandera un jour en organisant cette petite société naissante d'après les principes de la grande organisation sociale ; la seconde, de mult.plier sans cesse autour de tous les individus, et en raison de leurs affections, les motifs les plus déterminants pour faire le bien ; la troisième est de frapper d'impressions vertueuses et profondes les sens, les facultés de l'âme, de telle sorte que la morale, qui pourrait d'abord ne paraître qu'un produit abstrait de la sensibilité, devienne un sentiment, un bonheur, et par conséquent une forte habitude [2]. »

En d'autres termes, il faut, par une discipline plus libérale, préparer les normaliens à la vie réelle, accroître par une liberté plus grande le sentiment de leur responsabilité, multiplier autour d'eux les bons exemples, les entourer d'une influence morale continue, leur apprendre à se gouverner eux-mêmes. Les dernières réformes accomplies dans la direction et l'organisation intérieure des écoles normales ne sont-elles pas précisément l'application des conseils que Talleyrand donnait, il y a cent ans, à ses contemporains ?

1. Jules Ferry, *Discours* prononcé au congrès pédagogique de 1883.
2. Talleyrand, *Rapport* sur l'*Instruction publique* présenté à la Constituante.

Méthode d'enseignement de la moralo. — Il n'en est pas moins vrai que l'éducation morale resterait vague et incomplète, si, à l'influence de l'exemple, aux exercices pratiques, on n'ajoutait pas un enseignement suivi et régulier. Ce que devra être cet enseignement, nous l'avons déjà dit dans un autre ouvrage, lorsque nous avons eu à fixer les règles de l'enseignement psychologique [1]. Psychologie et morale doivent être enseignées de la même façon.

Il faudra en effet éviter toutes les parties inutiles, se défier de la métaphysique, insister au contraire sur tous les points qui offrent un intérêt pratique ; il faudra faire appel le plus possible à la conscience personnelle de l'élève, obtenir que les maximes qu'on lui propose éveillent chez lui autre chose qu'un acte mécanique de la mémoire, c'est-à-dire un sentiment intime et réel ; il faudra par des questions le provoquer à réfléchir, le conduire à trouver lui-même la solution des problèmes moraux ; il faudra enfin, par-dessus tout, être simple et clair, sans cesser d'être grave et élevé, en s'efforçant d'ajouter, par l'accent, par le ton, à l'autorité des idées qu'on est chargé d'exposer.

Ordre des matières. — Un assez grand nombre d'écoles normales, lors de la consultation générale qui précéda le congrès pédagogique de 1883, furent d'avis qu'il était nécessaire d'intervertir l'ordre habituel de l'enseignement de la morale et de placer la morale pratique avant la morale théorique [2].

Nous ne saurions souscrire, quant à nous, à cette interversion illogique, que les difficultés de l'exposition des vérités morales ne suffisent pas à justifier.

On fait valoir que la morale théorique étudie des

1. Voy. l'introduction de nos *Éléments de psychologie* : Pourquoi on enseigne et comment on doit enseigner la psychologie.

2. M. Janet a adopté cette interversion dans son *Cours de philosophie* à l'usage des lycées. Même à l'école normale primaire cette méthode nous paraît inacceptable. Reconnaissons d'ailleurs qu'elle est suivie en Belgique où l'enseignement de la morale commence « par l'exposition raisonnée des devoirs sociaux au moyen d'un choix judicieux d'exemples ».

principes, et la morale pratique simplement des faits, qui sont les devoirs généralement admis et pratiqués par les hommes. Or, dit-on, la méthode exige qu'on s'élève des faits aux principes, du particulier à l'abstrait. Nous répondrons que cela est peut-être nécessaire quand il s'agit des tout jeunes enfants de l'école primaire, qui, pour être familiarisés avec les maximes générales de la morale, ont besoin d'intermédiaires concrets. Mais cette préparation n'est plus commandée avec des adultes, qui ont déjà passé par l'école primaire et que l'enseignement y a tout au moins initiés aux vérités morales.

Ou bien il faut renoncer à l'enseignement de la morale, ou bien il faut en accepter résolument les conditions logiques. Or, le fondement de la morale, ce sont les principes, c'est la morale théorique, dont la morale pratique n'est que l'application et la conséquence. Pour condescendre, sans nécessité d'ailleurs, à la faiblesse prétendue de l'esprit de nos élèves, n'allons pas compromettre l'ordre normal, dénaturer la liaison logique des idées morales.

Ce n'est pas en remettant à plus tard, en ajournant à la fin du cours l'exposition des principes théoriques de la morale, qu'on remédiera à la difficulté : c'est en simplifiant le plus possible cette partie de l'enseignement, en lui donnant une forme élémentaire, en proscrivant impitoyablement tout ce qui est obscur, subtil ou transcendant [1].

Abstractions et faits. — La morale qui détermine les devoirs particuliers de l'homme, qui dresse la liste des vertus, peut facilement juxtaposer la règle et l'exemple, la maxime morale, dans son abstraction et sa généralité, et une série de faits particuliers qui en

---

1. Nous avons suivi pas à pas le programme officiel, sauf une ou deux exceptions. Il m'a paru nécessaire, par exemple, de faire passer de la morale théorique dans la morale pratique le chapitre que le programme résume ainsi : *Rapports du droit et du devoir. Différents devoirs ; devoirs de justice et de charité ; la vertu.*

présentent l'application, qui l'illustrent, pour ainsi dire.

Mais la morale théorique elle-même peut recourir aux exemples. Les idées qu'elle expose, devoir, responsabilité, etc., se prêtent à un emploi direct de la méthode qui cherche dans des faits historiques ou dans des récits imaginaires la confirmation concrète des vérités générales de la science.

Faits historiques. — Assurément ce sont les faits historiques qui conviennent le mieux comme exemples moraux. Kant, qui est pourtant si disposé à exclure de la morale tout ce qui n'est pas idée pure, reconnaît l'efficacité des anecdotes historiques et n'en désapprouve pas l'emploi modéré.

« L'histoire, dit un philosophe contemporain, a sa morale écrite en caractères éclatants dans les exemples de ses grands hommes et de ses grands peuples. Et si ce genre d'enseignement n'est pas toujours le plus sûr, il est le plus puissant sur l'imagination des foules. Le meilleur des livres pour l'âme populaire, c'est une vie pure, simple ou héroïque, et l'histoire abonde en pareilles leçons [1]. »

Récits fictifs. — Il faut être plus circonspect, plus réservé dans l'emploi des récits fictifs. Les histoires attendrissantes, les fictions instructives qui sont généralement en usage, ou bien restent dans la banalité, dans la vulgarité, et laissent l'esprit froid, ou bien, si une imagination puissante s'y est donné carrière, elles exaltent la sensibilité et l'égarent dans le romanesque.

« Je souhaite, disait Kant à ce sujet, qu'on épargne aux enfants ces exemples d'actions prétendues nobles dont nos écrits sentimentaux font tant de bruit ;... car de vaines aspirations vers une perfection inaccessible font des héros de romans, qui, en cherchant une grandeur imaginaire, s'affranchissent de la pratique des devoirs ordinaires de la vie, qui alors leur paraissent insignifiants. »

De toute manière les exemples imaginaires, qu'ils soient simples ou héroïques, sentent trop l'apprêt

J. M. Vacherot, *Essais de philosophie critique*, 1863, p. 216.

pour exercer une influence décisive sur l'esprit et sur le cœur.

Faits juridiques. — C'est une heureuse idée, qu'on a justement recommandée dans ces dernières années[1], que d'associer, dans la mesure du possible, la morale ou le droit naturel et le droit positif, de rapprocher dans une étude commune les prescriptions de la conscience et les obligations imposées par les codes, par les lois civiles ou pénales.

Assurément, le domaine de la morale et des préceptes est autrement étendu que le domaine de la loi et de ses commandements. Le principe du droit écrit, c'est simplement la justice sociale, le respect mutuel de la liberté. La loi n'atteint que les actes qui portent atteinte aux droits de nos semblables, qui causent un préjudice quelconque à autrui ; elle n'a point souci de protéger les vertus personnelles, ni le dévouement, ni la charité ; elle ne songe point à châtier les actes par lesquels nous nous faisons tort à nous-mêmes, ni à réprimer l'indifférence de l'égoïste qui se refuse à faire du bien à autrui.

Mais, cela dit, il n'est pas moins vrai que les règles de la morale et les injonctions du droit coïncident souvent ; que le droit écrit n'est qu'une traduction du droit naturel ; que le bien juridique, s'il n'est pas le bien moral tout entier, en est au moins une partie.

Il y aura donc intérêt, toutes les fois qu'on le pourra, à placer à côté des principes moraux leur application positive, et à montrer comment les légistes ont sanctionné dans les codes les enseignements de la raison naturelle. Les devoirs des hommes entre eux, pour la plupart, certains devoirs envers la famille et envers la patrie, ne sont pas seulement des chapitres de la morale philosophique, ils sont des articles du code. N'est-il pas évident que ces faits concrets, ces formules

---

1. Voy., dans la *Revue pédagogique* du 15 mars 1883, l'article de M. Hérelle : *Observations sur l'enseignement de la psychologie et de la morale dans les écoles normales primaires.*

brèves et saisissantes de la loi écrite, frapperont vivement l'esprit de l'enfant et contribueront à fortifier en lui la connaissance et le sentiment du devoir? Comme on l'a dit, « on donnera plus de corps et de substance à la morale en montrant que ses principes se réalisent chaque jour dans la vie pratique, qu'ils vivent et se manifestent dans les institutions sociales, dans les faits quotidiens ».

Lectures expliquées. — Nous nous sommes inspiré des considérations qui précèdent en rédigeant ce cours de morale. Notre seule prétention a été d'écrire un livre approprié aux besoins de futurs instituteurs. L'espace nous a manqué pour y multiplier autant que nous l'aurions voulu les exemples et les faits concrets. Mais quelques indications placées à la fin de chaque chapitre, à côté du résumé de la leçon, favoriseront, à ce point de vue, les recherches du professeur de morale et celles de ses élèves.

L'instruction morale étant de tous les enseignements celui qui réclame le plus d'efforts de la part de l'élève, celui auquel suffit le moins la parole du maître, nous avons pensé qu'il était utile de proposer, à la suite de chaque leçon, une ou plusieurs lectures qui seront l'objet des commentaires du maître et des méditations de l'élève. Ces lectures, dont nous donnons le texte, sont des pages empruntées aux auteurs classiques, aux moralistes de tous les temps, qui ont exprimé avec le plus d'autorité et le plus de conviction les principales vérités morales. Chaque lecture d'ailleurs se rattache intimement au sujet traité dans la leçon qui la précède. Elle en est le résumé éloquent.

Instruction et éducation morale. — Nous ne nous dissimulons d'ailleurs ni l'insuffisance des livres en général, quand il s'agit d'éducation et même d'instruction morale, ni les défauts particuliers de l'ouvrage que nous présentons au public. Ce qui vaudra toujours mieux qu'une série de leçons et de textes, quels qu'ils soient, ce sera l'exercice pratique de la vertu, le développement des bonnes habitudes, la culture générale de sentiments élevés, l'éducation de la volonté et du caractère.

Le livre n'est qu'un auxiliaire. Mais cet auxiliaire n'est pas sans importance. Quelque simple d'ailleurs, quelque élémentaire qu'il s'efforce d'être, il ne saurait, sous prétexte de se mettre à la portée de tous, renoncer à la rigueur scientifique, ni négliger les grandes questions morales. Dans une morale même populaire les principes sont engagés, et il faut, comme on l'a dit justement, « que le philosophe y retrouve son bien ». Ne nous laissons pas aller à croire que les notions de justice et de devoir dépassent l'intelligence commune, et soient plus difficiles à saisir, par exemple, que les abstractions pures de la géométrie. Il est possible, croyons-nous, de simplifier l'enseignement de la morale, de le populariser sans l'abaisser.

PREMIÈRE PARTIE

MORALE THÉORIQUE

PRINCIPES

PREMIÈRE LEÇON

OBJET ET MÉTHODE DE LA MORALE

Origine de la morale. — Définition de la morale. — Science et art. — Division de la morale. — Morale théorique et morale pratique. — Ni métaphysique ni casuistique. — Méthode de la morale. — Induction et déduction. — L'observation des autres hommes. — La morale et la religion positive. — La morale naturelle. — La morale et la religion naturelle. — La morale et la croyance en Dieu. — La morale et le dogme de l'immortalité. — Fondements de la morale.

Origine de la morale. — La morale n'est pas, comme la psychologie, une science relativement nouvelle [1]. Elle a eu de tout temps son cadre distinct et son nom particulier. Contemporaine des premiers efforts de la pensée philosophique, elle a été, sous le nom d'*éthique*, en honneur chez les Grecs. On lit encore avec profit les admirables livres qu'Aristote a composés, sous le titre d'*Éthique à Nicomaque*, *Éthique à Eudème* [2].

Les mots *éthique* et *morale* ont absolument le même sens, étant formés le premier d'un mot grec, le second d'un mot latin, qui l'un et l'autre veulent dire « les mœurs ».

Définition de la morale. — La morale peut donc être considérée comme « la science des mœurs ».

Mais elle n'est pas seulement une description des mœurs réelles. Les moralistes qui, comme La Rochefou-

---

1. On sait que le mot de « psychologie » n'a eu cours qu'au XVIIIe siècle.
2. Le mot d'*Éthique* a été conservé par certains philosophes modernes, notamment par Spinoza.

cauld [*], La Bruyère [*], se contentent de peindre les qualités et les défauts, surtout les défauts de l'humanité ne doivent pas être confondus avec les moralistes qui, comme Kant, recommandent et prêchent la vertu.

La morale n'est donc pas simplement la science des mœurs, l'analyse de ce qui est : elle est l'étude de ce qui doit être, et peut être définie par conséquent « la science du devoir, ou de la règle des mœurs ».

D'autres définitions ont été tour à tour proposées. On a dit : La morale est « la science de la volonté », parce qu'elle aspire à éclairer et à régler la volonté, principe de nos actions ; la morale est « la science du bien ou de l'honnête », parce qu'elle nous propose le bien comme but suprême de nos actions ; la morale est « la science du bonheur », parce que le bonheur est la conséquence de la pratique du bien.

Toutes ces définitions ne diffèrent qu'en apparence, et peuvent être ramenées à une conception unique : en effet, elles expriment toutes l'idée qu'il y a une science qui étudie la destinée de l'homme et qui règle sa conduite.

Science et art. — Pour arriver à une définition nette de la morale, il faut observer qu'elle n'est pas seulement, comme la physique, comme la psychologie, une science purement théorique, qui n'aspire qu'à la connaissance. Comme la médecine, comme la logique, elle est une science pratique, qui tend à l'action. Elle est à la fois science et art : science, puisqu'elle établit des principes ; art, puisqu'elle en recherche les applications.

Division de la morale. — De là cette grande division, depuis longtemps accréditée, qui distingue dans la morale deux parties : la *morale théorique* ou les *principes*, la *morale pratique* ou les *applications* [1].

Parfois on donne encore à la morale théorique le

1. Cicéron, dans le *Traité des devoirs*, disait déjà nettement : « On peut se poser deux questions sur le devoir : l'une est relative a la nature du bien ; l'autre, aux préceptes destinés à régler dans toutes ses parties la vie humaine. »

nom de *morale générale*, et à la morale pratique le nom de *morale particulière*.

Cette distinction est assurément fondée; car la morale théorique, qui établit l'existence et détermine la nature d'une loi morale en général, est évidemment distincte de la morale pratique, qui, appliquant cette loi aux différentes situations de la vie, définit et classe les devoirs particuliers de l'homme.

Cependant il convient d'observer que la morale théorique elle-même est pratique, car elle ne propose pas l'idée du bien, l'idée du devoir, comme des spéculations stériles : elle les impose comme des règles impératives. D'autre part, la morale pratique, bien qu'elle entre dans l'examen détaillé des relations sociales et des obligations personnelles, ne perd pas son caractère théorique : elle indique la règle générale à suivre, mais elle laisse à la conscience éclairée et libre le soin d'adapter cette règle aux circonstances infiniment variables de l'existence humaine.

Morale théorique et morale pratique. — La morale théorique pourrait être définie la science du devoir, et la morale pratique la science des devoirs.

La science du devoir ne comprend qu'un petit nombre de questions: Y a-t-il une loi morale? En quoi consiste-t-elle? Est-elle l'utile ou l'honnête? Sommes-nous en mesure de nous y conformer? Quelles en sont les conséquences?

La science des devoirs est plus complexe : elle doit en effet suivre l'homme dans toutes ses actions, présider à toutes ses démarches. Or, l'homme est d'abord un individu distinct, qui a des obligations envers lui-même; il est aussi un être social, qui a des relations avec sa famille, avec ses concitoyens, avec ses semblables en général. De là, les deux grandes divisions de la morale pratique : devoirs individuels et devoirs sociaux, qui se subdivisent eux-mêmes en plusieurs catégories d'obligations particulières.

Ni métaphysique ni casuistique. — Dans l'accomplissement de cette double tâche, le moraliste a surtout deux écueils à éviter : dans la morale théorique, il se défiera de la métaphysique; dans la morale pratique, de la casuistique *.

La métaphysique se perd dans l'étude abstraite du bien en soi, du devoir absolu. Or, ce n'est pas le bien en soi qui importe; c'est le bien tel que nous le connaissons, tel qu'il se révèle à nous dans l'intimité de la conscience. La morale doit chercher ses principes non dans les abstractions nuageuses d'une philosophie transcendante *, mais dans l'observation des faits extérieurs. Elle relève de la psychologie bien plus que d'une vaine métaphysique.

D'autre part, il ne s'agit pas de transformer la morale pratique, à l'imitation des casuistes, en une sorte de cahier de recettes, de catéchisme machinalement appris, de répertoire où tous les cas de conscience sont prévus à l'avance, toutes les particularités de la vie mécaniquement réglées. Le moraliste ne doit pas se substituer, comme un maître dont il n'y aurait plus qu'à suivre servilement les ordres, à l'initiative libre des individus. Dans la morale pratique, comme dans la morale théorique, le but est toujours de préparer l'éducation virile d'une personne morale, qui n'est pas seulement une mémoire surchargée de préceptes, mais une volonté indépendante et forte, capable de reconnaître elle-même où est son devoir et de le pratiquer résolument une fois qu'elle l'a reconnu.

Méthode de la morale. — La morale, comme les autres sciences philosophiques, est à la fois une science d'observation et de raisonnement. C'est l'observation qui en établit les principes; c'est le raisonnement qui en déduit les applications.

Sans doute certains philosophes ont prétendu la construire tout entière comme une science déductive, qui s'appuierait sur des axiomes et des définitions générales. L'*Éthique* de Spinoza * est une géométrie morale. Wolf * a essayé, lui aussi, de constituer la morale par démonstration géométrique. Mais qui ne voit que les principes de la morale n'ont d'autorité et de certitude qu'à la condition d'être des faits révélés par la conscience, contrôlés par l'expérience universelle ? La morale, pas plus que la physique, ne saurait être fondée sur des idées *a priori*, sur des conceptions abstraites. Proudhon* disait avec raison, au début d'un de ses ouvrages :

« Je ne dogmatise pas, j'observe, je décris, je compare. Cette façon de traiter l'éthique, quand tout le monde la fait commencer par Jupiter, est une grande originalité. L'honneur en revient à la philosophie naturelle, qui est celle du sens commun. »

L'originalité n'est peut-être pas aussi grande que le croyait Proudhon. La plupart des philosophes anciens et modernes reconnaissent en effet que la morale ne peut être constituée scientifiquement qu'à la condition de faire appel à l'expérience et aux faits. C'est pour cela qu'un des plus grands moralistes de l'antiquité, Socrate, faisait du précepte qu'il adressait sans cesse à chacun de ses auditeurs : « Connais-toi toi-même », le principe nécessaire de la morale.

Induction et déduction. — C'est donc par l'observation et l'évidence qui l'accompagne qu'on établira les principes de la morale : la liberté, l'idée du bien et du devoir, la responsabilité, etc. Mais, ces faits une fois constatés grâce à la méthode expérimentale, on les généralisera par induction, on les transformera en règle universelle de conduite. On appliquera à tous les hommes ce que la conscience individuelle aura appris à chacun de nous.

D'autre part, lorsque les vérités morales auront été attestées par l'observation et généralisées par l'induction, c'est à la déduction qu'on aura recours pour déterminer les devoirs particuliers qui en découlent naturellement. La morale pratique ou la science des devoirs est presque entièrement déductive. Elle considère, d'une part, les maximes générales que la morale théorique lui a transmises, d'autre part, les circonstances particulières où l'homme se trouve placé : s'il s'agit de morale individuelle, la nature et les rapports des diverses facultés naturelles ; s'il s'agit de morale sociale, les relations différentes qui unissent l'homme avec ses semblables. Ce sont là, pour ainsi dire, les données du problème. Dans chaque cas déterminé le devoir particulier à accomplir est la conséquence de ces données, et la déduction seule nous aidera à trouver la solution vraie.

L'observation des autres hommes. — Les faits moraux ne se révèlent pas seulement au sens intime, nous n'en sommes pas seulement les auteurs, nous pouvons en être les témoins. L'observation extérieure les retrouve chez les autres hommes qui, par leurs actes comme par leur langage, manifestent sans cesse, dans l'histoire et autour de nous, qu'ils obéissent à une loi morale, qu'ils prononcent les mêmes jugements, qu'ils éprouvent les mêmes sentiments que nous. Ce n'est donc pas à la conscience individuelle seule que le moraliste empruntera directement des lumières : il appellera à son aide le témoignage des autres hommes, particulièrement des historiens, des orateurs et des poètes.

La morale et la religion positive. — On a souvent prétendu que la morale ne pouvait trouver dans la raison naturelle un solide point d'appui, que pour assurer l'autorité de ses principes, pour garantir l'efficacité de ses recommandations, elle avait besoin de faire appel aux croyances religieuses, aux dogmes chrétiens. Assurément les religions ont été de tout temps de grandes écoles de morale, et ce n'est pas nous qui contesterons la beauté des préceptes de l'Évangile. Mais, sans songer à interdire aux hommes d'ouvrir les livres sacrés, s'ils veulent y puiser à la fois la lumière et la force morale, nous croyons qu'il est permis, qu'il est même nécessaire de les engager à ouvrir avant tout autre le livre de la nature, de la loi naturelle.

La morale naturelle. — Dire qu'il est impossible d'être moraliste sans être théologien, ce serait prétendre que la raison est incapable par elle-même de distinguer le bien du mal, le juste de l'injuste; ce serait renier tant de beaux ouvrages de morale qui, depuis l'antiquité jusqu'à nos jours, ont semé à travers le monde la sagesse et la vertu.

Ni les *Dialogues* de Platon *, ni les *Éthiques* d'Aristote, ni le *De officiis* de Cicéron *, ni même le *Traité de morale* de Malebranche *, ni encore la *Critique de la raison pratique* de Kant, n'ont eu recours, pour établir ou pour prêcher la morale, aux inspirations des religions révélées.

On peut soutenir sans doute que la vertu de la raison naturelle, la vertu romaine, comme disait Rollin *, est insuffisante; qu'il faut y joindre la vertu chrétienne et associer la foi à la science, l'homme étant trop faible pour marcher de lui-même dans le chemin du devoir, s'il ne s'appuie pas sur la main de la Divinité. Mais les théologiens eux-mêmes accordent, pour peu qu'ils soient éclairés, qu'il y a une morale naturelle, que la morale est une science indépendante, qu'elle n'est pas seulement un appendice de la religion. Quant à dire que cette morale naturelle, comme résultats pratiques aussi bien que comme distinctions théoriques, se suffit à elle-même, c'est aux personnes affranchies de toute croyance religieuse qu'il appartient de le prouver en montrant leur vie. C'est dans ce sens qu'un des partisans les plus ardents d'une morale scientifique, Auguste Comte *, écrivait :

« Avant que l'avenir ait dignement réalisé l'essor immense des éminents attributs moraux propres à la philosophie positive, c'est aux vrais philosophes, précurseurs naturels de l'humanité, qu'il appartient déjà de les constater hautement aux yeux de tous par la régularité soutenue de leur conduite effective personnelle, domestique et sociale... C'est ainsi que d'irrécusables exemples devront manifester d'avance la possibilité continue de développer désormais, d'après les seuls motifs humains, un sentiment assez complet de la morale universelle pour déterminer spontanément, en chaque cas, soit une invincible répugnance envers toute violation réelle, soit une irrésistible impulsion au plus actif dévouement[1]. »

Les vies des saints illustrent avec éclat les révélations de l'Évangile ; les vies des sages justifient avec non moins de force les leçons de la morale humaine.

La morale et la religion naturelle. — La morale n'est pas moins indépendante de la religion naturelle qu'elle ne l'est des religions positives. La croyance à Dieu, la croyance à l'immortalité de l'âme, qui sont les deux affirmations essentielles de la théodicée*, ont été pourtant considérées comme deux éléments inhérents à la constitution de toute morale philosophique. On a dit : Le bien est une loi absolue, universelle ; or, toute loi suppose un législateur : la loi morale a donc Dieu pour principe, et si vous n'introduisez pas l'idée de Dieu dans les conceptions préliminaires de la morale, votre prétendue science manque de fondement. D'autre part, toute loi, dit-on, suppose une sanction : vous ne pouvez obtenir l'obéissance à la loi qu'en promettant des récompenses ou en faisant planer sur l'agent moral la menace du châtiment. Or, il n'y a pas d'autres sanctions sérieuses de la loi morale que les joies et les peines de la vie future. La morale serait donc nécessairement liée à l'idée de l'immortalité. Dans sa sanction comme dans ses principes, elle se fonderait sur l'idée d'une Providence divine, dont la volonté souveraine ordonne de faire le bien, et dont l'œil vigilant, toujours ouvert sur notre conduite, est seul assez perspicace pour connaître toutes nos actions, afin de nous en récompenser ou de nous en punir un jour selon le degré de notre mérite ou de notre démérite.

La morale et la croyance en Dieu. — Ce n'est pourtant pas sans raison que les philosophes modernes parlent d'une morale indépendante, autonome, qui trouve dans la conception du bien, dans l'idée de

---

1. Auguste Comte, *Cours de philosophie positive*, t. VI, p. 745.

l'ordre universel des choses, le fondement sur lequel elle repose avec certitude, avec sécurité.

« Avons-nous besoin, dit M. Ferraz [1], de connaître l'existence de Dieu et sa nature pour savoir que le bien doit être fait et le mal évité ? En aucune manière. Le bien nous apparaît comme étant tel en lui-même, par suite de la nature des choses, non en vertu d'un décret arbitraire, d'une décision expresse de la Divinité. »

Nul doute que, par delà le bien, l'esprit religieux ne s'élève tout de suite à l'existence de Dieu, par delà la loi, à la conception du législateur divin. Mais, comme le fait observer Kant, c'est de l'idée du bien, qui est le principe immédiatement connu, qu'on passe à la conséquence, qui est l'existence de Dieu. « Il faut, disait-il énergiquement, que la moralité précède et que la religion suive. »

La morale et la croyance à l'immortalité. — Il en est de même de la croyance à l'immortalité. Sans doute les sanctions humaines de la loi morale peuvent paraître insuffisantes : le vice n'est pas toujours puni, le bien n'est pas toujours récompensé ; il n'y a pas proportion, harmonie entre la vertu et le bonheur, et l'espérance d'une autre vie peut sembler nécessaire pour combler les lacunes de la justice terrestre. Mais ici encore l'immortalité est la conséquence des croyances morales ; elle n'en est pas le principe. C'est parce qu'il y a une morale qu'on peut être conduit à admettre les peines et les récompenses de la vie future ; mais la morale en elle-même, édictant ses arrêts, imposant ses commandements, n'a pas besoin de faire appel aux espérances de l'immortalité.

Nous ne voulons pas dire que ces espérances sont étrangères à la morale : il est certain que la plupart des hommes y trouvent des motifs puissants pour la pratiquer. Mais la morale, entendue comme science, peut et doit être considérée en dehors de ces croyances métaphysiques ; en fait nombre d'hommes, qui ne

1. M. Ferraz, *Philosophie du devoir*, p. 15.

croient ni à Dieu ni à l'immortalité, trouvent dans leur seule conscience des raisons suffisantes pour s'incliner devant la loi du devoir.

Fondements de la morale. — Les vrais principes de la morale doivent donc être cherchés dans la raison naturelle. D'une part la croyance au bien, d'autre part la croyance au devoir suffisent pour lui assurer une base inébranlable. Nous concevons le bien, c'est-à-dire l'ordre universel, qui résulte de la nature des choses, qui n'est que l'expression exacte des relations naturelles des facultés humaines ou des rapports des hommes les uns avec les autres; nous concevons aussi le devoir, c'est-à-dire l'obligation du bien, et le sentiment de notre dignité personnelle en est le fondement. Ordre universel et dignité personnelle sont les deux assises de la morale naturelle.

RÉSUMÉ

1. La morale est une science très ancienne, qui a existé du jour où il y a eu des philosophes.

2. La morale peut être définie la **science du devoir** ou **de la règle des mœurs.**

3. La morale est à la fois une science et un **art.**

4. La morale se divise en deux parties : **morale théorique** et **morale pratique,** ou encore morale générale et morale particulière.

5. La morale théorique établit les **principes;** la morale pratique déduit les **applications.**

6. La morale doit éviter à la fois les abstractions d'une vaine métaphysique et les prescriptions minutieuses d'une casuistique machinale.

7. La morale est à la fois une **science d'observation** et de **raisonnement** : c'est par l'observation qu'elle établit la vérité de ses principes ; c'est par le raisonnement qu'elle généralise les faits moraux, les pose en règles et les applique à la conduite des hommes.

8. La morale pratique est presque tout entière une **science déductive**.

9. L'observation des autres hommes confirme les révélations de la conscience individuelle.

10. La morale est indépendante des dogmes de la religion positive. Il y a une **morale naturelle** fondée sur la **seule raison**.

11. Elle est indépendante encore des croyances de la religion naturelle. La croyance à Dieu et la croyance à l'immortalité sont les conséquences, les *postulats* *, et non les principes nécessaires de la morale.

12. Les principes naturels de la morale sont la **croyance au bien**, c'est-à-dire à l'**ordre universel** et la **croyance au devoir**, c'est-à-dire à la **dignité humaine**.

LECTURES

Indépendance de la morale.

Il faut apprendre à se pénétrer de la morale qui est le premier besoin de toutes les constitutions. Il faut non seulement qu'on la grave dans tous les cœurs par la voie du sentiment et de la conscience, mais aussi qu'on l'enseigne comme une science véritable, dont les principes seront démontrés à la raison de tous les hommes, à celle de tous les âges. C'est par là seulement qu'elle résistera à toutes les épreuves. On a gémi longtemps de voir les hommes de toutes les nations, de toutes les religions, la faire dépendre exclusivement de cette multitude d'opinions qui les divisent. Il en est résulté de grands maux : car, en la livrant à l'incertitude, souvent à l'absurdité, on l'a nécessairement compromise. On l'a rendue versatile et chancelante. Il est temps de l'asseoir sur ses propres bases; il est temps de montrer aux hommes que si de funestes divisions les séparent, il est du moins dans la morale un rendez-vous commun où ils doivent tous se réfugier et se réunir.

Il faut donc, en quelque sorte, la détacher de tout ce qui n'est pas elle, pour la rattacher ensuite à ce qui mérite notre assentiment et notre hommage, à ce qui doit lui prêter son appui. Ce changement est simple; il ne blesse rien; surtout il est possible.

Comment ne pas voir en effet qu'abstraction faite de tout système, de toute opinion, et en ne considérant dans les hommes que leurs rapports avec les autres hommes, on peut leur enseigner ce qui est bon, ce qui est juste, le leur faire aimer, leur faire trouver du bonheur dans les actions honnêtes, du tourment dans celles qui ne le sont pas, former enfin de bonne heure leur esprit et leur conscience, et les rendre l'un et l'autre sensibles à la moindre impression de tout ce qui est mal. (Talleyrand, *Rapport sur l'instruction publique*, 1791.)

Définition de la morale.

Quoiqu'il soit vrai que les rapports changent avec les personnes et les événements, il est incontestable que le principe moral reste toujours le même, sans quoi il n'existerait point. On peut bien, on doit même appliquer diversement les règles de la justice ; mais il n'y a point deux manières d'être juste, mais il est injuste de penser qu'il puisse y avoir deux justices.

Pour arriver à l'exacte définition de la morale, il faut la chercher dans le rapprochement des idées que le commun des hommes, livrés ou rendus à eux-mêmes, ont constamment attachées à ce mot. Celle qui paraît les comprendre toutes, et qu'indique un instinct général autant que la raison, présente la morale à l'esprit comme l'art de faire le plus de bien possible à ceux avec qui l'on est en relation, sans blesser les droits de personne. Si les relations sont peu étendues, la morale réveille l'idée des vertus domestiques et privées ; elle prend le nom de patriotisme lorsque ses relations s'étendent sur la société entière dont on fait partie ; enfin elle s'élève jusqu'à l'humanité, à la philanthropie, lorsqu'elles embrassent le genre humain. Dans tous les cas elle comprend la justice, qui sent, respecte, chérit les droits de tous; la bonté, qui s'unit par un sentiment vrai au bien ou au mal d'autrui ; le courage, qui donne la force d'exécuter constamment ce qu'inspirent la bonté et la justice, enfin ce degré d'instruction qui, éclairant les premiers mouvements de l'âme, nous montre à chaque instant en quoi consistent et ce qu'exigent réellement la justice, la bonté et le courage. Tels sont les éléments de la morale. (Talleyrand *ibid.*)

LECTURES RECOMMANDÉES

M. Ferraz, *Philosophie du devoir;* livre Ier : *Objet de la morale.*

M. Beaussire *, *les Principes de la morale;* livre Ier, chap. I : *Indépendance de la morale.*

LEÇON II

UNIVERSALITÉ DE LA MORALE

Universalité des notions morales. — Progrès de la morale. — L'intention morale. — Cause du progrès de la morale. — Variations de la morale. -- Unité morale du genre humain. — La morale chez les sauvages. — La morale chez les Hindous. — Confucius et la morale chinoise. — Mencius, disciple de Confucius. — La morale chez les Grecs. — Le stoïcisme. — La morale d'Épicure. — Cicéron et Bossuet. — La philosophie moderne. — Conclusion.

Universalité des notions morales. — Il y a un grand intérêt, au début d'un cours de morale, à constater l'accord général de toutes les consciences humaines, à prouver par l'histoire que toutes les philosophies, comme toutes les religions, ont aspiré, malgré des différences inévitables, à un idéal commun, à montrer que dans tous les temps, dans tous les pays, les peuples civilisés se sont rencontrés dans des croyances morales analogues sinon identiques. Quelle autorité n'assure-t-on pas d'avance aux vérités morales, quand on a pu faire apparaître derrière elles un long cortège de philosophes et de penseurs, les prenant tous à leur compte, rééditant l'un après l'autre des préceptes semblables, quand on a démontré enfin que les mêmes maximes se retrouvaient sur les lèvres de Confucius et de Socrate, de Cicéron et de Bossuet ', d'Aristote et de Kant !

Progrès de la morale. — Ce n'est pas qu'on puisse méconnaître les progrès de la morale : assurément, comme théorie et aussi comme pratique, les mœurs ont progressé.

D'une part, on connaît mieux ce qu'il convient de faire pour se conformer à la loi morale.

D'autre part, cette connaissance plus exacte des devoirs rencontre pour la mettre en œuvre des volontés plus fortes, plus capables d'en profiter. Il y a à la fois plus de science morale et plus de vertus pratiques dans le monde, à l'heure où nous sommes, qu'il n'y en avait il y a deux mille ans.

L'intention morale. — Je sais bien que certains philosophes ont prétendu le contraire en distinguant l'intention morale de la moralité effective. De tout temps, disent-ils, et quelles que fussent les erreurs de leur jugement, les aberrations de leur conduite, les hommes ont aspiré également à bien faire. S'ils faisaient mal, c'est qu'ils ne savaient pas, c'est que leur conscience n'était pas suffisamment éclairée sur ses devoirs. Or, ce qui importe, c'est l'intention, le désir de faire le bien, même quand on se trompe sur la nature du bien ; et à toutes les époques de l'humanité il y a eu dans les consciences à peu près la même somme de bonnes intentions morales.

Nous reconnaissons volontiers qu'il faut tenir compte aux hommes, quand on les juge moralement, de leur ignorance, de l'infériorité de leur esprit.

Si la bonne volonté a existé, si l'intention a été droite et pure, l'agent peut paraître innocent, bien qu'il ait commis une faute.

Mais, outre que l'intention n'est qu'un élément de la moralité, il est évident qu'elle s'accroît, qu'elle se fortifie aussi, à proportion que se développe la connaissance exacte du bien. Dans une conscience ignorante, qui ne sait pas se définir à elle-même ses différents devoirs, la bonne volonté est nécessairement limitée, circonscrite dans la sphère restreinte des obligations qu'elle connaît ; de plus, elle est faible et chancelante.

Au contraire, dans une conscience cultivée, l'énergie de l'intention, outre qu'elle est plus grande en chaque point où elle se manifeste, a l'avantage de s'étendre

à un plus grand nombre d'actes, d'embrasser un plus
vaste domaine. Les progrès de l'intelligence morale
ont pour conséquence des progrès correspondants de
l'intention et de la bonne volonté.

Cause du progrès de la morale. — La cause
initiale du progrès de la morale, c'est donc le développement de l'instruction morale qui, à une conception confuse et vague du bien et du devoir, substitue
peu à peu une théorie raisonnée des principes moraux
et une classification méthodique des devoirs.

« Ce n'est pas grande merveille, disait Leibnitz *, si les hommes
ne s'aperçoivent pas toujours, et tout d'abord, de tout ce qu'ils
possèdent en eux, et ne .. ent pas assez promptement les caractères de la loi naturelle. Dieu a donné à l'homme des instincts qui
le portent tout de suite et sans raisonnement à quelque chose de
ce que la raison ordonne. C'est comme nous marchons suivant les
lois de la mécanique sans penser à ces lois [1]. »

C'est à la réflexion qu'il appartient de débrouiller
ces instincts dont parle Leibnitz, ces tendances naturelles, qui, pour avoir besoin de culture, d'action édu-
catrice, d'influence civilisatrice, n'en sont pas moins
innées et spontanées.

Variations de la morale. — Les observations qui
précèdent suffisent à faire comprendre pourquoi les
mœurs humaines présentent de siècle en siècle une
véritable diversité. « Il n'y a point, disait encore Leibnitz, de mauvaise pratique qui n'ait été autorisée
quelque part et en quelque rencontre. »
Tous les moralistes ont insisté sur ces contradictions apparentes de la conscience humaine. Rappelons-
en quelques exemples :

« Pendant le moyen âge, il semblait juste et bien fait à plusieurs
que les voyageurs fussent détroussés sur les grandes routes, pourvu
que les assaillants fussent porteurs d'épées, ce qui était la
marque du gentilhomme. Philippe II d'Espagne, qui vivait au
XVIᵉ siècle, fit massacrer ou brûler des milliers et des milliers de

____

1. Leibnitz, *Nouveaux Essais sur l'entendement*, ch. XI.

ses sujets des Pays-Bas, et crut même en cela remplir un devoir solennel. Le tribunal de l'Inquisition a décimé les États catholiques par des crimes abominables qui prenaient les beaux noms de justice et de grâce [1]. »

De même l'esclavage, aujourd'hui flétri par la conscience universelle, a été accepté sans discussion par quelques-uns des plus grands philosophes de l'antiquité.

Le père de famille à Rome avait sur ses enfants le droit de vie et de mort...

Il serait facile de multiplier ces exemples des variations de la morale ; mais elles ne sauraient étonner quiconque a réfléchi aux conditions mêmes de la moralité, à la perfectibilité de la conscience, à la nécessité d'une éducation morale.

Ce qui est plus important, c'est de montrer que, malgré ces changements incessants, l'historien saisit chez les hommes de tous les temps et de tous les pays des vestiges de moralité.

Unité morale du genre humain. — D'une part, il est possible d'établir que chez les peuples sauvages, absolument étrangers à toute culture, il y a déjà un commencement de morale. D'autre part, l'histoire démontre que chez tous les peuples civilisés la conscience aboutit à peu près aux mêmes manifestations. De même qu'il n'y a guère de terrain si stérile qu'il ne produise quelque végétation, de même il n'y a guère de conscience si pauvre, si obscure, qu'elle n'ait quelque idée du devoir et de la vertu. Et aussi, de même qu'à une certaine altitude, sur les montagnes d'Asie comme sur les montagnes d'Europe, fleurissent les mêmes plantes et croissent les mêmes végétaux ; de même les intelligences humaines, quand elles s'élèvent à un certain degré d'éducation, s'accordent spontanément sur les mêmes affirmations morales.

---

1. *Petit Traité de morale* à l'usage des écoles primaires laïques, publié par la *Critique philosophique*. Paris, 1870, p. 130.

Ces deux faits sont une réponse péremptoire à l'objection de ceux qui nient l'unité morale du genre humain, objection qui peut se résumer en deux propositions, comme le fait remarquer M. P. Janet : « Chez les peuples sauvages, point de moralité ; chez les peuples civilisés, moralité contradictoire [1]. »

La morale chez les sauvages. — Nous ne surprendrons personne en avouant que les mœurs des sauvages sont le plus souvent grossières et dépravées. Les récits abondent, qui témoignent de la perversité de leurs sentiments, des aberrations de leur conscience. Mais de nombreux témoignages attestent aussi que s'ils ne connaissent pas, tant s'en faut, toutes les vertus, du moins ils en respectent et en pratiquent quelques-unes ; que leur sens moral, pour être incertain et obscur, n'en existe pas moins à quelque degré.

D'abord il est facile de constater que, chez les sauvages comme chez nous, les opinions valent souvent mieux que les mœurs. Mungo-Park* raconte que les nègres de l'Afrique centrale le dépouillaient et le volaient sans cesse. Et il ajoute : « À cet égard, il n'y a aucun moyen de les justifier, car eux-mêmes regardent le vol comme un crime, et il est rare qu'ils s'en rendent coupables les uns envers les autres. »

Dans d'autres cas, le sauvage montre qu'il n'est pas seulement en état de concevoir le bien, mais aussi qu'il a la force nécessaire pour le pratiquer. Le respect de la parole donnée, la sincérité sont en honneur chez les Australiens. « Le sauvage australien, dit un voyageur anglais, M. Marcet, ne respecte qu'une chose, sa parole. » Les Santals, tribu barbare de l'Inde, sont de tous les hommes les plus véridiques, au témoignage d'un autre Anglais, le major Jervis.

« Un certain nombre de prisonniers faits dans l'insurrection des Santals furent renvoyés sur parole et autorisés à aller travailler, moyennant salaire, dans une autre région. Au bout de quelque

[1]. M. P. Janet, *la Morale*, p. 390.

temps le choléra éclata parmi eux et les obligea à s'en aller; mais tous, sans exception, revinrent remettre leur salaire à leurs gardiens. Ainsi, deux cents sauvages, avec de l'argent dans leurs ceintures, firent trente milles pour rentrer en prison plutôt que de manquer à leur parole. »

Ce n'est pas seulement dans la pratique des devoirs de justice, c'est aussi dans les devoirs de bienfaisance, de bonté, que se manifeste la conscience morale des sauvages. « J'ai vu, dit Livingstone[*], des hommes et des femmes recueillir des orphelins et les élever comme leurs propres enfants. » — « On entend souvent répéter, dit encore Mungo-Park, ces paroles touchantes : Frappez-moi, mais n'insultez pas ma mère. »

C'est ainsi que dans l'état de nature l'homme se rapproche déjà, au moins par quelques élans du cœur, par quelques éclairs de raison, de la moralité la plus élevée.

« Chaque fois que j'ai interrogé des Bakouains intelligents, écrit Livingstone, sur les notions qu'ils avaient avant notre arrivée sur le bien et sur le mal, ils m'ont affirmé qu'ils blâmaient également tout ce que nous appelons un péché, si ce n'est d'avoir plusieurs femmes. »

La morale chez les Hindous. — De même qu'on découvre un fond de morale essentiel chez les peuplades les plus incultes et les plus ignorantes, dans les recoins les plus enfoncés du monde actuel; de même, en remontant jusqu'à la plus haute antiquité, on constate que toutes les grandes civilisations ont proclamé à peu près les mêmes principes moraux.

L'Inde a eu son décalogue. Les lois de Manou[*] recommandent la résignation, l'action de rendre le bien pour le mal, la tempérance, la probité, la pureté, la répression des sens, la connaissance des livres sacrés, la connaissance de Dieu; elles interdisent la violence, l'action de nuire en secret, l'envie, la calomnie, le vol, l'injure, etc.

C'est en traits saisissants que le moraliste hindou décrit la conscience morale :

« L'âme est son propre témoin; ne méprisez jamais votre âme. Les méchants disent : Personne ne nous voit! Mais les dieux les regardent, ainsi que l'esprit qui est en eux. O homme! pendant que tu dis : Je suis seul avec moi-même, dans ton cœur réside sans cesse cet esprit suprême, observateur attentif du bien et du mal; cet esprit qui siège dans ton cœur, c'est un juge sévère, une puissance inflexible : c'est un Dieu [1]. »

Profondément imbue de religion, la morale hindoue veut pourtant que « le sage observe les devoirs moraux avec plus d'attention encore que les devoirs pieux »; et dans l'énumération de ces devoirs moraux elle égale la morale de l'Évangile.

« Celui qui est doux et patient atteindra le ciel par la charité. — On ne doit jamais nuire à autrui, ni seulement en avoir la pensée. — Le mari ne fait qu'une seule et même personne avec son épouse. — Celui qui a l'habitude de saluer les gens âgés et de leur témoigner des égards voit augmenter la durée de son existence. — Que le jeune homme fasse constamment ce qui peut plaire à ses parents : c'est le premier devoir, tout le reste est secondaire. — Un instituteur est l'image de l'Être divin. »

Les Hindous ne sont pas le seul peuple de l'Orient qui ait conçu un haut idéal de vie humaine. Les Perses, les Égyptiens ont eu, eux aussi, leur morale. La religion de Zoroastre * était précisément fondée sur la distinction du bien et du mal, personnifiés en deux divinités, *Ormuzd*, le dieu de la lumière, et *Ahriman*, le dieu des ténèbres. Mais il ne rentre pas dans notre plan de tracer ici un tableau complet des doctrines morales. Attachons-nous seulement aux points essentiels, aux écoles de morale particulièrement éclatantes et qui ont tracé un sillon dans l'histoire. De ce nombre est l'école chinoise de Confucius.

Confucius et la morale chinoise. — Confucius

______
1. *Lois de Manou*, VIII, 91.

est né l'an 551 avant Jésus-Christ, et sa morale, vieille de vingt-cinq siècles, est cependant conforme, sur presque tous les points essentiels, à celle que nous professons aujourd'hui. Confucius affirme comme nous qu'il y a une loi du devoir, comme Kant, que l'on ne peut la définir qu'en disant qu'elle « est par elle-même la loi du devoir ». Il ajoute que la règle de nos actions « est tellement obligatoire que l'on ne peut s'en écarter d'un seul point, d'un seul instant, et qu'elle est si étendue qu'elle peut s'appliquer à toutes les actions des hommes ».

L'accord est le même en ce qui concerne la morale pratique. Confucius estimait que les vertus morales sont supérieures aux pratiques religieuses : « Les lois du rituel *, disait-il, sont secondaires. » On lui demandait un jour quelle était la vertu essentielle; le philosophe répondit: « Aimer les hommes. » Et il ajoutait : « Il faut aimer les hommes de toute la force et l'étendue de son affection. » — « L'homme supérieur ou le sage est celui qui a une bienveillance égale pour tous. » — « Que le sage regarde comme ses frères tous les hommes qui habitent dans l'intérieur des quatre mers. »

Même les exagérations du mysticisme chrétien se retrouvent dans les maximes de Confucius : « Se nourrir d'un peu de riz, boire de l'eau, n'avoir que son bras courbé pour appuyer sa tête est un état qui a aussi sa douceur. » Mais il n'y a rien à redire à des pensées comme celle-ci : « Être riche et honoré par des moyens iniques, c'est pour moi comme le nuage flottant qui passe. »

Mencius, disciple de Confucius. — La doctrine de la fraternité universelle, déjà apparente dans la morale de Confucius, trouve son expression complète dans les livres de Mencius, un de ses disciples (mort vers 314 av. J.-C.). Ce sont déjà les propres paroles de l'Evangile :

« La doctrine de notre maître consiste uniquement à avoir la droiture du cœur et à aimer son prochain comme soi-même. Agir envers les autres comme nous voudrions qu'ils agissent envers nous-mêmes, voilà la doctrine de l'humanité. La règle de la vie est la réciprocité. »

Chose remarquable, Mencius plaidait déjà la cause de l'enseignement moral comme le ferait un moderne. Il demandait que l'on commençât par pénétrer, par approfondir les principes des actions ; cela fait, les connaissances morales, disait-il, parviennent nécessairement à leur dernier degré de perfection : par suite, les intentions sont rendues pures et sincères ; par suite encore, l'âme se pénètre de probité et de droiture, et la personne enfin est corrigée et améliorée. Et il affirmait, lui aussi, l'universalité de la morale lorsqu'il disait : « Il y a un même cœur chez tous les hommes, comme il y a un même sens pour les couleurs ; et ce qui est commun au cœur de tous les hommes, c'est l'équité ! »

La morale chez les Grecs. — Franchissons quelques siècles, transportons-nous en Grèce, à la brillante époque où, dans les arts, dans les lettres, Athènes a presque atteint la perfection. Les idées morales de Socrate, de Platon, d'Aristote ne sont pas indignes des chefs-d'œuvre littéraires ou artistiques du siècle de Périclès [*].

Quelques courtes citations suffiront à le prouver :

« Pour l'homme sage, disait Platon, il est encore meilleur de souffrir une injustice que de la commettre. — Celui qui est puni est délivré du mal de l'âme. L'injustice impunie est le premier et le plus grand de tous les maux. — La sagesse est la santé de l'âme ; l'une et l'autre sont un équilibre et une harmonie. Le bien en toutes choses, c'est l'ordre. — L'homme est responsable de son choix, et Dieu en est innocent. »

L'homme vertueux et la vertu, disait Aristote, sont la mesure de toutes choses ; et il ajoutait :

« Il faut que celui qui agit soit, au moment où il agit, dans certaines dispositions morales : 1° qu'il sache ce qu'il fait ; 2° qu'il le veuille, et qu'il veuille les actes qu'il accomplit pour ces actes mêmes, et non comme moyens pour autre chose; 3° enfin qu'il agisse avec une résolution inébranlable de ne jamais faire autrement. »

La justice et l'amitié, d'après Aristote, doivent régler tous les rapports des hommes. « Quoi de plus beau que la justice ! s'écrie-t-il. Ni l'astre du soir ni l'étoile du matin n'inspirent autant de respect. Elle peut être définie le bien d'autrui. » — Quant à l'amitié, elle consisterait, d'après lui, « bien plutôt à aimer qu'à être aimé ».

Les stoïciens. — La morale était si bien une science en honneur chez les anciens, que l'on comptait chez les philosophes grecs et les romains plus de deux cents définitions du souverain bien, c'est-à-dire du bien supérieur à tous les autres, digne d'être proposé comme but à l'humanité. Cette diversité sans doute prouve les hésitations de la conscience, le besoin qu'elle a d'être éclairée et guidée, mais elle témoigne aussi de l'énergique aspiration morale de la nature humaine dans tous les temps.

C'est l'admirable secte des stoïciens qui, dans l'antiquité, s'est élevée le plus haut dans la conception de l'idéal moral. Zénon*, Chrysippe*, Cléanthe*, ont défini plus nettement encore que Platon et qu'Aristote l'idée d'une loi naturelle de justice. Chrysippe disait :

« La loi est la reine de toutes les choses divines et humaines, l'arbitre du bien et du mal, du juste et de l'injuste. Elle commande ce qui doit être fait et défend le contraire. »

Et encore :

« Cette loi est la droite raison : or, tous les hommes possèdent la raison, qui est une dans son principe; donc tous les hommes sont capables de connaître la loi et la même loi. »

Dans la morale pratique les stoïciens ne sont pas moins admirables. « Ne pas tirer vengeance d'un ennemi, dit Plutarque*, c'est humanité, mais en avoir compassion et le secourir, c'est bonté. » — « C'est un

devoir, disait Sénèque *, de faire l'aumône à un mendiant, de tendre la main à ceux qui sont tombés. » —
« Il ne faut pas rendre le mal pour le mal, » disait Épictète *. — « La nature de l'homme est de faire le bien et
de venir en aide aux autres. — Le mal n'a donc pas été
pour Socrate? Non, mais pour ses juges et ses accu-
sateurs. » — Et Marc-Aurèle * : « La meilleure manière
de se venger, c'est de ne pas se rendre semblable aux
méchants. — C'est le propre d'un homme d'aimer *
ceux mêmes qui l'ont offensé. »

La morale des derniers stoïciens, de Sénèque notamment, était si pure et si élevée que des docteurs
chrétiens ont prétendu, sans preuve d'ailleurs, qu'elle
avait été inspirée par saint Paul *.

La morale d'Épicure. — Même les philosophes qui,
comme Épicure *, ont rabaissé les principes moraux,
qui ont paru émanciper les passions en proposant
pour but à la vie, non le bien, mais le plaisir, ont
rendu témoignage à leur manière de l'universalité
de la morale. Épicure, malgré la mollesse apparente de
ses maximes, malgré sa complaisance pour la volupté,
a été le plus sobre, le plus calme, le plus vertueux des
hommes. Son biographe, Diogène Laerce *, raconte qu'il
donnait universellement à tout le monde des marques
d'honnêteté et de bienveillance. Sa piété envers les
dieux et son amour pour la patrie ne se démentirent
jamais jusqu'à la fin de ses jours. Sa frugalité était
extraordinaire. « Le strict nécessaire, disait-il, doit
suffire au bonheur du sage : avec du pain d'orge et un
peu d'eau, on peut être aussi heureux que Jupiter. »

Cicéron et Bossuet. — Cicéron, dans son *Traité
des devoirs*, distinguait quatre vertus essentielles : la
prudence, la justice, le courage et la tempérance.
Bossuet, dans la *Connaissance de Dieu et de soi-même*,
reprend la même classification, qui dans notre siècle
a servi encore de thème à un grand nombre d'écrits
de morale, notamment à un sermon du P. Lacordaire *.

C'est ainsi que dans les détails mêmes de la morale

pratique, dans l'énumération des vertus, la conscience moderne et chrétienne se rencontre avec la conscience antique.

La philosophie moderne. — La philosophie moderne, malgré la multiplicité de ses systèmes moraux, manifeste aussi cette double vérité : que la raison conçoit d'elle-même les notions morales, que ces notions s'éclairent avec le progrès constant de la réflexion et de la science. « La bonté morale de l'homme, dit Condorcet[*], est, comme toutes les autres facultés, susceptible d'un perfectionnement indéfini. »

Conclusion. — L'histoire de la morale, que nous avons à peine effleurée, confirmera, aux yeux de tous ceux qui l'approfondiront, l'existence d'un idéal moral de tout temps entrevu par les hommes, mais de plus en plus analysé et défini par les investigations des philosophes. Les notions morales ne sont donc pas des illusions passagères, condamnées à s'envoler avec la jeunesse de l'humanité, des rêveries de métaphysicien, des inventions de législateur; elles sont des réalités éternelles de la conscience humaine. Il y a, comme disaient les anciens, une loi morale naturelle, « qui n'est pas autre à Rome, autre à Athènes », selon l'expression de Cicéron; une loi non écrite, disait le poète Sophocle[*], qui n'est ni d'aujourd'hui ni d'hier, mais qui s'impose à tous et qui s'étend aussi loin que la voûte infinie des cieux et la surface immense de la terre ! Ce n'est pas la loi morale qui varie, c'est seulement la connaissance plus ou moins adéquate[*] de la loi morale.

RÉSUMÉ

13. Avant d'interroger la conscience en elle-même, il est utile d'établir par l'histoire que l'on retrouve

chez tous les hommes des vestiges de moralité et un **fonds commun** de croyances morales.

14. L'histoire des mœurs montre, sans doute, une grande diversité et un progrès continu; cette diversité et ce progrès dépendent du degré de culture qu'a atteint dans chaque siècle la conscience morale.

15. Les variations de la morale et les contradictions des moralistes ne prouvent rien contre l'**unité morale** du genre humain.

16. La **conscience morale** est en même temps **innée** et **perfectible**.

17. On peut établir à la fois qu'il y a quelque moralité chez les sauvages les plus arriérés, et à peu près les mêmes affirmations morales chez tous les peuples civilisés.

18. Au témoignage des voyageurs, les peuplades sauvages distinguent, quoique confusément, le **bien** du **mal**; elles connaissent et pratiquent quelques vertus.

19. Chez les peuples de l'Orient, chez les Hindous, chez les Chinois, on retrouve les maximes morales les plus élevées.

20. La **philosophie grecque** a défini avec netteté le bien, l'**ordre en toutes choses**, et les principales vertus, qu'Aristote ramenait à la **justice** et à l'**amitié**.

21. Les **stoïciens** ont affirmé l'existence d'une loi de **justice naturelle**, fondée sur la raison et connue par tous les hommes.

22. La morale pratique des derniers stoïciens était si pure, que l'on a prétendu qu'elle avait été directement inspirée par le christianisme.

23. Même les philosophes qui, comme **Épicure**,

proposent pour but aux actions humaines non le bien, mais le **plaisir**, ont rendu témoignage par leur vie vertueuse de l'existence d'une morale naturelle.

24. L'histoire de la philosophie morale tout entière tend à établir la **réalité des notions morales**.

LECTURES

La loi morale universelle.

Il n'y a qu'une morale comme il n'y a qu'une géométrie. Mais, me dira-t-on, la plus grande partie des hommes ignore la géométrie. Oui; mais dès qu'on s'y applique un peu, tout le monde est d'accord. Les agriculteurs, les manœuvres, les artistes n'ont point fait de cours de morale; ils n'ont lu ni le *De finibus* de Cicéron, ni les *Éthiques* d'Aristote; mais aussitôt qu'ils réfléchissent, ils sont sans le savoir les disciples de Cicéron : le teinturier indien, le berger tartare et le matelot d'Angleterre connaissent le juste et l'injuste. Confucius n'a point inventé un système de morale comme on bâtit un système de physique; il l'a trouvé dans le cœur de tous les hommes. La morale n'est point dans la superstition; elle n'est point dans les cérémonies; elle n'a rien de commun avec les dogmes. On ne peut trop répéter que tous les dogmes sont différents, et que la morale est la même chez tous les hommes qui font usage de leur raison. La morale vient donc de Dieu comme la lumière. (Voltaire, *Dictionnaire philosophique*, article *Morale*.)

La loi naturelle.

Il existe une loi conforme à la nature, commune à tous les hommes, raisonnable et éternelle, qui nous commande la vérité et nous défend l'injustice. Cette loi n'est pas de celles qu'il est permis d'enfreindre et d'éluder, ou qui peuvent être abrogées.

Ni le peuple ni les magistrats n'ont le pouvoir de délier des obligations qu'elle impose. Elle n'est pas autre à Rome, autre à Athènes, ni différente aujourd'hui de ce qu'elle sera demain : universelle, inflexible, toujours la même, dans toutes les nations et tous les siècles... Cette loi, on ne peut pas l'infirmer par d'autres lois... Enfin elle n'a pas besoin du secours d'un interprète pour l'expliquer et la commenter à nos âmes. (Cicéron, *des Lois*, II; *de la République*, III.)

LECTURES RECOMMANDÉES

M. P. Janet, *la Morale*, livre III, ch. IV : *Universalité des principes moraux; — Histoire de la science politique dans ses rapports avec la morale.*

M. Bouillier *, *Morale et progrès.*

LEÇON III

LA CONSCIENCE MORALE

La consciènce morale.— Définition de la conscience.— Preuve de la conscience — Évolution de la conscience. — Jugements moraux. — L'idée du bien et l'idée du devoir. — Comment se forment ces idées. — Réalité de l'idée du bien. — Erreurs de la conscience. — L'idée du devoir. — Le mérite et le démérite. — Les sentiments moraux. — Division des sentiments moraux. — Description des sentiments moraux. — La satisfaction morale. — Le repentir et le remords. — Les actions d'autrui. — Le sentiment du respect. — Rôle des sentiments moraux. — Le sentiment et l'idée. — La bonne volonté.

La conscience morale. — L'histoire nous a montré semblables à travers les siècles les manifestations de la moralité humaine. Il s'agit maintenant d'étudier en elle-même, comme une réalité présente en chacun de nous, cette éternelle conscience morale qui est le guide et le juge de nos actions.

La conscience morale est un ensemble de faits psychologiques qui constituent les vrais principes de la morale. Si l'on pouvait contester la réalité de ces faits, il n'y aurait plus lieu de parler d'une règle des mœurs. Si au contraire ces faits sont établis, toute la théorie du devoir en découle.

Définition de la conscience. — Dans le langage ordinaire, la conscience morale est déjà prise dans des acceptions différentes qui attestent la complexité de cette expression. « La voix de la conscience », c'est la vérité morale qui apparaît et, pour ainsi dire, parle à notre esprit : phénomène d'intelligence. « Les sup-

plices de la conscience », ce sont les émotions douloureuses qui troublent l'homme coupable : phénomène de sensibilité.

La conscience morale embrasse en effet des faits
intellectuels et des faits affectifs. Elle juge les actions,
elle discerne les bonnes des mauvaises; mais elle se
révèle aussi dans les joies du devoir accompli, dans les
tourments du remords. Ce n'est pas tout : si elle est
faite surtout de jugements et de sentiments, elle comprend encore la volonté, la bonne volonté tout au
moins.

C'est à la conscience morale en effet qu'il convient
de rapporter la résolution elle-même, non moins que
les jugements qui la précèdent ou les sentiments qui
l'accompagnent. Les vérités de la conscience ne sont
pas seulement des distinctions qui éclairent l'esprit;
elles ont ce caractère propre d'être impératives, de
nous apparaître comme des règles qu'il faut suivre, de
commander à la volonté.

La conscience morale a donc pour centre le discernement du bien et du mal; mais autour de ce point
lumineux se groupent, comme les conséquences
autour d'un principe, un grand nombre de phénomènes intellectuels, affectifs et volontaires.

« La conscience morale, a-t-on dit avec raison, c'est
l'âme tout entière, raison, conscience, volonté, sentiment, participant à la vie morale et s'y intéressant[1]. »

Preuve de la conscience. — Le sens commun est
unanime pour admettre la réalité des faits de conscience. Aux sceptiques qui prétendraient en douter
il n'y a qu'une preuve à opposer : le témoignage même
du sens intime, de l'observation intérieure. Le moraliste n'a pas à chercher bien loin la justification de ses
théories : il n'a qu'à décrire, à analyser tels qu'ils lui
apparaissent les faits de la conscience. Une fois qu'il
les a décrits, il laisse à ses lecteurs le soin de recon-

<hr>

1. M. Charles, *op. cit.*, p. 214.

naître si la description est exacte. Si chacun, interrogeant sa propre conscience et se repliant sur soi-même, y retrouve inscrites en traits saisissants, concrètes et vivantes pour ainsi dire, les vérités dont le moraliste lui a tracé le tableau, la preuve est faite, et la morale est fondée.

Évolution de la conscience. — Bien entendu, la conscience morale que nous analysons est la conscience adulte, développée et formée selon les lois de l'évolution naturelle, et aussi avec le concours d'une éducation normale et bien conduite. Il n'est pas question ici de la conscience ignorante ou dépravée, de celle qui, n'étant pas éclairée ou ayant été pervertie, est sujette à des défaillances ou à des erreurs. La nature n'a déposé dans nos facultés que des germes, et les lacunes de l'éducation ou les sophismes de la passion peuvent assurément empêcher, altérer le développement régulier de ces germes instinctifs.

« S'il est contraire à la morale, disait Mirabeau *, d'agir contre sa conscience, il ne l'est pas moins de se faire une conscience d'après des principes faux ou arbitraires. L'obligation de faire sa conscience est antérieure à l'obligation de suivre sa conscience. »

Cela revient à dire que l'homme ne reçoit pas de la nature sa conscience toute faite; c'est à lui qu'il appartient de la créer, en quelque sorte, en s'aidant des leçons de ses parents et de ses maîtres, en prêtant l'oreille aux conseils des hommes sages, en s'inspirant des bons livres, enfin en fécondant par la réflexion personnelle les semences de moralité qu'il apporte avec lui en naissant.

Jugements moraux. — Mais, quelle que soit la part de l'éducation et des influences extérieures, il est bien évident que les jugements de la conscience sont naturels et spontanés. L'éducation les provoque, mais ne les invente pas. Ce ne sont pas des fictions imaginées de toutes pièces et confiées à une mémoire docile; ce sont des affirmations qui sortent des entrailles mêmes d'une intelligence éclairée.

Quels sont donc les jugements par lesquels l'intelligence humaine manifeste sa moralité? C'est d'abord la *distinction du bien et du mal* et l'affirmation du *devoir*. D'une part, nous jugeons que parmi toutes les actions possibles les unes sont bonnes, les autres mauvaises; d'autre part, nous affirmons qu'il est obligatoire, ou bien, en d'autres termes, qu'il est de notre devoir d'accomplir les unes et d'éviter les autres. A vrai dire, c'est l'abstraction seule qui distingue ces deux jugements : en fait, ils sont inséparables. Le bien ne peut être conçu sans que du même coup il apparaisse comme obligatoire, et d'un autre côté nous n'avons pas d'autre raison à donner de ce qui est notre devoir, sinon que c'est le bien.

Le bien et le devoir. — Nous verrons plus tard s'il est possible d'expliquer pourquoi une action est bonne, pourquoi une action est obligatoire, ou en d'autres termes de rendre compte de la nature du bien et de la nature du devoir. Pour le moment, ce qui importe, c'est de constater que l'adulte, que l'homme mûr conçoivent nettement ces deux idées.

Et il est si vrai que l'idée du bien et l'idée du devoir sont intimement associées, qu'elles ne sont pour ainsi dire que deux aspects d'une seule et même conception, — que c'est une question de savoir si l'intelligence débute par l'une ou par l'autre.

La plupart des moralistes semblent donner le pas à l'idée du devoir. Et en effet, ce qui se manifeste d'abord chez l'enfant, c'est la croyance au devoir. Parmi les actions entre lesquelles il hésite, certaines lui apparaissent comme dues, comme obligatoires. Les ordres et les défenses que lui intiment ses parents et ses maîtres l'ont préparé de bonne heure à comprendre qu'il y a des actes conformes au devoir et d'autres qui ne le sont pas. Ce n'est que plus tard que, réfléchissant sur les raisons qui justifient l'ordre et la défense, l'obligation de faire ou de ne pas faire, il rattache l'idée du devoir à l'idée du bien.

A ne considérer que l'évolution des idées et l'ordre chronologique, le devoir précède donc le bien ; mais logiquement le bien est le principe du devoir : c'est simplement parce qu'une action est bonne qu'elle doit être accomplie [1].

Comment se forment ces idées. — Les moralistes répètent à l'envi que l'homme distingue instinctivement le bien du mal comme il distingue la lumière des ténèbres, le blanc du noir. Il faut s'entendre : si l'on veut dire que la conscience développée conçoit le bien comme elle conçoit le vrai, le beau, on a raison ; mais l'idée du bien n'en est pas moins une idée abstraite, qui ne se dégage qu'insensiblement d'une multitude de jugements particuliers et concrets [2].

Placé dans des situations très diverses, l'enfant juge successivement que les actes d'obéissance, de sobriété, de justice, de travail, etc., sont des actions bonnes. Ces jugements, il les porte à propos des événements de sa vie, dans des cas déterminés, quand il est appelé à agir dans un sens ou dans un autre. Il juge de la même façon les actions des autres, celles des personnages de l'histoire. Et c'est en généralisant qu'il s'élève de tous ces jugements particuliers à l'idée abstraite dont ils relèvent tous, l'idée du bien.

Il en est de même de l'idée du devoir, de l'idée de l'obligation, qui n'est que la résultante des jugements particuliers par lesquels, dans tel ou tel cas donné, nous nous sommes sentis obligés à accomplir une action plutôt qu'une autre.

---

1. « Le bien, pour Kant, c'est ce qui est obligatoire. Mais, logiquement, d'où peut venir l'obligation d'accomplir un acte, sinon de la bonté intrinsèque de cet acte ? — Fonder le bien sur l'obligation, au lieu de fonder l'obligation sur le bien, c'est donc prendre l'effet pour la cause, c'est tirer le principe de la conséquence. » (V. Cousin, *le Vrai, le Beau et le Bien*, p. 350.)

2. « Le bien et le mal nous apparaissent presque toujours engagés dans des actions particulières. » (V. Cousin, *le Vrai*, etc., p. 347.)

Réalité de l'idée du bien. — Mais, pour être une abstraction, une idée générale, le bien n'en est pas moins quelque chose de réel. La conception du bien n'est pas une invention arbitraire de notre esprit; elle répond à la réalité des choses. Comme l'a dit éloquemment Victor Cousin :

« Nous ne pouvons pas ne pas porter le jugement du bien et du mal en présence de certains actes, et, en le portant, nous savons qu'il ne constitue pas le bien ou le mal, mais qu'il le déclare. La réalité des distinctions morales nous est révélée par ce jugement, mais elle en est indépendante, comme la beauté est indépendante de l'œil qui l'aperçoit, comme les vérités universelles et nécessaires sont indépendantes de la raison qui les découvre [1]. »

Erreurs de la conscience. — Si le bien et le mal sont des caractères réels qui distinguent les actions humaines, on comprendra aisément que la conscience, en les appréciant, soit sujette à se tromper, de même que l'intelligence en général est exposée à s'égarer quand elle apprécie les qualités quelconques des choses. Il s'en faut que la conscience morale soit infaillible dans le discernement du bien et du mal. Elle ne juge que d'après ses lumières, toujours plus ou moins pures, plus ou moins imparfaites. Et voila pourquoi la science morale est nécessaire, afin de dissiper les obscurités de la conscience, afin de lui apprendre à appliquer avec exactitude, dans tous les cas possibles, la distinction générale du bien et du mal. En effet, autre chose est savoir qu'il y a du bien et du mal, autre chose reconnaître avec précision, dans la multiplicité infinie des situations humaines, ce qui est ou n'est pas conforme au bien.

L'idée du devoir. — Que le bien et le devoir sont en fait indivisibles, qu'ils représentent comme l'envers et l'endroit d'une même étoffe, c'est ce qu'aucun moraliste ne contestera. Cependant il n'est pas inutile de dis-

---

1. Voy. Cousin, *le Vrai, le Beau et le Bien*, p. 317.

tinguer dans l'analyse ces deux idées qui, si elles sont inséparables, ne sont pas identiques.

Rien n'empêche, en effet, d'imaginer par hypothèse un être intelligent capable de discerner théoriquement le bien en toutes choses, mais qui ne se croirait pas obligé pratiquement à accomplir le bien dans tous ses actes. Dans l'homme réel, au contraire, il y a alliance intime entre le bien et le devoir. Le devoir est une obligation absolue, catégorique ; il implique la nécessité morale d'accomplir une action par respect pour le bien.

L'idée du bien en elle-même est une idée pure, qui relève de l'intelligence seule. L'idée du devoir est une idée pratique, qui domine et gouverne la volonté. Les idées et les jugements de la conscience ont donc pour caractère propre qu'ils dépassent les régions de la pensée pour exercer leur empire dans le domaine de l'action.

L'obligation morale ou le devoir ne ressemble d'ailleurs à aucune autre obligation. Elle n'est pas la contrainte, l'obligation matérielle ; elle n'est pas non plus l'obligation conditionnelle, hypothétique, à laquelle on a le droit de se soustraire, si l'on renonce aux avantages qui en résultent, comme par exemple l'obligation d'aller dans le monde, l'obligation de s'enrichir. Elle est à la fois idéale et absolue : idéale, car elle suppose la liberté, et oblige sans contraindre ; absolue, car, si l'homme a le pouvoir, il n'a pas le droit de s'en affranchir.

Le mérite et le démérite. — Un troisième jugement complète les faits intellectuels de la conscience morale : c'est le jugement du *mérite* et du *démérite*, conséquence nécessaire de l'idée du bien et de l'idée du devoir.

Si nous avons fait le bien et accompli notre devoir, nous jugeons que nous avons acquis un certain mérite, c'est-à-dire que nous avons librement accru notre excellence intérieure, que nous sommes dignes par suite d'une récompense, cette récompense pouvant d'ailleurs consister simplement dans le sentiment de notre dignité accrue. Dans le cas contraire, nous croyons avoir démérité, c'est-à-dire avoir volontairement diminué notre valeur morale, et par là nous être exposés à une punition légitime.

Le mérite et le démérite sont d'ailleurs en raison directe de l'importance du devoir accompli, et aussi de la facilité ou de la difficulté que l'agent moral a trouvée à l'accomplir.

Les sentiments moraux. — Ce n'est pas seulement par des faits intellectuels, jugements ou idées, que se manifeste la moralité humaine : c'est aussi par des sentiments, par des émotions agréables ou douloureuses. Les jugements moraux ne sauraient demeurer à l'état de froides et impassibles affirmations * : ils émeuvent notre sensibilité.

Il est même incontestable que dans le développement naturel de la conscience, et pour ainsi dire dans l'histoire de la moralité, les sentiments devancent les jugements. L'enfant éprouve le plaisir de faire le bien longtemps avant que de posséder l'idée du bien ; il sent la joie douce et la paix intime que procure la conformité des actions avec le devoir longtemps avant qu'il comprenne le sens de ce mot sublime.

Il n'en est pas moins vrai que le sentiment moral n'est que l'écho des jugements moraux. Il les traduit, il les manifeste, avant même que ces jugements, encore latents et inconscients, aient été formulés nettement dans l'esprit ; mais il les suppose, il en est la conséquence, le signe extérieur. Dans la vie de l'enfant, il est l'avant-coureur de la conscience raisonnée et réfléchie, comme, aux derniers jours du voyage de Christophe Colomb, les herbes, les débris flottants sur l'Océan, étaient pour le navigateur les signes précurseurs de l'apparition prochaine d'un nouveau monde.

Division des sentiments moraux. — L'analyse

des sentiments moraux n'est pas moins importante que l'étude des jugements moraux. Et, à vrai dire, il est encore plus difficile pour les sceptiques de la morale de contester la signification des sentiments que de nier la valeur des jugements. La sensibilité témoigne plus encore que l'intelligence du développement d'une force morale naturelle, où l'instinct, la spontanéité jouent le principal rôle, l'éducation n'y ayant presque aucune part.

Que les actions soient accomplies par nous-mêmes ou par les autres hommes, les jugements moraux s'exercent toujours de la même manière. Ils prononcent que l'action est bonne ou mauvaise, ordonnée ou défendue. Les sentiments moraux varient au contraire dans leur nature, suivant qu'il s'agit de nous-mêmes ou d'autrui.

Dans le premier cas, quand il s'agit de nous-mêmes, ils se subdivisent encore, selon qu'ils précèdent ou suivent l'action.

Enfin il y a encore à distinguer les sentiments qu'excite le bien en lui-même, conçu d'une façon générale et abstraite, et les sentiments qu'il nous inspire pour les personnes qui ont su le réaliser dans leur vie.

Description des sentiments moraux. — Tout ce qui touche au sentiment est compliqué, et une description détaillée des plaisirs ou des peines de la conscience nous entraînerait trop loin. D'autre part, l'observation personnelle, en un pareil sujet, suffit à nous éclairer et rend inutiles les longues considérations.

La satisfaction morale. — De tous les sentiments moraux, les plus vifs, les plus énergiques, sont naturellement ceux qui visent le bien ou le mal que nous avons accompli nous-mêmes.

On a souvent décrit les joies du devoir accompli, la tristesse qui suit la faute commise, les tortures morales qui sont la première punition du crime.

« Avons-nous fait le bien, dit M. Marion *, alors une satisfaction d'un ordre à part, faite d'estime de nous-mêmes, de contentement tranquille, de fierté douce, s'empare de nous. C'est la *satisfaction morale*, sentiment intime, tempéré, qui n'a rien de violent, mais qui est d'une douceur infinie, sentiment qui à lui seul consolerait de toute épreuve et avec lequel aucune douleur ne paraît intolérable [1]. »

Cette satisfaction intérieure comporte d'ailleurs des degrés qui correspondent à l'importance morale du devoir accompli. Ceux-là mêmes qui n'ont goûté que les plaisirs d'une vertu modérée peuvent cependant deviner de quelle joie intense est envahie la conscience des héros dans l'enthousiasme de leurs grandes actions.

Le repentir et le remords. — Le repentir et le remords sont la contre-partie de la satisfaction morale. Le remords est la protestation de la conscience contre le mal auquel elle n'a pas su résister : fait de honte et de douleur cuisante, il témoigne mieux que toutes les dissertations philosophiques de la réalité du devoir. Le remords trouble en effet de ses angoisses le criminel même impuni, même sûr d'échapper à toutes les poursuites. Il prouve que nous avons tous dans notre conscience un juge naturel chargé d'appliquer la loi morale.

« Le remords, dit Cousin, est une souffrance d'un caractère particulier. Dans le remords, je ne souffre ni à cause de telle ou telle impression faite sur mes sens, ni dans une passion naturelle contrariée, ni dans mon intérêt blessé ou menacé, ni par l'inquiétude de mes espérances, ni par les angoisses de mes craintes; non, je souffre sans aucun motif qui vienne du dehors, et je souffre pourtant de la façon la plus cruelle. Je souffre par cette raison seule que j'ai la conscience d'avoir commis une mauvaise action que je me savais obligé de ne pas faire, que je pouvais ne pas faire, et qui me laisse après elle un châtiment que je sais mérité [2]. »

Il est vrai que l'habitude du vice peut éteindre ou

<hr>

1. M. Marion, *Leçons de morale*, p. 21.
2. V. Cousin, *op. cit.*, p. 313.

atténuer le sentiment du remords : c'est qu'alors le jugement moral lui-même est oblitéré, c'est que le criminel a perdu la notion du bien et du mal.

Le repentir est aussi une souffrance qui dérive des mauvaises actions. Mais il diffère du remords en ce qu'il implique le désir de mieux faire à l'avenir, en ce qu'il acquiesce, pour ainsi dire, aux révoltes de la conscience contre le mal : il peut être défini, par conséquent, le remords accepté.

Les actions d'autrui. — Si la considération de chacune de nos actions nous fait éprouver un sentiment approprié, qui en est comme l'approbation ou la condamnation immédiate, il en est de même pour les actions des autres hommes : elles émeuvent, elles aussi, notre cœur d'une multitude de sentiments qu'il serait trop long de décrire. C'est tantôt l'estime, la sympathie, l'admiration, la louange ; tantôt le mépris, le blâme, l'antipathie, l'horreur, l'indignation.

Le sentiment du respect. — Entre tous ces sentiments moraux relatifs à autrui, il convient de distinguer celui où se marque le mieux le vrai caractère de la moralité : le sentiment du respect.

« Le respect, dit Kant, s'adresse toujours aux personnes, jamais aux choses. Les choses peuvent exciter en nous de l'inclination et même de l'amour, par exemple les chiens, les chevaux, ou de la crainte, comme la mer, une bête féroce ; mais jamais du respect... « Je m'incline devant un grand, disait Fontenelle*, mais mon esprit « ne s'incline pas ! » Et moi, j'ajouterai : Devant l'humble bourgeois, en qui je vois l'honnêteté du caractère portée à un degré que je ne trouve pas en moi-même, mon esprit s'incline, que je le veuille ou non ! Pourquoi cela ? C'est que son exemple me rappelle la loi que cet exemple rend visible. Le respect est un tribut que nous ne pouvons refuser au mérite [1]. »

Rôle des sentiments moraux. — Les sentiments moraux jouent et doivent jouer un grand rôle dans les actions humaines. L'idéal de la moralité, c'est peut-

1. Kant, *Critique de la raison pratique*, trad. Barni, p. 252.

être, en même temps qu'on fait le bien, de trouver
plaisir à le faire. Et nous ne partageons guère l'opinion des moralistes qui, à la suite de Kant, excluent la
sensibilité de la vertu parfaite. A entendre ces philosophes austères, la vertu chagrine et farouche, la vertu
qui est le prix d'une lutte pénible, est seule digne de
notre admiration. Qu'on ne leur parle pas du devoir accompli avec aisance, avec bonheur, par des hommes
qui ont su réaliser en eux l'harmonie de l'intelligence et de la sensibilité, et chez qui le cœur s'em-
presse d'obéir aux ordres de la raison. La vertu perd
son caractère à leurs yeux, quand elle n'est autre chose
que l'obéissance impassible à la loi et pour peu que
le sentiment s'y mêle.

Il est certain pourtant que l'homme atteint un degré
plus haut de moralité, quand il n'est pas seulement
l'esclave du devoir, quand il a réussi, par une longue habitude de moralité, à être le serviteur volontaire
de la loi morale, lui obéissant avec joie, avec entrain.
Qu'on ne dise pas que la vertu en ce cas est moins
méritoire, parce qu'elle est plus facile. Elle suppose
au contraire de grands efforts antérieurs; elle suppose qu'on est parvenu à faire régner la paix dans
l'âme, qu'on a conquis peu à peu toutes les forces
intérieures qui collaborent à l'action.

S'il y a une vertu inférieure, c'est celle au contraire
qui n'accomplit le devoir qu'avec répugnance, comme
par force, sans que le cœur y consente, en se pliant
au joug inexorable de la loi.

Le sentiment et l'idée. — En fait, d'ailleurs, quoi
qu'on pense de la valeur morale et de la dignité des
sentiments, il faut bien reconnaître qu'ils se mêlent
à presque toutes nos actions, et que l'homme moral de
Kant, concevant le bien et le pratiquant par raison, non
par amour, outre qu'il ne serait pas, selon nous, le
sage idéal, n'existe pas en réalité. Une vie morale de
pure raison est une abstraction et une chimère.

L'intervention du sentiment est si générale, qu'au

dire de certains philosophes elle serait indispensable. Pour que l'idée du bien ou du devoir devînt un motif d'action, il faudrait, à les entendre, qu'elle fût un objet d'amour [1]. L'idée par elle-même serait inefficace et impuissante ; lumière pure, elle éclairerait sans réchauffer. Elle n'agirait sur la volonté que si elle avait préalablement intéressé et ému la sensibilité. Si nous ne faisons pas le bien par amour, observe-t-on, au moins le faisons-nous par crainte du châtiment; et la crainte est encore un sentiment.

Nous croyons, malgré tout, qu'il y a quelque exagération à présenter le sentiment comme l'intermédiaire nécessaire entre la connaissance et la pratique du devoir. Les idées, nous l'avons dit, sont par elles-mêmes des principes d'action [2]. Le sentiment est un auxiliaire utile, mais il n'est pas un allié dont on ne puisse pas se passer.

La bonne volonté. — On n'aurait pas achevé l'analyse de la conscience morale, si, à côté des jugements et des sentiments qui la constituent, on ne faisait place à la bonne volonté qui en est aussi un élément essentiel. Dans une âme bien réglée, où règnent la paix et l'harmonie morale, la bonne volonté apparaît et s'affermit d'elle-même. En effet, il ne suffit pas de connaître le bien et de l'aimer, il faut encore le vouloir. Et ce troisième élément n'est pas moins nécessaire que les deux autres.

RÉSUMÉ

25. La conscience morale est un ensemble de

---

1. M. Charles, *op. cit.*, p. 212. C'est aussi l'opinion de M. J. Simon (*le Devoir*, p. 250).
2. Voyez notre *Introduction.*

faits psychologiques qui tous se rapportent au discernement du **bien** et du **mal**.

26. L'observation intérieure atteste la réalité des faits de conscience morale.

27. La conscience morale comprend à la fois des **jugements**, des **sentiments**, et même des **actes de volonté**.

28. Les jugements moraux sont des faits intellectuels. On en distingue trois : la **croyance au bien**, la **croyance au devoir**, la **croyance au mérite et au démérite**.

29. La **croyance au bien** se manifeste dans les jugements par lesquels nous distinguons les actions bonnes des actions mauvaises.

30. La **croyance au devoir** est l'affirmation que les actions bonnes sont obligatoires, par cela seul qu'elles sont bonnes. L'idée du devoir se confond avec l'idée de l'obligation morale.

31. L'idée du bien et l'idée du devoir sont **inséparables**, mais ne sont pas identiques.

32. L'idée du bien est **corrélative** à l'idée du mal ; de même l'idée du devoir, ou de quelque chose qui est ordonné, est corrélative à l'idée de quelque chose qui est défendu.

33. Le **jugement du mérite et du démérite** consiste en ce que nous croyons, tantôt avoir accru, tantôt avoir diminué volontairement notre dignité morale, et par suite avoir mérité une récompense ou une punition.

34. Les sentiments moraux précèdent ou accompagnent les jugements moraux. Il faut distinguer les sentiments moraux, suivant qu'on les éprouve **avant** ou **après l'action**, et encore suivant qu'ils nous sont

inspirés par nos **propres actions** ou par les **actions d'autrui.**

35. Les sentiments moraux qui suivent l'action sont de tous les plus énergiques : ce sont d'une part la **satisfaction morale,** et d'autre part le **repentir** et le **remords.**

36. Les sentiments par lesquels nous saluons pour ainsi dire la loi morale chez les autres personnes sont **l'estime, l'admiration, le respect,** ou bien le **mépris, l'indignation.**

37. La conscience morale la plus parfaite est celle qui, en même temps qu'elle reconnaît et veut le bien, trouve du plaisir à le faire, c'est-à-dire qui associe la **sensibilité** à **l'intelligence.**

38. Les sentiments agissent efficacement sur la **volonté;** mais il est inexact de prétendre qu'ils sont indispensables pour déterminer à l'action. L'**idée** par elle-même est un **principe d'action.**

39. La conscience morale n'est complète que si elle comprend encore la **bonne volonté;** de sorte que la conscience morale est bien l'âme **tout entière,** intelligence, sentiment, volonté, reconnaissant la loi du devoir et s'inclinant devant elle pour la mettre en pratique.

LECTURES

La conscience.

Conscience! conscience! instinct divin, immortelle et céleste voix; guide assuré d'un être ignorant et borné, mais intelligent et libre; juge infaillible du bien et du mal, qui rends l'homme semblable à Dieu! c'est toi qui fais l'excellence de sa nature et la moralité de ses actions; sans toi, je ne sens rien en moi qui m'élève au-dessus des bêtes, que le triste privilège de m'égarer d'erreur en erreur à l'aide d'un entendement sans règles et d'une raison sans principes...

Mais ce n'est pas assez que ce guide existe : il faut savoir le reconnaître et le suivre. S'il parle à tous les cœurs, pourquoi donc y en a-t-il si peu qui l'entendent? Eh! c'est qu'il nous parle la langue de la nature, que tout nous fait oublier.

La conscience est timide; elle aime la retraite et la paix; le monde et le bruit l'épouvantent : les préjugés dont on la fait naître sont ses plus cruels ennemis; elle fuit ou se tait devant eux : leur voix bruyante étouffe la sienne; le fanatisme ose la contrefaire et dicter le calme en son nom... O mon enfant, puissiez-vous sentir un jour de quel poids on est soulagé quand, après avoir éprouvé la vanité des opinions humaines et goûté l'amertume des passions, on trouve enfin près de soi la route de la sagesse, le prix des travaux de cette vie, et la source du bonheur dont on a désespéré. (J.-J. Rousseau *, *Émile*.)

Le devoir.

Devoir! mot grand et sublime, toi qui n'as rien d'agréable ni de flatteur, toi qui commandes la soumission, sans pourtant employer pour ébranler la volonté des menaces propres à exciter la terreur, mais simplement en te proposant comme une loi qui d'elle-même s'introduit dans l'âme et la force au respect (sinon toujours à l'obéissance), et devant laquelle se taisent tous les penchants, quoiqu'ils travaillent sourdement contre elle : quelle origine est digne de toi? où trouver la racine de ta noble tige?... Elle ne peut être que la personnalité, c'est-à-dire la liberté.

Cette idée de la personnalité qui excite notre respect et qui nous révèle la sublimité de notre nature, en même temps qu'elle nous fait remarquer combien nous nous en éloignons dans notre conduite, cette idée est naturelle à la raison commune, qui la saisit aisément.

Y a-t-il un homme tant soit peu honnête à qui il ne soit quelquefois arrivé de renoncer à un mensonge par lequel il pouvait se tirer d'un mauvais pas uniquement pour ne pas se rendre méprisable à ses yeux? L'honnête homme frappé par un grand malheur qu'il aurait pu éviter s'il avait manqué à son devoir n'est-il pas soutenu par la conscience d'avoir maintenu et respecté en sa personne la dignité humaine, de n'avoir pas à rougir de lui-même et de pouvoir s'examiner sans crainte? (Kant, *Critique de la raison pratique*.)

LECTURES RECOMMANDÉES

M. Bouillier, *la Vraie Conscience.*
M. Vacherot, *la Science et la Conscience.*

LEÇON IV

LA RESPONSABILITÉ OU LES CONDITIONS DE LA MORALE

La conscience et la responsabilité. — Définition de la responsabilité. — Conditions essentielles de la responsabilité. — Existence de la loi. — Connaissance de la loi. — Liberté de l'agent moral. — Limites de la responsabilité. — Degrés de la responsabilité. — Cas d'irresponsabilité. — Responsabilité civile. — Conséquences de la responsabilité. — Réalité du sentiment de la responsabilité. — Responsabilité et solidarité. — La liberté humaine.

La conscience et la responsabilité. — La conscience, dont nous venons d'analyser les éléments, affirme l'existence d'une loi morale obligatoire, dont l'accomplissement est méritoire. C'est l'ensemble de ces deux notions, l'obligation d'une part, le mérite d'autre part, qui constitue la notion complexe de la *responsabilité*. Tout homme se sait responsable de ses actes, et il importe d'analyser avec soin cette idée dont l'étude nous fera pénétrer plus avant dans les conditions de la moralité.

Définition de la responsabilité. — La responsabilité, à vrai dire, résume toutes les conditions de la vie morale. Les mots « responsabilité » et « moralité » peuvent être considérés comme synonymes.

Un agent moral, un être responsable, c'est même chose. L'animal est en dehors de la moralité, précisément parce qu'il n'est à aucun degré responsable d'actions qu'il accomplit sans conscience et sans liberté. L'homme cesse d'être un agent moral, lorsque la folie, par exemple, lui enlève les facultés qui créent sa responsabilité.

La responsabilité contient donc le principe et les conséquences de la morale tout entière. Elle peut être définie : *le caractère d'un être intelligent et libre qui, sachant ce qu'il fait, devant agir conformément à la loi, mais pouvant agir autrement, doit rendre compte des actes qu'il accomplit dans ces conditions.*

En d'autres termes, les actions dont un homme est responsable sont celles qu'il s'attribue à lui-même ; on a le droit de les lui imputer. Il en est le véritable auteur, la cause ; par suite, il doit en répondre : elles sont à son compte.

Conditions essentielles de la responsabilité. — D'après la définition même que nous en avons donnée, la responsabilité suppose plusieurs éléments, plusieurs conditions : 1° l'existence d'une loi, d'une règle, qu'il est interdit de violer ; 2° la connaissance de cette loi ; 3° enfin la liberté, c'est-à-dire le pouvoir de se soumettre volontairement ou de se dérober aux commandements de la loi.

Existence de la loi. — Admettons pour un instant que nous sommes affranchis de toute règle, qu'il n'existe pas de loi morale, ni même de loi civile. Nous sommes désormais les maîtres absolus de notre conduite ; les actions deviennent absolument indifférentes ; n'étant ni bonnes ni mauvaises, elles ne peuvent plus être qualifiées moralement ; elles sont toutes permises. Nous pouvons, au gré de notre caprice, faire tout ce qu'il nous plaira. Il ne peut donc plus être question de responsabilité. Pour que nous soyons responsables de nos actions, il faut en effet que nous ayons à en répondre à quelqu'un, ou à quelque chose ; il faut qu'il y ait une autorité quelconque devant laquelle notre volonté s'incline et rende ses comptes.

C'est ainsi qu'en dehors de la responsabilité naturelle et générale que nous impose à tous notre condition d'hommes, il y a dans la vie sociale des responsabilités particulières, passagères, qui dérivent de notre profession, de notre situation dans le monde. Nous sommes responsables vis-à-vis de nos chefs, de nos supérieurs, de tous ceux dans la dépendance de qui le sort nous a placés. Que cette dépendance cesse, et la responsabilité qu'elle déterminait cesse avec elle.

Et de même, si les sceptiques réussissaient à faire le vide dans notre conscience, à nous détacher, comme d'autant de chimères, de l'idée du bien, de la croyance au devoir, dans ce cas, libres de tout frein, livrés à l'indépendance absolue de nos désirs, nous serions étrangers à toute responsabilité.

Connaissance de la loi. — Il ne suffit pas d'ailleurs qu'une loi existe qui, avec une autorité souveraine, nous commande ceci, nous interdise cela ; ce qui n'est pas moins nécessaire, c'est que cette loi soit connue de tous.

Nous ne sommes pas responsables, quand nous violons sans le savoir des lois que nous ignorons, quand nous enfreignons des ordres qui ne nous ont pas été communiqués. Aussi tout code de lois impératives et prohibitives a-t-il pour postulat * une affirmation analogue à celle qui ouvre le recueil de nos lois nationales : *Tout Français est censé connaître la loi.*

L'ignorance de la loi équivaut à un certificat d'irresponsabilité. Ces mots : « Je ne savais pas », sont une excuse familière à tous les délinquants. Aux progrès de la connaissance correspond par conséquent chez le criminel un accroissement de culpabilité. Au contraire un sauvage, ou même un homme peu civilisé, trouve dans son défaut d'instruction un allègement de sa responsabilité.

On ne peut nous imputer à bien ou à mal que les actions que nous savions, avant de les accomplir, être bonnes ou mauvaises, c'est-à-dire ordonnées ou défendues par la loi morale. Et comme il dépend de nous, de notre réflexion intérieure, de reconnaître la différence morale des actions, de lire dans notre conscience les diverses prescriptions de la loi naturelle, il est évident que la seconde condition de la responsabilité est réalisée dans toutes les raisons humaines.

Liberté de l'agent moral. — La responsabilité suppose encore un troisième élément: c'est que l'agent moral soit libre, c'est qu'il dépende de lui d'agir comme il l'entend. Acceptons-nous, avec certaines religions, la doctrine d'un *fatum**, d'un destin absolu pesant sur les résolutions humaines et dominant les volontés, ou encore d'une *grâce** divine imposant aux créatures les décrets du Créateur : aussitôt toute responsabilité s'efface. Aussi le premier mouvement des grands criminels est-il de s'écrier, pour excuser leurs fautes : « C'est la fatalité ! » Et de même certains fanatiques, qui croient à la prédestination*, rapportent à Dieu ou à des puissances surnaturelles le mérite ou le démérite de leurs propres actions.

Limites de la responsabilité. — La responsabilité a précisément la même étendue que la liberté. Nous sommes responsables dans la mesure où nous sommes libres. Un homme n'est pas coupable pour avoir commis une mauvaise action sous la pression d'une contrainte insurmontable. Le soldat, soumis à l'obéissance passive, n'est pas responsable de ce qu'il fait sur l'ordre formel de son chef. S'il est vrai, comme l'affirment certains physiologistes de notre temps, qu'on peut suggérer à un individu, par les procédés de l'hypnotisme*, l'accomplissement d'une action déterminée, ce n'est plus l'individu lui-même, devenu un instrument docile, passif, entre les mains de l'opérateur, c'est l'opérateur qui est vraiment responsable de l'acte accompli. Ce n'est pas notre faute si nous sommes moins intelligents que d'autres, si ce n'est dans la mesure où notre intelligence dépend de notre application, de notre attention, parce que l'application et l'attention dépendent elles-mêmes de notre volonté.

En d'autres termes, la responsabilité réside dans l'acte conscient et libre ; et si cet acte suppose l'intervention de plusieurs intermédiaires qui n'agissent que machinalement, elle remonte par-dessus leurs têtes jusqu'à la cause initiale qui seule a voulu ce qui s'est fait. Dans le système philosophique qu'on appelle panthéisme*, et qui retire de toutes les créatures humaines l'énergie et la causalité pour les attribuer à la puissance divine, c'est Dieu seul qui serait responsable de tout ce qui se passe dans le monde.

Degrés de la responsabilité. — Lorsqu'on a défini les conditions de la responsabilité, il est aisé de faire comprendre pourquoi elle comporte des degrés, pourquoi elle varie d'une personne à une autre, et chez la même personne aux différents moments de son existence. La responsabilité a pour principes la conscience morale et la liberté : or, rien n'est plus inégal, d'homme à homme, ou chez le même homme suivant les circonstances, que la raison et le libre arbitre. Voilà pourquoi il est si difficile et si délicat pour le magistrat quand il apprécie les actions criminelles, et pour l'historien quand il juge les hommes, de mesurer et de répartir équitablement les responsabilités.

Notre liberté n'est pas, tant s'en faut, illimitée, et nous avons dans nos actes un grand nombre de collaborateurs occultes qui nous influencent à notre insu. Dans quelle mesure, par exemple, sommes-nous libres d'avoir telle ou telle opinion, d'adhérer à telle ou telle croyance ? N'est-il pas vrai que les circonstances extérieures de notre vie, les hérédités que nous tenons de nos parents, notre constitution physique, les habitudes que nous avons contractées nous-mêmes avant l'âge de raison, le milieu où nous avons été placés par les hasards de la naissance, contribuent pour une bonne part à déterminer nos opinions, et par suite nos actions ? L'effort libre de notre réflexion peut-il toujours lutter avec avantage contre les mille influences qui nous enveloppent et nous assiègent ? Serons-nous par conséquent absolument responsables des actes que nous aurons accomplis en conformité avec des croyances qu'il n'a pas dépendu de nous de détruire ou de modifier ? Il suffit de réfléchir aux limites de notre liberté, pour apprendre à être indulgent envers les hommes et à adoucir la sévérité des imputations dont nous chargeons leur responsabilité.

D'autre part, la raison pratique ou la conscience morale n'est pas moins imparfaite chez l'homme que la liberté n'est limitée. De là encore des degrés dans la responsabilité, qui, n'étant qu'un effet, s'atténue ou s'aggrave à proportion que s'affaiblissent ou s'accroissent les causes psychologiques qui la déterminent.

Cas d'irresponsabilité. — Il est des cas où la responsabilité, et par suite l'imputabilité de nos actions, est complètement abolie, l'ivresse, la folie, par exemple. Là, l'irresponsabilité est évidente. Aussi les avocats, lorsqu'ils veulent essayer d'obtenir l'acquittement d'un client compromis, ne manquent-ils pas de plaider la folie.

De ceux que la loi morale appelle irresponsables, la loi civile dit qu'ils ne sont point punissables. L'article 64 du Code pénal, par exemple, est ainsi conçu : *Il n'y a ni crime ni délit lorsque le prévenu était en état de démence au temps de l'action.*

Le même article ajoute: *ou lorsque le prévenu a été contraint par une force à laquelle il n'a pu résister.*

En d'autres termes, tout ce qui supprime la liberté et le discernement constitue une excuse valable et équivaut à une décharge de responsabilité.

Par suite l'âge doit entrer aussi en ligne de compte, et le Code pénal supprime ou atténue ses sévérités en faveur des mineurs de moins de seize ans :

Art. 66. — Lorsque l'accusé aura moins de seize ans, s'il est décidé qu'il a agi *sans discernement*, il sera acquitté...

Art. 67. — S'il est décidé qu'il a agi *avec discernement*, les peines seront prononcées ainsi qu'il suit :... (Et la suite de l'article indique que les peines seront, suivant les cas, modifiées et diminuées.)

Art. 69. — Dans tous les cas où le mineur de seize ans n'aura accompli qu'un simple délit, la peine qui sera prononcée contre lui ne pourra s'élever au-dessus de la moitié de celle à laquelle il aurait pu être condamné s'il avait eu seize ans.

Responsabilité civile. — La loi positive applique dans ses prescriptions le principe de la responsabilité. Elle impose à l'auteur de tout acte dommageable l'obligation de réparer, par une indemnité pécuniaire, le préjudice qu'il a causé à autrui. C'est ce qu'on appelle la *responsabilité civile*.

Voici comment s'exprime sur ce point le Code civil :

Art. 1382. — Tout fait quelconque de l'homme qui cause à autrui un dommage oblige celui par la faute duquel il est arrivé à le réparer.

La responsabilité civile n'est imputable d'ailleurs qu'à l'âge de la majorité : avant vingt et un ans, ce n'est pas l'enfant, le jeune homme, ce sont ses parents, ses maîtres, ses instituteurs, qui doivent répondre pour lui.

Art. 1384. — Le père, et la mère après le décès du mari, sont responsables du dommage causé par leurs enfants mineurs habitant avec eux.

Les instituteurs et les artisans sont responsables du dommage causé par leurs élèves et apprentis pendant le temps qu'ils sont sous leur surveillance.

Conséquences de la responsabilité. — La responsabilité civile est une des conséquences de la responsabilité morale. Elle fait partie de ce que les moralistes appellent les *sanctions* de la morale (Voy. leçon VIII), c'est-à-dire les punitions et les récompenses qui attendent les actions humaines. L'éloge ou le blâme, l'estime ou le mépris public, les distinctions sociales et le Code pénal, voilà les manifestations extérieures du fait moral de la responsabilité. L'idée de la vie future elle-même, de ses joies et de ses peines éternelles, repose sur l'idée de la responsabilité individuelle. Mais la responsabilité a d'autres sanctions encore. Ce sont d'abord les joies et les peines intérieures de la conscience, la satisfaction du devoir accompli, et inversement le remords et le repentir. Ce sont ensuite les biens et les maux naturels qui résultent de l'accomplissement ou de la violation du devoir, la santé ou la maladie, les succès ou les revers de la vie pratique.

Réalité du sentiment de la responsabilité. — Certains philosophes, les positivistes* notamment, prétendent que le sentiment de la responsabilité naît seulement de la crainte d'un châtiment prévu. « Ce sentiment manque, dit Stuart Mill*, où manque la menace de l'*imputabilité**.

Cette affirmation n'est pas exacte; le sentiment de la responsabilité demeure très vif chez les coupables mêmes qui vivent en pleine sécurité, ou pour des fautes qui ne risquent pas d'attirer un châtiment social sur leurs têtes.

L'idée de la responsabilité se retrouve jusque dans les excuses que nous mettons en avant le plus souvent pour nous justifier de nos fautes. Nous nous en prenons à notre santé, au temps qu'il fait; nous nous en prenons à la société, à nos maîtres : tout cela pour ne pas avouer notre culpabilité propre. Mais plus nous la dissimulons, plus il est évident que nous en avons conscience.

Responsabilité et solidarité. — De notre temps des romanciers, des philosophes ont cherché à restreindre la part de responsabilité qui revient à chaque homme en attribuant à la mauvaise organisation sociale la plupart de nos fautes et de nos vices. George

Sand [1], après Rousseau, a pris à partie la société : c'est elle qui serait la cause de tout le mal.

« N'avais-je pas sujet de haïr cette société, dit George Sand, qui m'avait pris au berceau, et qui dès lors, me comblant de faveurs aveugles, avait en quelque sorte travaillé à me créer des passions et des besoins inextinguibles, qu'elle s'était plu à satisfaire et à exciter sans cesse [1] ? »

Ne nous laissons pas séduire par ces déclamations qui flattent la lâcheté humaine, qui affaiblissent le sentiment de la liberté, qui par suite compromettent la morale tout entière.

Assurément il y a jusqu'à un certain point partage de responsabilité entre les divers membres d'une même société humaine. Cela résulte de la solidarité qui nous lie aux autres hommes.

Mais, si d'une part l'idée de la solidarité affaiblit, atténue notre responsabilité, en ce qu'elle établit l'influence que les actions des autres exercent sur les nôtres, d'autre part elle l'accroit, en nous rappelant que nos actions à leur tour peuvent déterminer chez nos amis, chez nos parents, chez nos concitoyens, des actions semblables.

La liberté humaine. — Les vrais adversaires de la responsabilité sont ceux qui nient la liberté humaine. Les deux notions, en effet, sont corrélatives. Mais, comme on l'a fait souvent remarquer, à supposer même que la liberté ne fût pas démontrée, il suffirait, pour fonder la moralité, que le sentiment de la liberté subsistât.

Et qui peut douter que ce sentiment n'existe, alors qu'il se manifeste dans toutes nos actions? La liberté serait-elle une chimère, il n'en est pas moins vrai, et c'est ce qui importe, que nous ne pouvons cesser d'y croire.

1. George Sand, *Lélia*, t. Ier, p. 86.

RÉSUMÉ

40. La notion de la **responsabilité** dérive de l'idée du devoir et de l'idée du mérite ou du démérite.

41. La responsabilité peut être définie : le caractère d'un être intelligent et libre, qui, **sachant** ce qu'il fait, **devant agir** conformément à la loi, mais **pouvant agir** autrement, **doit rendre compte** des actes qu'il accomplit dans ces conditions.

42. La responsabilité suppose trois conditions essentielles : l'**existence d'une loi**, la **connaissance de cette loi**, enfin la **liberté**.

43. Si l'homme était affranchi de toute règle, il est évident qu'il n'aurait en aucun cas à rendre compte de ses actes, qui seraient tous indifférents.

44. D'autre part, si la loi existe, mais n'est pas connue, on ne saurait nous imputer moralement des infractions inconscientes à une loi ignorée.

45. Enfin la responsabilité disparaîtrait encore, si l'agent moral n'était pas libre de se conformer ou non à la loi, si ses actions étaient **nécessaires** et **fatales**.

46. Les **limites de la responsabilité** sont précisément celles de la liberté. Toutes les actions qui résultent d'une contrainte insurmontable, d'une loi fatale, ne nous sont pas imputables.

47. Les **variations de la responsabilité** cor-

respondent à celles de l'instruction morale et de la liberté. La responsabilité n'est qu'un effet qui varie avec les causes psychologiques qui la déterminent.

48. Les causes qui suppriment la liberté et le discernement, par exemple la **démence**, suppriment aussi la responsabilité.

49. Le Code pénal est d'accord avec la morale pour déclarer **irresponsables** ceux qui sont en **état de démence**, et **moins responsables**, ceux qui, n'ayant pas encore l'**âge de raison**, ne sont pas en possession de toutes leurs facultés morales.

50. La **responsabilité civile**, c'est-à-dire la nécessité d'une réparation pour tout acte dommageable, est la conséquence de la responsabilité morale.

51. Les **conséquences de la responsabilité** sont en général ce que les moralistes et les légistes appellent les **sanctions** des actions humaines, c'est-à-dire les récompenses et les peines qui les attendent.

52. Le **sentiment de la responsabilité** ne doit pas être confondu avec la crainte du châtiment. En dehors de toute punition prévue, en pleine sécurité, nous nous sentons toujours responsables de ce que nous avons fait.

53. Le sentiment de la responsabilité se manifeste jusque dans les excuses auxquelles nous avons recours pour dissimuler notre culpabilité.

54. Les lois de la **solidarité humaine** affaiblissent ou accroissent le sentiment de la responsabilité, suivant que l'on considère l'influence exercée par les actions d'autrui sur les nôtres, ou réciproquement

l'influence de nos propres exemples sur la conduite des autres hommes.

LECTURES

Solidarité humaine.

Si le perfectionnement indéfini de notre espèce est, comme je le crois, une loi générale de la nature, l'homme ne doit plus se regarder comme un être borné à une existence passagère et isolée, destiné à s'évanouir après une alternative de bonheur et de malheur pour lui-même, de bien et de mal pour ceux que le hasard a placés près de lui : il devient une part active du grand tout et le coopérateur d'un ouvrage éternel

Dans une existence d'un moment, sur un point de l'espace, il peut, par ses travaux, embrasser tous les lieux, se lier à tous les siècles, et agir encore longtemps après que sa mémoire aura disparu de la terre. (Condorcet, *OEuvres complètes,* t. VII, p. 158.)

La liberté humaine.

Pour mieux mettre en lumière notre part de liberté et de responsabilité dans les événements de ce monde, un philosophe contemporain, M. Renouvier, a écrit récemment un livre curieux, qu'il a intitulé *Uchronie,* ou l'Utopie dans le temps, dans l'histoire, avec ce sous-titre : *Histoire de la civilisation européenne telle qu'elle n'a pas été, telle qu'elle aurait pu être.*

Pascal disait : « Si le nez de Cléopâtre eût été plus court, toute la face de la terre aurait changé. » En effet, Cléopâtre supposée moins belle, Antoine n'était plus amoureux; Antoine ne se brouillait plus avec Octave. M. Renouvier a repris sous une forme grave la boutade de Pascal. Seulement, au lieu de prendre comme point de départ du changement qu'il imagine dans les événements historiques un fait physique, tel que la physionomie de Cléopâtre, dû à un caprice de la nature ou à des lois fatales, il suppose comme principe un fait moral, un acte de liberté, tel qu'aurait été, dans l'exemple de Pascal, la résolution prise et accomplie par Antoine de résister aux séductions de Cléopâtre.

Il suppose que Marc-Aurèle, au lieu de maintenir la constitution impériale, a établi la République et a par là régénéré Rome; et il montre comment ce fait, s'il s'était produit, aurait profondément modifié toute la suite des événements. L'histoire aurait suivi un autre cours. Tout le moyen âge, avec son régime théocratique et monarchique, aurait pu être évité. (*Dictionnaire de Pédagogie*, art. RESPONSABILITÉ.)

LECTURES RECOMMANDÉES

M. Marion, *De la solidarité morale*, introduction.
M. Lévy Bruhl, *l'Idée de la responsabilité*.

LEÇON V

LA LOI MORALE ET LES DIVERS MOTIFS DE NOS ACTIONS

La loi morale. — Caractères de la loi morale. — La loi morale et les lois physiques. — La loi morale et les lois écrites. — Universalité de la loi morale. — Autorité de la loi morale. — Impératif catégorique. — Autonomie de la volonté morale. — L'obligation. — La loi morale et les motifs de nos actions. — Divers motifs de nos actions. — Les mobiles et les motifs. — Les différentes espèces de bien. — L'agréable et l'honnête. — Conciliation des différents motifs de nos actions.

La loi morale. — La conscience affirme, la responsabilité suppose l'existence d'une loi morale. Mais cette loi, cette règle des mœurs, quelle est-elle ? quelle est sa nature ?

Qu'elle existe, c'est ce que tous les philosophes s'accordent à reconnaitre avec le sens commun. Mais s'ils s'entendent sur ce point, il s'en faut qu'ils soient d'accord sur la nature du bien et du mal. Ils ont proposé tour à tour différents systèmes, fondés sur les divers motifs possibles de nos actions. Entre ces systèmes il faut choisir. Mais, pour être en état de le faire, il faut d'abord avoir défini les *vrais caractères de la loi morale*.

Caractères de la loi morale. — La loi morale se distingue de toutes les autres lois par certains caractères. Et si nous voulons savoir à quelle loi morale nous devons obéir, faire un choix éclairé entre les divers principes que les écoles de morale ont tour à tour érigés en lois, il est nécessaire de définir d'abord ces caractères. Une fois les conditions établies, auxquelles doit satisfaire la loi qui aspire à devenir la règle de notre conduite, la fin de notre destinée, il n'y aura plus qu'à confronter avec l'idéal conçu les différents systèmes de morale, pour décider quel est celui qui est le vrai et exclure ceux qui sont faux ou tout au moins insuffisants.

Les caractères de la loi morale ne sont pas d'ailleurs des déductions arbitraires, des idées pures ; ils doivent être directement induits de l'observation intérieure et des révélations de la conscience [1].

La loi morale et les lois physiques. — La loi morale est d'abord distincte des lois physiques. C'est un véritable abus de mots que d'employer la même expression pour désigner les rapports constants, nécessaires et inflexibles, que la nature a établis entre les phénomènes matériels et les ordres que le devoir adresse à la liberté humaine. Les lois physiques appartiennent au monde de la mécanique et de la fatalité ; la loi morale suppose au contraire un agent libre qui doit lui obéir, mais qui peut lui désobéir, s'il le veut.

La loi morale et les lois écrites. — Les lois écrites dans les codes se rapprochent de la loi morale en ce qu'elles sont, elles aussi, des lois de liberté, des ordres adressés aux hommes Mais, pour assurer la paix sociale, les lois écrites font appel à des sanctions immédiates, à l'emploi de la force ; elles prennent en outre des mesures préventives pour se faire respecter, pour empêcher le plus possible les délits ou les crimes. La loi morale, pour obtenir l'obéissance, ne dispose pas d'un appareil de peines aussi précises, aussi rigoureuses : elle laisse à l'homme plus de liberté, et par suite plus de responsabilité.

Analogues en ce qu'elles donnent des ordres à des êtres considérés comme libres et responsables, la loi

---

1. Beaucoup de philosophes pensent que l'on peut et que l'on doit déterminer *à priori* les caractères de la loi morale. C'est l'avis de M. Marion (Voy. *Leçons de morale*, p. 31).

morale et les lois écrites diffèrent totalement à d'autres points de vue : 1° la loi morale est naturelle ; les lois positives sont fondées sur des conventions humaines ; 2° la loi morale est universelle, invariable ; les lois civiles varient de pays à pays, de législateur à législateur ; 3° la loi morale exige, pour qu'on s'y conforme véritablement, certaines dispositions intérieures, intention, bonne volonté ; les lois civiles se contentent de la régularité apparente, de la conformité extérieure entre les actes de l'individu et les prescriptions du Code ; 4° enfin la loi morale a un domaine très étendu, puisqu'elle embrasse toutes les actions humaines, publiques ou privées, sociales ou personnelles, extérieures ou intérieures ; les lois civiles ne règlent que les actions qui pourraient menacer l'ordre public, léser les intérêts sociaux.

En un mot, la loi morale est le principe dont les lois civiles ne sont qu'une dérivation partielle.

« Crois-tu, disait Socrate à Hippias, que ce qui est *légal* et ce qui est *juste* soient une seule et même chose?... N'y a-t-il pas des lois qui ne sont pas écrites? — Oui sans doute, celles qui sont les mêmes dans tous les pays. — Diras-tu que ce sont les hommes qui les ont établies? — Comment cela se pourrait-il, puisqu'ils n'ont pu se réunir tous, et qu'ils ne parlent pas la même langue [1] ? »

Universalité de la loi morale. — La loi morale, étant l'expression même des rapports qui existent entre les êtres et entre les facultés d'un même individu, est *invariable* comme la nature. Elle a beau être méconnue, outragée, donner lieu à des interprétations capricieuses, en elle-même elle est fixe, et ne change ni avec le temps, ni avec les lieux, ni avec les individus. La loi morale, à ce point de vue, n'est pas moins inflexible que les lois nécessaires du monde physique, que les lois logiques ou mathématiques. Elle survit,

1. Xénophon, *Entretiens de Socrate*, l. IV, ch. iv.

inaltérable. aux infractions qui l'atteignent. Elle ne change pas plus que le soleil ne change avec les idées que s'en fait l'astronomie.

Dire que la loi morale est invariable, c'est affirmer en même temps qu'elle est *universelle*; c'est-à-dire qu'elle impose à tous les hommes, dans les mêmes circonstances, les mêmes obligations.

Kant a tiré de ce caractère de la loi morale un excellent conseil pratique pour démêler, parmi les actions, celles qui sont véritablement conformes à la loi morale. Désirez-vous savoir, disait-il, si une action est bonne? Demandez-vous si vous pouvez vouloir qu'elle soit une loi universelle, à laquelle tous les hommes obéissent. Si l'action qui vous paraît bonne pour vous-même n'est pas telle que vous puissiez la considérer comme une loi universelle de nature et en imposer le respect à tous les hommes, c'est qu'elle est une inspiration de vos passions, de votre intérêt personnel, et non une application de la loi morale.

« Qu'arrive-t-il la plupart du temps, dit Kant, lorsque nous violons la loi morale? Voulons-nous en réalité transformer en règle et en loi générale notre conduite particulière? Loin de là : nous voulons que le contraire de notre action demeure une loi universelle. Seulement nous prenons la liberté d'y faire une exception en notre faveur, ou plutôt en faveur de nos penchants, et pour cette fois seulement. »

Autorité de la loi morale. — La loi morale ne contraint pas la liberté, à la façon de la pesanteur qui précipite les corps, ou de la chaleur qui les dilate; mais si elle ne *nécessite* * pas l'agent moral, elle *l'oblige.*

Les prescriptions de la morale ne sont pas de simples conseils, comme le seraient les recommandations de la prudence intéressée : ce sont des ordres, des commandements absolus.

Impératif catégorique. — Kant est le philosophe qui a mis le plus nettement en relief ce caractère d'obligation absolue qui distingue la loi morale de toutes les autres. La loi morale, disait-il, n'est pas un *impératif conditionnel*, c'est un *impératif catégorique*, c'est-à-dire absolu, sans conditions.

La morale utilitaire dit aux hommes avec Franklin : « Soyez studieux ; vous deviendrez savants. Soyez laborieux et économes ; vous deviendrez riches. Soyez sobres et tempérants ; vous jouirez d'une bonne santé. Enfin soyez vertueux, et vous serez heureux, ou du moins vous vous serez donné les meilleures chances de bonheur[1]. »

Assurément il ne faut pas faire fi de ces conseils de la prudence, et l'on ne saurait trop recommander à l'homme d'envisager les conséquences matérielles de ses actes. Presque toujours, entre le devoir accompli et le bonheur, il y a corrélation. Mais la morale pure va plus loin encore ; elle dit à l'homme : « Fais ton devoir, advienne que pourra ! » Oui, quelles qu'en soient les conséquences, il y a obligation absolue à faire ce qui est le bien par cela seul que c'est le bien.

Tous les impératifs, disait Kant, ordonnent ou *hypothétiquement* ou *catégoriquement*. Les impératifs hypothétiques représentent la nécessité pratique d'accomplir une certaine action comme un *moyen* pour obtenir quelque autre chose que l'on désire. L'impératif catégorique représente l'action comme étant par elle-même, et indépendamment de tout autre but, absolument nécessaire, comme étant sa propre fin à elle-même. Quand la passion, quand l'intérêt parle, ils ne prescrivent l'action qu'à ceux qui en recherchent les résultats extrinsèques. Si vous renoncez aux résultats, vous êtes libre de renoncer à l'action elle-même. Le commandement tombe avec les conditions auxquelles il est subordonné. Tout au contraire, le commandement du devoir n'est conditionné à rien. Il n'admet aucune exception, aucun faux-fuyant. Il est sa fin, son but à

[1]. *Essais de morale et d'économie politique*, trad. E. Laboulaye. **Paris,** 1860, p. 122.

lui-même. Il n'est jamais présenté comme un *moyen*. Il est vrai qu'on pourrait le traduire sous cette forme : « Fais le bien, si tu veux être un honnête homme. » Mais ce serait là une expression inexacte de l'injonction morale, qui se réduit à ceci : « Fais le bien, parce que c'est le bien ! Obéis à la loi, parce que c'est la loi. » Ou bien, selon la formule même de Kant : « Agis de telle façon que tu traites toujours l'humanité, soit dans ta personne, soit dans la personne d'autrui, comme une fin, et que tu ne t'en serves jamais comme un moyen. »

Autonomie de la volonté morale. — En face de la loi obligatoire et de ses commandements absolus, il ne faut pas cesser de considérer la liberté humaine, la volonté *autonome*[1], selon l'expression de Kant. C'est là, en effet, le point délicat, le nœud vital, pour ainsi dire, de la moralité. La moralité suppose également ces deux choses : une loi obligatoire, et une volonté libre qui cherche et se donne elle-même sa loi. Il semble qu'il y ait contradiction entre ces deux termes, liberté et loi ; et cependant c'est de leur conciliation que naît la morale.

« La loi morale, dit un philosophe français, n'est point la loi des êtres que régit une aveugle nécessité ; elle doit avoir un caractère d'autorité qui lui soumette les volontés. Autrement celles-ci lui restent étrangères ou rebelles. La loi qui traite les personnes comme des choses, aux yeux de la raison, n'est plus la loi ; elle n'est que la force qui fait produire des actes, mais à qui la volonté reste insoumise.

« Cette loi, la loi des êtres libres, doit descendre au fond des âmes, régir les intentions, non simplement les actes extérieurs. Pour cela, il faut qu'elle se fasse admettre comme raisonnable et comme juste. Sa force alors lui vient de son autorité, non l'autorité de la force. Sa vraie garantie est son inviolabilité, qui commande le respect et lui attire les hommages de ceux-là mêmes qui pourraient la violer, mais se sentent retenus par une puissance supérieure. Là est la vraie puissance et le caractère moral de la loi. Ce qu'elle demande est une obéissance libre. Elle n'est rien, si les volontés lui échappent[2]. »

1. *Autonome*, mot à mot, qui se fait à soi-même sa loi.
2. M. Bénard, *Précis de philosophie*, p. 502.

La volonté libre est donc soumise à une législation qui lui est propre, qu'elle s'impose pour ainsi dire à elle-même. Une loi qui serait imposée du dehors, qui serait, sous une forme quelconque, la *grâce efficace* chère à certains théologiens, l'influence prépondérante d'une volonté supérieure à celle de l'homme, déterminerait peut-être des actions en apparence vertueuses; mais ces actions n'auraient plus de caractère moral. Il faut, comme dit Kant, que la loi morale de l'homme dérive de sa propre volonté : sans quoi elle aurait besoin de quelque autre chose pour le forcer à agir, et elle ne serait plus la loi.

L'obligation. — La caractéristique de la loi morale, c'est donc qu'elle est obligatoire. D'après Kant, l'obligation serait même la raison d'être de la loi. Il n'y aurait pas d'autre explication à donner du bien, sinon qu'il est obligatoire. Nous ne croyons pas qu'il en soit ainsi, et nous avons déjà dit qu'il était possible d'expliquer et le bien et l'obligation ; mais l'obligation, si elle n'est pas l'essence de la loi morale, en est au moins le signe distinctif.

La loi morale et les motifs de nos actions. — Quelque haute que soit la conception de la loi morale qui vient d'être exposée, cette loi ne doit pas être cherchée ailleurs que dans la conscience humaine. Ou bien elle n'existe qu'à l'état d'idéal inaccessible et surhumain, et alors elle nous importe peu, ou bien elle est réellement la loi de l'homme, et elle doit se rencontrer parmi les différents motifs de nos actions.

C'est ce que Jouffroy* exprimait avec force[1] en ces termes :

« Ces deux questions, disait-il : y a-t-il pour l'homme une loi obligatoire, et, s'il y en a une, quelle est cette loi? sont des questions de fait, et non pas des questions abstraites, qui puissent être résolues par le raisonnement. En effet, l'homme est là : il se détermine, il agit, il est sollicité à le faire par tel ou tel motif. Parmi

1. Jouffroy, *Cours de droit naturel*, t. Ier, p. 63.

ces motifs, s'en rencontre-t-il un qui ait le caractère de la loi, ou ne s'en rencontre-t-il aucun ? Telle est la première question, et si, parmi ces motifs, il en est un qui soit obligatoire, quel est ce motif, sa nature, son caractère ? Voilà la seconde, et toutes deux sont des questions de fait... D'où vous voyez que pour résoudre ces deux questions capitales, desquelles dépend tout le droit naturel, de même que pour apprécier la valeur des systèmes qui ont nié ou défiguré le droit naturel, il faut en venir à l'observation des faits moraux de la nature humaine. »

Divers motifs de nos actions. — La question est très nettement posée dans le passage de Jouffroy que nous venons de citer. Il faut d'abord se demander quels sont les divers motifs de nos actions, afin de reconnaître ensuite parmi eux celui qui a droit à être érigé en règle de conduite, celui qui se confond véritablement avec la loi morale.

Une même action peut être accomplie pour des raisons très diverses. Prenons, par exemple, l'enfant qui travaille, qui accomplit scrupuleusement sa tâche scolaire. Ou bien il agit ainsi parce qu'il y trouve du plaisir, parce que le travail répond à son inclination naturelle; ou bien il se conforme à la règle de l'école pour faire plaisir à ses parents qu'il aime, à son maître qu'il respecte; ou bien encore, il recherche avidement l'instruction, parce qu'il sait qu'il en aura besoin un jour pour réussir dans le monde, parce qu'il comprend déjà son intérêt; ou bien enfin, il travaille simplement parce que cela est bien, parce que le devoir l'ordonne.

En d'autres termes, les motifs de nos actions sont : 1° le plaisir, 2° le sentiment, 3° l'intérêt, 4° le bien ou le devoir.

Les mobiles et les motifs. — Les philosophes distinguent, non sans raison, les *mobiles*, qui ne sont que des impulsions de la sensibilité, et les *motifs*, qui supposent toujours l'intervention de l'intelligence, une action réfléchie et calculée.

Le plaisir, le sentiment ne sont que des mobiles; l'intérêt, le bien, sont des motifs.

Différentes espèces de biens. — Quoique le moraliste réserve le mot de « bien » pour exprimer l'objet désintéressé, rationnel, que poursuit notre volonté, quand elle se détermine sous l'empire de l'idée du devoir, il faut cependant reconnaître que l'agréable, l'utile, sont des biens aussi. A vrai dire, tout ce qui détermine notre volonté est un bien, bien inférieur sans doute s'il s'agit d'actions intéressées ou simplement agréables, mais enfin quelque chose qui est bon par quelque côté, et que notre sensibilité ou notre intelligence recherche pour cette seule raison que c'est un bien.

La distinction des motifs de nos actions se confond par conséquent avec la distinction des différentes espèces de biens. C'est le même problème, présenté tantôt sous forme subjective, si l'on considère les motifs, qui sont des faits psychologiques, tantôt sous forme objective, si l'on discute sur les biens, c'est-à-dire sur les objets qui nous déterminent à agir.

Les anciens philosophes posaient volontiers la question sous ce dernier aspect. Leurs traités de morale théorique étaient souvent intitulés : *Définition des biens et des maux.* Ils se contentaient d'ailleurs d'une distinction superficielle, et admettaient trois espèces de biens, les biens extérieurs, les biens du corps et les biens de l'âme.

L'agréable et l'honnête. — A aller au fond des choses, il n'y a que deux choses qui puissent paraître ou qui soient réellement bonnes : ce qui est *agréable* et ce qui est *honnête*.

L'agréable est tout ce qui nous fait plaisir, tout ce qui satisfait nos passions, nos sentiments, les plus nobles comme les plus bas. Je sais bien qu'on oppose volontiers l'utile et l'agréable, et assurément il y a là deux motifs d'action très différents. Autre chose est la recherche aveugle, inconsidérée, du plaisir ; autre chose la poursuite prévoyante, réfléchie, de l'intérêt. Il n'en est pas moins vrai que l'intérêt ne poursuit encore que l'agréable, par d'autres voies que le plaisir, je le veux bien, mais le but est le même : dans les deux cas il s'agit toujours d'atteindre le bonheur.

Tout autre est le bien réel, le bien moral, l'honnête en un mot, ou le juste[1], conçu par la raison comme quelque chose qui existe en soi, abstraction faite de nos sentiments, de nos inclinations et de notre intérêt.

Nous n'avons pas encore à définir le bien (Voy. leçon VII); pour le moment, il nous suffit d'établir qu'il est, lui aussi, dans la réalité des faits, une des fins poursuivies par la volonté humaine. Cela est si vrai que certaines âmes, par esprit d'ascétisme[2], en viennent parfois à considérer comme mauvais tout ce qui procure du plaisir, et à s'imaginer que le bien ne peut coïncider qu'avec la douleur. Pascal[3] considérait comme un péché l'étude de la géométrie, parce que la géométrie lui était agréable.

Conciliation des différents motifs de nos actions. — Aucun des mobiles ou motifs que nous avons distingués dans la conscience ne doit être éliminé d'une vie complète. Le plaisir, l'intérêt, le sentiment ont droit à jouer un rôle dans nos actions. Mais ils doivent être subordonnés au motif suprême, qui est le bien. Ils ne peuvent être que les auxiliaires de la vertu, et les philosophes se trompent qui ont voulu confier à l'un d'eux exclusivement la direction de nos actions.

---

1. On dit l'honnête, s'il s'agit du bien considéré par rapport à notre existence individuelle; on dit le juste, s'il s'agit des rapports des hommes entre eux.

RÉSUMÉ

55. La conscience **affirme,** la responsabilité **suppose** qu'il y a une loi morale : il s'agit maintenant de rechercher quels sont les caractères de cette loi.

56. Les caractères de la loi morale peuvent être déterminés par **l'observation,** par **l'analyse** des faits intérieurs de la conscience.

57. La **loi morale** est distincte de la loi physique en ce qu'elle suppose la **liberté** de l'agent moral. Les **lois physiques** au contraire sont **nécessaires** et **fatales.**

58. La loi morale est donc une loi de liberté, analogue en cela aux lois civiles et positives, dont elle diffère d'ailleurs : 1° en ce qu'elle est **naturelle;** 2° par son **universalité;** 3° en ce qu'elle exige de l'agent moral certaines **dispositions intérieures;** 4° en ce qu'elle a un **domaine** beaucoup **plus** **étendu.**

59. La loi morale est **invariable** et **universelle** : on reconnaît précisément une action bonne à ce qu'elle peut être imposée à tous les hommes comme une règle universelle de conduite.

60. La loi morale ne conseille pas seulement ; elle **ordonne,** et ses ordres sont des impératifs catégoriques. **L'impératif catégorique** ordonne sans conditions : l'action qu'il impose est sa propre fin à elle-même. **L'impératif hypothétique** ne commande, au

contraire, que des actions qui sont des moyens pou
atteindre à d'autres fins.

61. Le caractère essentiel de la loi morale, c'es
qu'elle est **obligatoire** : elle oblige sans contraindre.

62. La loi morale doit être cherchée dans la conscience, parmi les différents **motifs de nos actions.**

63. Les divers motifs de nos actions sont le **plaisir**,
le **sentiment**, l'**intérêt**, le **bien** ou le **devoir.**

64. Les philosophes distinguent les **mobiles**, ou impulsions de la sensibilité, et les **motifs**, qui supposent
l'intervention de l'intelligence, de la réflexion et
de la raison : l'intérêt, le bien, sont des motifs; le
plaisir, le sentiment, des mobiles.

65. La distinction des motifs se confond avec la distinction des biens : l'agréable, l'utile, le juste et
l'honnête.

66. **L'utile** se réduit au fond à l'**agréable.**

67. Les divers motifs de nos actions sont légitimes,
mais ils doivent être subordonnés au motif supérieur,
le **bien.**

LECTURES

Les lois écrites et la loi morale.

Les lois des hommes, leurs ordres et leurs défenses, n'ont pas
la puissance de nous prescrire le bien et de nous détourner
du mal; cette puissance, non seulement elle existait avant
qu'il y eût des peuples et des États, mais elle est contempo-

raine de ce Dieu dont la providence gouverne et le ciel et la terre.

Il n'était écrit nulle part qu'un seul homme fût obligé de résister sur un pont à toute une armée ennemie; et pourtant qui doutera que l'héroïsme de Coclès * ne lui fût commandé par la loi du courage?... Il y a eu de tout temps une loi naturelle ordonnant les bonnes actions et défendant les crimes; et elle n'a pas commencé à devenir une loi le jour où le texte en a été écrit, mais le jour où elle a pris naissance dans la raison.

(Cicéron, *des Lois*, liv. II, ch. IV.)

La croyance à la loi morale
et à la liberté.

Si la destination de l'humanité était seulement de se créer sur la terre une condition meilleure, il suffirait sans doute que les actions humaines fussent dirigées par un simple mécanisme. La liberté serait non seulement inutile, mais funeste à l'homme; l'intention serait de trop.

Le monde tel que nous le voyons, loin d'aller directement à son but, ne l'atteindrait qu'avec mille détours.

Pourquoi, dans ce cas, le souverain Créateur des mondes nous aurait-il doués d'une liberté souvent en contradiction avec ses éternels desseins? Pourquoi ne nous aurait-il pas prédéterminés à agir comme il faut que nous agissions afin que ses desseins s'accomplissent? Il pouvait certes aller à son but par mille chemins plus courts; il n'est pas de misérable habitant de notre chétive planète qui ne pût le lui démontrer.

Mais je suis libre, et par conséquent il est impossible que ma destinée s'écoule tout entière dans le cercle d'une existence où tout s'enchaîne de telle sorte, causes et effets, que ma liberté demeure inutile.

Mais je suis libre, car ce n'est pas l'acte réel, mécaniquement exécuté et ne dépendant, sous ce rapport, qu'à demi de moi; ce n'est pas lui qui fait le prix et la valeur d'une action, c'est l'acte moral, c'est-à-dire la libre détermination de ma volonté, qui toujours dépend de moi. La voix de la conscience ne cesse de me le répéter.

6

Or, par là, ne m'enseigne-t-elle pas aussi que la loi morale, dédaignant de commander à un mécanisme aveugle et matériel, ne prétend régner que sur des volontés intelligentes et libres? (Fichte *, *Destination de l'homme*.)

LEÇON VI

LES PRINCIPES FAUX OU INSUFFISANTS DE LA MORALE : L'INTÉRÊT, LE SENTIMENT

Divers systèmes de morale. — La morale du plaisir. — Réfutation de ce système. — La morale de l'intérêt. — Diverses formes de cette doctrine. — La morale d'Épicure. — L'intérêt bien entendu. — L'intérêt général. — Doctrine de Bentham. — Stuart Mill et M. Herbert Spencer. — Réfutation de la morale de l'intérêt. — L'honnête et l'utile. — Contradiction de l'honnête et de l'utile. — L'utile n'est ni universel ni obligatoire. — L'intérêt et les jugements moraux. — Impuissance de la morale utilitaire. — Le bonheur d'autrui. — La morale du sentiment. — Diverses formes de la morale sentimentale. — La morale d'Adam Smith. — Réfutations de la morale des sentiments.

Divers systèmes de morale. — Il ne saurait entrer dans notre plan d'étudier à fond les différentes doctrines morales qui ont tour à tour paru dans le monde. Nous voudrions seulement montrer que les principes tour à tour invoqués, le plaisir, l'intérêt, le sentiment, sont des principes faux ou insuffisants, qui ne tiennent pas compte des jugements de la conscience et qui ne possèdent pas les vrais caractères de la loi morale.

La morale du plaisir. — De tout temps il y a eu des hommes d'humeur facile et légère qui n'ont pas proposé à leur existence d'autre loi que la recherche du plaisir, ou qui, pour mieux dire, sans réflexion et sans parti pris, se sont laissé conduire au hasard de leurs passions. Ce qui est plus digne de remarque, c'est qu'il se soit rencontré des philosophes pour ériger en système de morale cette vie indolente et voluptueuse, qui confine à la vie animale et ne tient aucun compte des hautes facultés de l'homme.

Dans l'antiquité, Aristippe* de Cyrène (380 avant J.-C.), bien qu'il eût suivi les leçons de Socrate, fut l'étrange apôtre de la doctrine du plaisir. Il ne craignait pas de recommander le plaisir sous toutes ses formes, le plaisir sans choix, sans mesure, le plaisir du moment, le plus vif et le plus immédiat. Aux yeux de ce moraliste peu scrupuleux, d'où qu'il vienne et quel qu'il soit, le plaisir est bon, puisqu'il est agréable. L'homme n'a pas d'autres lois à suivre que les impulsions de sa sensibilité.

Heureusement, la doctrine d'Aristippe s'est réfutée d'elle-même, soit par le peu de crédit qu'elle obtint auprès des contemporains, soit par les résultats pratiques auxquels elle finit par aboutir. La recherche du plaisir est si peu le chemin du bonheur, que les derniers disciples d'Aristippe, conduits par l'excès de la volupté au dégoût de la vie, au déboire et au désespoir, en vinrent à prêcher le suicide.

Dans les temps modernes, Charles Fourier* (1772-1837) a prétendu aussi faire du plaisir l'unique ressort et le but légitime de nos actions. A son compte, l'homme a douze passions, et l'idéal de la vie serait de les satisfaire toutes. Mais les rêves de réorganisation sociale que Fourier avait conçus d'après ces principes sont restés à l'état d'utopies.

Réfutation de ce système. — La doctrine du plaisir mérite à peine l'honneur d'une réfutation. Rien qu'en se plaçant au point de vue étroit du bonheur, et sans tenir compte des conditions de la vraie morale, il est évident que la recherche inconsidérée du plaisir n'est pas le moyen d'atteindre à la vie heureuse. La passion aveugle nous entraîne à des excès où notre nature se dégrade, il n'est pas besoin de le dire, mais où de plus notre santé se perd, où nos forces physiques et morales ne tardent pas à s'user, où le désenchantement du lendemain suit la jouissance de la veille. Le plaisir tue le bonheur. En le poursuivant à outrance, nous en tarissons la source.

Mais, dira-t-on, il y a plaisir et plaisir. Fi des plaisirs du corps, des plaisirs bas et grossiers, qui ne laissent après eux qu'amertume et dégoût! Nous ne parlons pas des plaisirs de la bête; nous n'entendons poursuivre que les plaisirs nobles et généreux, ceux qui sont vraiment dignes de l'homme. — Mais alors, répondrons-nous, vous n'êtes plus fidèle à la doctrine du plaisir. Dès que vous distinguez entre les plaisirs, vous faites nécessairement appel à une autre règle, à un critérium* supérieur de vos actions. Vous reconnaissez que le plaisir ne peut être à lui seul le principe de votre conduite, et qu'il doit céder la place à un autre principe, tout au moins à celui de l'intérêt. C'est l'intérêt qui vous conseille en effet de sacrifier les satisfactions passagères, les jouissances enivrantes, à des plaisirs d'un autre ordre, plus calmes, plus élevés et plus durables.

Il n'est donc pas nécessaire, pour condamner les rares partisans de la doctrine du plaisir, du système que les philosophes grecs appelaient *hédonisme* (d'un mot grec qui signifie plaisir), d'invoquer les grandes vérités morales, l'idée de la dignité humaine et de l'obligation, l'idée du bien absolu, conçu par la raison. Il suffit de mettre en avant les calculs de la prudence la plus vulgaire, de la sagesse élémentaire, qui ne veut pas compromettre les conditions du bonheur. La morale de l'intérêt est la vraie réponse qu'il convient d'opposer à la morale du plaisir.

La morale de l'intérêt. — La morale de l'intérêt a une tout autre valeur que la morale du plaisir. L'utile, comme motif d'action, est infiniment supérieur à l'agréable. L'homme qui n'obéit qu'au plaisir est simplement l'esclave de sa passion : il n'a besoin ni de réflexion, ni de raison, ni de volonté; il ne met en jeu que les facultés inférieures de son âme. L'homme que gouverne l'intérêt doit au contraire faire appel à

quelques-uns de ses plus nobles attributs : il lui faut
de l'intelligence et du raisonnement pour prévoir à
distance les effets utiles, les avantages quelquefois
très lointains de ses actions d'aujourd'hui ; il lui faut
de la résolution et de l'énergie pour résister à l'attrait
du plaisir immédiat. Le plaisir, à vrai dire, n'est pas
une loi, c'est l'absence même de toute loi. L'intérêt
au contraire est une loi, une règle, insuffisante et inférieure, mais enfin une règle raisonnée et réfléchie.
La morale du plaisir, si elle dominait parmi les
hommes, précipiterait la société dans la plus complète
anarchie. La morale de l'intérêt, sérieusement pratiquée, suffirait à assurer l'ordre extérieur, la discipline
sociale.

Diverses formes de cette doctrine. — La morale de l'intérêt a pris d'ailleurs diverses formes. D'ingénieux philosophes, à force de subtiliser sur l'intérêt, sont parvenus à lui faire signifier à peu près les
mêmes choses qu'au devoir. Dans ses transformations,
dont nous allons rapidement suivre le progrès, la morale utilitaire est arrivée à égaler presque la morale du
devoir, sinon dans ses principes et dans ses intentions,
au moins dans ses résultats, dans ses conséquences
pratiques.

La morale d'Épicure. — La morale d'Épicure
marque la transition entre la morale du plaisir, la doctrine cyrénaïque*, et la morale de l'intérêt. Le philosophe grec part, en effet, de ce principe qu'il faut chercher le plaisir et fuir la douleur ; seulement, par des
distinctions habiles, par une appréciation savante de
la nature et de la valeur des plaisirs, par la différence
qu'il établit entre les plaisirs qui ne sont suivis d'aucune peine et ceux qui nous privent de plaisirs plus
grands ou entraînent la douleur à leur suite, il subor-
donne évidemment le plaisir à l'intérêt. Il ne se jette
pas au hasard, avec imprévoyance, à la poursuite des
premiers plaisirs venus. Il songe au lendemain, à
l'avenir. Il n'est pas l'esclave du présent ; il n'est pas

à la merci d'une tentation éphémère. Aux plaisirs du corps, sensations brutales et fugitives, il préfère ouvertement les plaisirs de l'âme, qui ne naissent pas dans le trouble et l'agitation, qui ne s'achèvent pas dans le remords.

Par suite, presque toutes les vertus, qu'Épicure semblait d'abord avoir exclues de son école en arborant l'enseigne du plaisir, y rentrent une à une, comme par une porte dérobée : la tempérance d'abord, parce qu'elle prolonge la vie, condition de tous les plaisirs ; la bienfaisance elle-même, car elle nous garantit en général les bonnes grâces et le retour amical de ceux que nous avons secourus ; la justice, pour la même raison ; le courage, parce qu'il est la sauvegarde de tout ce qui peut contribuer à notre bonheur ; et de même pour les autres qualités morales.

L'intérêt bien entendu. — La morale de l'intérêt, esquissée par Épicure, a été reprise chez les modernes par le philosophe anglais Hobbes * et par la plupart des philosophes français du xviiⁱᵉ siècle, Helvétius *, d'Holbach *, La Mettrie *, etc. De plus en plus, avec ces moralistes elle est devenue une science digne d'attention, qui à l'intérêt personnel mal défini, maladroitement calculé par des esprits ignorants ou imprévoyants, substitue ce qu'on a appelé l'*intérêt bien entendu,* c'est-à-dire l'appréciation exacte, difficile, de tout ce qui contribue le plus sûrement et le plus largement à notre bonheur.

L'intérêt général. — Enfin, dans sa dernière évolution, la morale de l'intérêt personnel s'est peu à peu rapprochée de la morale de l'*intérêt général* avec laquelle elle a fini par coïncider.

Il n'a plus été question d'un intérêt étroit, égoïste, rigoureusement circonscrit au bien de l'individu : on a confondu l'utilité générale, publique et sociale avec l'utilité personnelle, en essayant de montrer que le bonheur d'autrui était nécessaire au nôtre.

Cette idée commence à poindre dans les écrits de Bentham *, elle se fait jour avec plus de netteté dans les doctrines de Stuart Mill et de M. Herbert Spencer *.

Doctrine de Bentham. — Pour Bentham, comme pour tous les utilitaires *, le bien est toujours « ce qui est le plus propre à augmenter le bonheur de l'individu ». Mais le moraliste anglais sait qu'il n'est rien de plus malaisé que d'évaluer la part contributive des différentes actions humaines dans ce total qui est le bonheur. Il sait que le plaisir immédiat n'est pas toujours à rechercher, ni le sacrifice actuel toujours à éviter. L'homme sage à ses yeux est un bon calculateur qui amasse pour l'avenir des trésors de bonheur, « qui rentre dans ses avances et qui cumule les intérêts ». La sagesse n'est pas autre chose qu'une « arithmétique morale », qui établit pour chaque action la balance des conséquences utiles ou nuisibles dont elle sera la source, qui pèse par suite et mesure la valeur de chaque plaisir suivant les degrés qu'il comporte en intensité, en durée, en certitude, en proximité, en *fécondité* (un plaisir *fécond* engendre plus ou moins d'autres plaisirs consécutifs), en étendue, en *pureté* (un plaisir est *pur* quand il ne s'y mêle aucun alliage de douleur).

Mais ce n'est pas tout : les plaisirs, dont la morale consiste à évaluer mathématiquement l'importance, résultent de nos penchants affectueux non moins que de nos désirs personnels. Il y a plaisir à être aimé ; or nous ne saurions obtenir l'affection des autres si nous ne commencions par leur témoigner la nôtre. « La vertu sociale est le sacrifice qu'un homme fait de son propre plaisir pour s'assurer, en servant l'intérêt d'autrui, une plus grande somme de plaisir pour lui-même. » La bienveillance, la bienfaisance ont donc leur place dans les calculs intéressés d'une vie bien réglée ; l'égoïsme commande d'aimer autrui : l'intérêt personnel et l'intérêt général coïncident.

Stuart Mill et M. Herbert Spencer. — C'est

avec Stuart Mill et M. Herbert Spencer que l'*utilitarisme** a atteint son expression la plus élevée. Dans la
morale de ces deux philosophes contemporains, le
pas est décidément franchi de l'intérêt personnel à
l'intérêt général, lequel doit seul régler nos actions.

Stuart Mill admet ce que niait Bentham, que l'intérêt personnel peut être en conflit avec l'intérêt
général, mais il prétend que, grâce à une éducation
héréditaire qui s'est prolongée de génération en génération, nous en sommes venus peu à peu à un mode
de penser et d'agir qui fait que nous ne nous inté-
ressons jamais à notre propre bien sans nous intéresser au bien de notre prochain : L'observation et le
raisonnement ont constamment montré, depuis que
l'homme est devenu un être social et moral, que certaines actions, — par exemple dire la vérité, — tendent
en général à augmenter le bonheur de l'humanité, et
que certaines actions contraires, — par exemple mentir, — tendent à porter atteinte au bonheur de l'humanité. En vertu de la loi d'association, c'est-à-dire d'une
loi d'habitude mentale, les actions de la première
espèce, étant associées constamment, dans l'expérience
et dans la pensée, avec ce qui produit le bonheur,
deviennent elles-mêmes un objet d'approbation : les
actions contraires, étant associées constamment, dans
l'expérience et dans la pensée, avec ce qui détruit
le bonheur, deviennent un objet de désapprobation.

Telle est à peu près la pensée de M. Herbert Spencer, qui, tout en admettant que l'homme de notre
temps a l'idée du bien, prétend qu'à l'origine il n'y
avait pas d'autre critérium du bien que l'utile. Qu'appe-
lons-nous le bien aujourd'hui? Précisément ce qui a
toujours été considéré comme utile par la majorité des
hommes.

Les doctrines savantes des derniers utilitaires se
rapprochent singulièrement de la vraie morale. Nous
n'avons pas à les discuter, n'ayant pas à approfondir

ici les subtilités de la science; mais la doctrine de l'intérêt, prise en elle-même, ne résiste pas aux objections qu'elle soulève.

L'honnête et l'utile. — Les philosophes auront beau faire et ménager des transitions habiles de l'utile à l'honnête, la conscience distinguera toujours la vertu de l'intérêt personnel.

« Supposez, dit Kant, qu'un de vos amis croie se justifier auprès de vous d'avoir porté un faux témoignage, en alléguant le devoir, sacré à ses yeux, du bonheur personnel, en énumérant tous les avantages qu'il s'est procurés par ce moyen, enfin en vous indiquant les précautions qu'il emploie pour échapper au danger d'être découvert, même par vous, à qui il ne révèle ce secret que parce qu'il pourra le nier en tout temps, et qu'il prétende en même temps s'être acquitté d'un vrai devoir d'humanité : ou vous lui rirez au nez, ou vous vous éloignerez de lui avec horreur; et cependant, si l'on ne fonde ses principes que sur l'avantage personnel, il n'y a pas la moindre chose à objecter. La ligne de démarcation entre la moralité et l'amour de soi est si clairement et si distinctement tracée que l'œil même le plus grossier ne peut confondre en aucun cas l'une de ces choses avec l'autre [1]. »

Contradiction de l'honnête et de l'utile. — Je sais bien que certains moralistes, depuis Cicéron jusqu'à Bentham, ont essayé de montrer que l'honnête ou le juste coïncidait toujours avec l'utile. Mais cette thèse est en contradiction manifeste avec les faits.

Nous ne parlons pas seulement de l'intérêt vulgaire, grossièrement compris; nous affirmons que même l'intérêt bien entendu ne saurait comprendre dans ses calculs tout ce que le devoir exige de nous.

Il est juste, par exemple, de sacrifier sa vie pour son pays : pourrait-on soutenir que le sacrifice de la vie est conforme à l'intérêt de celui qui le fait?

Il est honnête de pratiquer les règles de la tempérance, et quelquefois cela est utile; mais pour un corps robuste, pour une constitution vigoureuse, quelques concessions faites à l'intempérance seront-

---

1. Kant, *Critique de la raison pratique*, p. 183.

elles vraiment préjudiciables et contraires à l'intérêt de l'individu ?

L'utile n'est ni universel ni obligatoire. — Mais c'est surtout en confrontant les caractères de la morale de l'intérêt avec le type de la vraie loi morale qu'on reste convaincu de son insuffisance.

L'utile ne saurait être présenté comme une règle immuable et universelle d'action. L'intérêt, en effet, varie avec les individus, avec les besoins de leur situation, avec leur tempérament, avec leur nature morale.

« Le jugement que chacun porte sur son intérêt, disait Kant, dépend de sa manière de voir ; et cette manière de voir varie, non seulement d'individu à individu, mais chez le même individu. On peut donc bien en tirer des règles générales qui conviendront le plus souvent, mais non des règles universelles, ayant toujours et partout la même valeur. »

L'utile, d'autre part, n'a rien d'obligatoire. On ne voit pas quelle réponse peut faire l'utilitaire, qui recommande la sobriété, la modération des passions, afin de prolonger la vie, au voluptueux qui préfère le plaisir immédiat à un bonheur hypothétique, et qui résume sa doctrine sur la vie dans ces mots : « Courte et bonne ». L'intérêt peut bien conseiller la vertu, mais il ne la commande pas. Seule, la loi de moralité donne des ordres. Nous ne sommes pas obligés d'être heureux ; nous le sommes d'être vertueux.

L'intérêt et les jugements moraux. — On pourrait prendre un à un les jugements et les sentiments moraux et établir que dans la doctrine de l'intérêt il n'en est aucun dont on puisse rendre compte.

Celui qui a *perdu* au jeu, dit Kant, peut s'affliger sur lui-même et sur son imprudence, mais celui qui a conscience d'avoir *trompé* au jeu (quoiqu'il ait gagné par ce moyen) doit se mépriser lui-même, lorsqu'il se juge au point de vue de la loi morale. Cette loi doit donc être autre chose que le principe du bonheur personnel. Car, pour pouvoir se dire à soi-même : « Je suis un *misérable*, quoique j'aie rempli ma bourse », il faut un autre critérium que pour se féliciter soi-même et se dire : « Je suis un homme *prudent*, car j'ai enrichi ma caisse. »

Impuissance de la morale utilitaire. — La morale utilitaire enfin se réfute elle-même, en ce sens qu'elle recherche le bonheur et qu'elle ne l'atteint pas. Nous l'avons dit dans notre *Cours de psychologie*[1] : L'égoïste se trompe et se dupe lui-même. Le véritable égoïsme consisterait à ne pas être égoïste. Et comme le dit fortement Stuart Mill :

« Demandez-vous si vous êtes heureux, et vous cessez de l'être. Pour être heureux, il n'est qu'un seul moyen : prendre pour fin de la vie non le bonheur, mais quelque fin étrangère au bonheur. »

Le bonheur d'autrui. — C'est à raison même de cette impuissance de la morale de l'intérêt à se satisfaire elle-même par la recherche du bonheur personnel, que les utilitaires clairvoyants ont recommandé comme règle d'action l'intérêt général, le bonheur d'autrui. Mais une seule observation suffit à juger ce système : c'est qu'il nous impose le sacrifice de notre propre intérêt à l'intérêt général, et qu'il n'a aucun droit à exiger de nous ce sacrifice. Parlez-nous du devoir, et alors nous comprendrons pourquoi il faut nous dévouer à autrui. Parlez-nous du sentiment, et nous serons encore disposés à préférer les autres à nous-mêmes. Mais si vous restez dans les termes du contrat, c'est-à-dire si vous vous maintenez sur le terrain de l'intérêt seul, sans faire appel à un autre principe, il vous est impossible de justifier vos exigences.

Morale du sentiment. — Nous venons de le voir, dans son évolution finale la morale de l'intérêt, ayant conscience de son impuissance et honte de son égoïsme, en vient à recommander l'intérêt général comme principe d'action. Or l'intérêt général ne peut

---

1. Leçon XIV, *la Sensibilité morale*, p. 217.

être accepté comme une loi que par ceux qui croient au devoir, ou par ceux qui, se déprenant de l'amour d'eux-mêmes, aiment les autres d'un amour profond, et obéissent à leur cœur, à leurs affections. La morale de l'intérêt aboutit donc à la morale du sentiment : celle-ci aussi généreuse, aussi enthousiaste que la première est sèche et raisonneuse, mais insuffisante encore, parce qu'elle ne repose que sur un principe mobile, variable, capricieux, et qu'elle est par suite chancelante et fragile.

Diverses formes de la morale sentimentale. — Il n'est pas rare de rencontrer des hommes qui ne se laissent dominer que par les impulsions de leur cœur, qui sentent plus qu'ils ne raisonnent et préfèrent les inspirations du sentiment aux axiomes de la raison. Mais les philosophes, eux aussi, ont bâti des theories sur cette tendance naturelle. Quelques-uns prennent pour principe les sentiments en général, d'autres le sentiment de l'humanité, d'autres la sympathie.

La morale d'Adam Smith. — Adam Smith * est de tous les philosophes celui qui a fait le plus d'efforts pour donner à la morale du sentiment, qui s'y prête fort peu, une forme systématique et raisonnée. Mais il a échoué, malgré d'ingénieuses imaginations, contre les vices inhérents au système.

Parmi tous les sentiments, Adam Smith en choisit un, la sympathie, c'est-à-dire le penchant qui nous met, pour ainsi dire, à la place de nos semblables, qui nous fait participer à leurs joies et à leurs douleurs. Cette sympathie est particulièrement vive en présence des actions accomplies par autrui, quand ces actions sont précisément conformes à ce que le commun des hommes appelle l'honnêteté. Nous sympathisons avec la mère qui soigne son enfant malade, avec l'homme juste qui se refuse à porter atteinte par ses paroles a la réputation d'autrui. Et c'est à ce signe que nous reconnaissons le bien. Une bonne action est celle qui excite notre sympathie; une mauvaise, celle qui excite notre antipathie. Le sentiment ne serait plus la conséquence du jugement moral, il en serait le principe.

Adam Smith a déjà plus de peine à expliquer les jugements moraux quand il s'agit non des actions d'autrui, mais de nos propres actions. Il imagine dans ce cas, avec plus de subtilité que de vérité, une sorte de dédoublement de la conscience.

Nous pourrions devenir, en quelque sorte, les témoins, les spectateurs impartiaux de nos actes personnels, et, d'après la sympathie ou l'antipathie que ces actes nous inspirent, les approuver ou les désapprouver.

Réfutation de la morale du sentiment. — Sous toutes ses formes, la doctrine du sentiment rencontre une même objection. Elle peut suffire à quelques âmes privilégiées que la noblesse naturelle de leur cœur dispense des efforts de la raison réfléchie ; mais elle ne saurait être proposée comme une règle générale de conduite.

D'abord il est évident que tous les sentiments ne sont pas bons; il y en a de mauvais, de bas et de vils. Il y aura un choix à faire entre eux. Et ce choix. qui le fera, sinon la raison naturelle qui discerne le bien du mal. A ceux qui, comme Adam Smith, élisent un sentiment privilégié pour lui confier la direction de la vie, on peut demander de quel droit ils récusent tous les autres sentiments.

Mais surtout le sentiment n'a aucun des caractères de la loi morale. Un acte n'est pas obligatoire parce que nous aimons à l'accomplir. De plus le sentiment varie sans cesse; il n'a rien de fixe, rien de stable. Rousseau, qui se guidait par ses sentiments et qui faisait fi de la raison, a été un héros quand son cœur l'inspirait, un misérable quand son cœur le trahissait.

RÉSUMÉ

68. Le plaisir, l'**intérêt,** le **sentiment** ont été tour à tour considérés comme les principes de la morale : ils ne satisfont pourtant pas aux conditions exigées de la loi morale.

69. La **morale du plaisir,** soutenue dans l'antiquité par Aristippe, dans les temps modernes par Fourier, n'est pourtant pas défendable : le plaisir n'est pas toujours un bien ; il entraîne souvent la douleur à sa suite, et, à ce point de vue, la morale de l'intérêt suffit à réfuter la morale du plaisir ; d'autre part, il y a des plaisirs bas, grossiers, que la loi du devoir interdit ; enfin le plaisir ne peut en aucun cas être considéré comme une règle obligatoire, conforme à la dignité de l'homme.

70. La **morale de l'intérêt** est très supérieure à la morale du plaisir : elle tient compte de quelques-unes des facultés de l'homme raisonnable, elle suppose la prévoyance et même la volonté.

71. La morale utilitaire a été soutenue tour à tour, sous des formes très diverses, par Épicure, Bentham, les philosophes français du XVIIIe siècle, Stuart Mill et M. Herbert Spencer.

72. Les utilitaires ont d'abord mis en avant l'**intérêt personnel,** puis l'**intérêt bien entendu,** enfin l'**intérêt général.**

73. La morale de l'intérêt soulève un grand nom-

bre d'objections. Elle ne parvient pas à effacer la **distinction** nécessaire de l'utile et de l'honnête.

74. L'utile est souvent **en contradiction** avec l'honnête.

75. L'intérêt ne saurait fournir une règle d'action universelle et obligatoire. Il **varie** avec les besoins de chaque individu. Il conseille, et il n'oblige pas.

76. La morale utilitaire se réfute elle-même : car elle n'atteint pas le bonheur qu'elle poursuit. Le bonheur ne peut être atteint que par ceux qui se proposent précisément pour but de la vie une fin étrangère au bonheur.

77. Aussi la morale utilitaire, dans ses dernières transformations, en vient-elle à recommander non l'intérêt personnel, mais l'**intérêt général** : seulement elle est incapable de justifier la préférence qu'elle veut nous faire accorder à l'intérêt général sur l'intérêt particulier.

78. La **morale du sentiment**, fondée sur l'**amour d'autrui**, à l'inverse de la morale de l'intérêt qui a pour principe l'amour de soi, est encore une doctrine insuffisante et fausse.

79. Adam Smith a pris pour principe de la morale la **sympathie**, mais il a oublié que la sympathie repose elle-même sur un jugement.

80. Le sentiment, étant variable, changeant, n'a aucun des caractères qui conviennent à la loi universelle et obligatoire de nos actions.

LECTURES

Critique de l'utilitarisme : Dialogue.

A. — Votre maxime est bien : « Le plus grand bonheur pour le plus grand nombre. »

B. — Oui.

A. — C'est-à-dire que si quatre-vingt-dix-neuf personnes trouvaient leur bonheur ou leur intérêt à une certaine action, et que cent autres y trouvassent leur malheur, l'action ne devrait pas être faite ?

B. — Assurément.

A. — Et cela pour cette seule raison qu'il y a une personne *de plus* d'un côté que de l'autre ?

B. — Précisément.

A. — Vous supposez donc l'égalité des personnes ? Vous prenez pour accordé que les unités humaines se valent, comme les unités abstraites en arithmétique, puisque vous vous contentez d'en faire la somme de part et d'autre et de comparer?

B. — Je l'avoue.

A. — Mais comment savez-vous que les personnes sont des unités d'égale valeur? Rien au monde n'est plus contraire aux faits ; l'inégalité est partout : inégalité de fortune, de puissance, d'intelligence, de courage. Où donc prenez-vous cet axiome, que l'intérêt d'un homme est aussi respectable que celui d'un autre ? Qui vous dit, par exemple, que vous soyez mon égal, que vous ayez un droit égal au mien?

B. — Mais j'en suis sûr! Je le sens.

A. — Je n'en demande pas davantage! Vous posez en principe l'égale dignité des personnes : vous parlez en cela comme un pur disciple de Kant, et je ne m'étonne plus de ce qu'il y a de spécieux et d'élevé dans vos préceptes. Quant à vous croire utilitaire et disciple de Hobbes, renoncez à votre illusion. (Herbert Spencer, d'après M. Marion, *Leçons de morale*, p. 77.)

Confession d'un utilitaire.

Stuart Mill raconte dans ses *Mémoires* à la suite de quelle crise morale il en vint à se déprendre de ses idées utilitaires. Voici sa conclusion :

... Mes impressions de cette période laissèrent une trace profonde sur mes opinions et sur mon caractère. En premier lieu, je conçus sur la vie des idées très différentes de celles qui m'avaient guidé jusque-là .. Je n'avais jamais senti vaciller en moi la conviction que le bonheur est la pierre de touche de toutes les règles de conduite et le but de la vie. Mais je pensais maintenant que le seul moyen de l'atteindre était de n'en pas faire le but direct de l'existence.

Ceux-là seulement sont heureux, pensais-je, qui ont l'esprit tendu vers quelque objet autre que leur propre bonheur, par exem, le vers le bonheur d'autrui, vers l'amélioration de la condition de l'humanité, même vers quelque acte, quelque recherche, qu'ils poursuivent non comme un moyen, mais comme une fin idéale. Aspirant ainsi à une autre chose, ils trouvent le bonheur chemin faisant. Les plaisirs de la vie, — telle était la théorie à laquelle je m'arrêtais, — suffisent pour en faire une chose agréable quand on les cueille en passant sans en faire l'objet principal de l'existence ; essayez d'en faire le but principal de la vie, et du coup vous ne les trouverez plus suffisants. Ils ne supportent pas un examen rigoureux.

Demandez-vous si vous êtes heureux, et vous cessez de l'être. Pour être heureux, il n'est qu'un seul moyen, qui consiste à prendre pour but de la vie, non le bonheur, mais quelque fin étrangère au bonheur. Que votre intelligence, votre analyse, votre examen de conscience s'absorbent dans cette recherche, et vous respirerez le bonheur avec l'air sans le remarquer, sans y penser, sans demander à l'imagination de le figurer par anticipation, et aussi sans le mettre en fuite par une fatale manie de le mettre en question. (*Mémoires,* ch. V, trad. Cazelles.)

LECTURES RECOMMANDÉES

Jouffroy, *Cours de droit naturel, Leçons sur le système égoïste, le système sentimental,* etc.

LEÇON VII

LES VRAIS PRINCIPES DE LA MORALE. —
LE BIEN ET LE DEVOIR

Vrais principes de la morale. — Le bien et le devoir. — Diverses définitions du bien. — Le bien et le vrai. — Le bien et le beau. — Le bien, c'est l'ordre. — Le bien, c'est la perfection. — Confirmation de cette théorie. — Harmonie des facultés. — Harmonie sociale. — Le bien, fin universelle des êtres. — Pourquoi le bien est-il obligatoire? — Fondement de l'obligation. — Vieilles explications. — Le principe de la volonté divine. — Le principe de la dignité humaine. — Conséquences de ce principe. — Réponse à une objection.

Vrais principes de la morale. — Le principe de la morale ne peut être cherché, nous venons de le voir, ni dans le plaisir, ni dans l'intérêt, ni dans le sentiment. Il reste à montrer que la vraie morale est celle qui nous propose comme but et comme règle de nos actions le bien et le devoir : le bien, si nous considérons en elle-même la nature des actions morales ; le devoir, si, les envisageant par rapport à nous, nous reconnaissons l'obligation qui nous est imposée de les pratiquer.

Le bien et le devoir. — Le bien répond à tous les caractères de la loi morale : il est invariable et universel ; il existe en dehors de toute considération relative à notre intérêt ; il est enfin obligatoire, parce qu'il est le devoir.

Mais ce qu'il importe surtout d'éclaircir, c'est d'une part la nature du bien, ce qu'il est en lui-même, d'autre part le fondement du devoir, c'est-à-dire les raisons qui rendent le bien obligatoire.

Diverses définitions du bien. — Les philosophes qui admettent l'existence indépendante du bien, ne l'ont pourtant pas tous défini de la même façon. Pour les uns, le bien, c'est le vrai ; pour d'autres, c'est le beau ; pour d'autres, enfin, c'est l'ordre ou la perfection.

Le bien et le vrai. — Socrate confondait déjà la vertu et la vérité. Un moraliste moderne, Wollaston [*], a repris cette théorie. Toute vertu, d'après lui, est l'affirmation, tout vice, la négation d'une vérité. Vous volez ? vous affirmez que ce qui n'est pas à vous est à vous. Vous trahissez votre patrie ? vous niez que la patrie soit la patrie. Vous êtes ingrat ? vous niez les bienfaits que vous avez reçus, etc.

Il n'est pas contestable, en effet, que les prescriptions morales sont des vérités qui expriment, comme le pensait Montesquieu [*], les relations éternelles, les rapports nécessaires des choses.

Mais il y a vérité et vérité : les vérités mathématiques, les vérités des sciences physiques expriment des rapports absolument certains et ne sont pourtant pas des vérités morales. C'est un axiome incontestable que 2 et 2 font 4, et cependant cette affirmation n'a aucun rapport avec le bien.

Les philosophes qui confondent le bien avec le vrai ne se rendent donc pas compte de ce qu'il y a de particulier dans les vérités morales.

Le bien et le beau. — On a confondu le bien et le beau, comme le bien et le vrai. Les Grecs employaient indifféremment le mot *bon* ou le mot *beau* pour exprimer la même idée. « Il est plus *beau*, disait Platon, de souffrir une injustice que de la commettre. » De notre temps il s'est rencontré aussi des philosophes pour appeler la vertu une beauté morale, et Herbart [*], par exemple, fait rentrer la science du devoir dans l'esthétique [*].

On ne saurait assurément contester la parenté du bien et du beau : tout ce qui est conforme à la loi morale participe à une certaine beauté. Mais de même que le bien n'est pas tout ce qui est vrai, de même il n'est pas tout ce qui est beau.

De belles statues, de belles symphonies musicales n'ont rien de commun avec ce que nous appelons le bien.

Tout en reconnaissant donc que ce qui est bien est en même temps vrai et beau, il reste à chercher quels caractères particuliers, entre toutes les vérités et toutes les beautés, distinguent les vérités et les beautés morales, dont l'ensemble constitue le bien.

Le bien, c'est l'ordre. — On pénètre déjà plus profondément dans l'essence du bien en le définissant avec Jouffroy l'*ordre*, l'ordre naturel qui établit entre les êtres des relations de mutuelle dépendance, et entre les facultés d'un même être des rapports de subordination.

Pourquoi est-il conforme au bien d'aimer et de respecter ses parents, de leur obéir docilement ? Parce qu'il y a de l'enfant au père un rapport naturel d'obligé à bienfaiteur, d'inférieur à supérieur.

Pourquoi est-il conforme au bien de respecter la vie, la propriété, l'honneur de nos semblables ? Parce qu'il y a entre tous les hommes un rapport d'égalité. Toute la morale sociale, au moins en ce qui concerne les devoirs de justice, revient à une équation : $A = A$; tout homme égale tout autre homme. Les droits naturels sont les mêmes chez tous et également dignes de notre respect.

De même, pourquoi est-il conforme au bien d'être tempérant, sobre, ou encore de cultiver son intelligence, de fortifier sa raison ? Parce que les facultés humaines ne sont pas de même valeur, parce que la sensibilité est par sa nature inférieure à l'intelligence, parce qu'il y a un rapport de subordination entre les passions qui doivent obéir et la raison qui doit commander.

Le bien, c'est la perfection. — On pourrait ainsi

passer en revue toutes les prescriptions de la morale, tous les éléments du bien, et se convaincre que partout la loi morale n'ordonne que ce qui est conforme à l'ordre naturel des choses. Les commandements que la morale adresse à l'homme ne sont pas les volontés arbitraires de je ne sais quelle puissance tyrannique : ce sont les injonctions impérieuses de sa nature; c'est l'expression exacte de ce qu'il est vis-à-vis des autres et vis-à-vis de lui-même.

« Le bien pour un être, dit Jouffroy, c'est l'accomplissement de sa destinée; le mal, le non-accomplissement de sa destinée Fait d'une manière plutôt que d'une autre, cet être est destiné à jouer tel rôle plutôt que tel autre : ce qui est vraiment bon pour lui, parc que sa manière d'être l'y contraint, c'est que ce rôle soit rempli [1]. »

Le bien, c'est la perfection. — L'ordre n'est pourtant pas la dernière définition du bien. Un autre mot, le mot de *perfection*, est nécessaire pour aller jusqu'au bout de l'analyse des notions morales.

A vrai dire pourtant, *ordre* et *perfection* sont presque synonymes, car rien n'est excellent ou parfait qui ne soit en même temps conforme à l'ordre.

Il y a cependant avantage à considérer le bien sous ce nouvel aspect. Et en effet la plupart des moralistes modernes s'accordent à définir le bien par la perfection.

La perfection, c'est la fin idéale à laquelle aspire tout ce qui existe, c'est le développement achevé de toutes les tendances, et, comme le disait Aristote, le passage accompli et consommé de la puissance à l'acte.

Tout être possède des aptitudes qui tendent à se réaliser, des puissances qui aspirent à devenir des actes.

La perfection, disait Spinoza, c'est l'être : le bien ou

1. *Mélanges philosophiques*, p. 106.

le mal consiste dans l'accroissement ou la diminution de l'être.

> « Nous appelons bien, ajoute M. Janet, tout ce qui accroît notre puissance, mal tout ce qui la diminue. La liberté, la conscience, la pensée, augmentent notre puissance et notre être ; la passion aveugle et brutale nous met au contraire dans la servitude des choses. »

Confirmation de cette théorie. — Il suffira de prendre quelques exemples pour justifier cette définition du bien.

Pourquoi la science est-elle un bien ? Parce que la fin de l'intelligence est de connaître le plus possible. *Savoir*, c'est la perfection de l'intelligence.

Pourquoi la charité, le dévouement, sont-ils des vertus ? Parce que l'idéal de la sensibilité est d'aimer le plus possible. *Aimer* autrui, c'est la perfection du cœur humain.

Pourquoi le patriotisme est-il un élément du bien ? Parce que pour un citoyen l'acte essentiel, la fin propre et idéale, est de se dévouer à sa patrie.

Pourquoi le courage, la force d'âme, l'énergie de la volonté, sont-ils conformes à la loi morale ? Parce que dans l'ensemble de nos facultés les plus hautes, les plus excellentes sont précisément celles qui imposent silence aux passions, à la sensibilité inférieure et lâche de l'égoïsme.

Harmonie des facultés. — Pour qui réfléchit, rien n'est clair comme l'idée de la perfection, quand il s'agit des vertus individuelles et du développement de notre propre personnalité.

Comme le fait remarquer M. Janet, la perfection comprend deux idées :

1° L'idée d'une activité plus ou moins intense, et dont l'excellence est en proportion de son intensité ;

2° L'idée de l'harmonie ou de l'accord des éléments ou des parties dont l'être se compose.

Le bien pour chacun de nous, c'est donc le développement harmonieux de nos facultés.

« Il faut tenir compte à la fois et du principe qui nous ordonne de développer le plus possible en nous les forces dont nous disposons, et de celui qui nous prescrit d'établir entre elles une harmonie et un équilibre sans lesquels l'activité serait stérile ou destructive, et par conséquent se nierait elle-même [1]. »

Harmonie sociale. — Si nous considérons le bien social après le bien individuel, la démonstration n'est pas moins satisfaisante. Pour la famille, pour la société tout entière, le bien n'est pas autre chose que le développement régulier des affections, le respect le plus complet possible des droits de chacun. Pour un père, l'idéal, la fin, l'acte parfait, c'est de chérir, de protéger, d'élever ses enfants ; pour un fils, c'est de donner un plein développement à l'affection filiale ; pour tous les hommes vis-à-vis des autres hommes, c'est de sauvegarder par la justice les droits des autres, c'est de remédier par la charité aux injustices du sort.

Le bien fin universelle des êtres. — Nous pouvons donc nous en tenir à la définition qui présente le bien comme la perfection ou la fin universelle des êtres. « Le bien, disait Aristote, est la cause finale. » Et voilà pourquoi la morale n'est pas quelque chose de surnaturel et d'extraordinaire ; voilà pourquoi les moralistes anciens résumaient leur doctrine dans ces mots : *Sequere naturam*, il faut suivre la nature. La destinée de l'homme n'est pas autre chose que sa nature même parvenue à son point de perfection.

Pourquoi le bien est-il obligatoire ? — Mais s'il est facile de concevoir qu'il y a dans l'accomplissement normal des actes les plus appropriés à la nature, et en même temps les plus conformes à la perfection, quelque chose d'excellent et d'idéal qui est le bien, il reste encore à chercher pourquoi il est obligatoire de pratiquer le bien et de se rapprocher le plus possible dans ses actions de l'ordre naturel des choses.

1. M. P. Janet, *la Morale*, p. 73.

Fondement de l'obligation. — D'après certains philosophes, il n'y aurait aucune explication à donner de l'obligation morale. « Le devoir, dit Kant, est la nécessité d'obéir à la loi par respect pour la loi » : ce qui revient à dire que le devoir est le devoir. D'autres disent « L'essence du bien est d'être obligatoire ; le bien entraîne l'obligation, et il est aussi essentiel au bien d'être obligatoire qu'à la ligne droite d'être le plus court chemin d'un point à un autre. »

Nous ne saurions nous contenter de ces affirmations sommaires qui ne satisfont nullement l'esprit. En morale comme ailleurs, nous avons besoin de comprendre, de nous rendre compte. Le devoir n'est pas un dogme mystérieux, impénétrable ; c'est une notion qui, comme toutes les autres, doit être expliquée et analysée.

La conscience sans doute, par un irrésistible élan, une fois qu'elle est constituée par l'éducation, aussi bien que dans son instinct immédiat, la conscience passe de l'idée du bien à l'idée du devoir, et les confond dans une même intuition.

Mais a-t-elle le droit de le faire ? peut-elle se justifier devant elle-même ? peut-elle surtout prouver aux consciences moins éclairées ou égarées par la passion, qui seraient tentées de disjoindre l'idée du bien et l'idée du devoir, que cette disjonction est impossible ?

Vieilles explications. — Il y a donc une explication à chercher, il y a un problème à discuter : Quel est le fondement de l'obligation ?

Les moralistes du xviie siècle avaient volontiers recours, pour résoudre la difficulté, au *principe de la volonté divine.*

Les uns disaient après Gerson [*] : « Dieu ne veut pas certaines actions parce qu'elles sont bonnes, mais elles sont bonnes parce qu'il les veut. » Il n'est pas nécessaire d'insister sur cette doctrine depuis longtemps abandonnée. Personne n'oserait plus soutenir aujourd'hui que le bien et le mal résultent d'un décret arbitraire de Dieu.

Les autres, comme Puffendorf[*], admettent sans doute que le bien existe par lui-même, qu'il ne saurait dépendre d'un acte de la volonté divine de bouleverser les notions morales; ils proclament que cette conception puérile d'un législateur divin capricieux et tyrannique défigure la religion naturelle autant qu'elle compromet la morale; mais ils persistent à croire que le bien devient obligatoire seulement parce que telle est la volonté de Dieu[1].

Le principe de la volonté divine. — Cette théorie est inadmissible. M. Janet l'a réfutée avec force[2] :

> « Il paraît bien résulter de cette théorie de l'obligation, dit-il, que c'est Dieu qui a voulu, non pas que telle action fût bonne, mais que telle action bonne fût obligatoire : d'où il suit réciproquement que s'il n'eût pas voulu qu'elle fût obligatoire, elle ne l'aurait pas été. Dieu aurait donc pu faire une créature humaine douée de raison, connaissant parfaitement que le mensonge est mauvais, que la sincérité est bonne, et qui cependant n'eût pas été assujettie à l'obligation de la sincérité, à qui il eût pu être permis de mentir. Dieu aurait pu créer un bienfaiteur et un obligé tels que l'obligé eût été dispensé de toute reconnaissance envers son bienfaiteur, un fils qui aurait pu ne pas respecter son père, une mère qui aurait pu ne pas aimer ses enfants, des amis à qui il eût été permis de se calomnier... »

Non, la volonté divine ne crée pas plus l'obligation qu'elle ne crée le bien. Le devoir, comme le bien, a ses racines dans la nature de l'homme, dans la nature des choses.

Ce n'est pas que nous voulions écarter de parti pris le sentiment religieux de la morale. Nous ne doutons pas que la conscience, pour se fortifier elle-même dans la pratique du devoir, ne trouve un solide point d'appui dans la croyance en Dieu. Les convictions religieuses,

---

1. M. Beaussire a repris cette théorie dans son livre sur le *Fondement de l'obligation morale*. Paris, 1853.
2. M. P. Janet, *la Morale*, p. 213.

en nous montrant derrière la loi le législateur divin, en nous promettant l'assistance de Dieu ou en nous courbant sous le joug de sa volonté toute-puissante, nous aident assurément à pratiquer nos devoirs. Mais il n'en est pas moins vrai que la morale peut et doit exister par elle-même, et que la conscience trouve dans ses propres inspirations les raisons immédiates, les principes de l'obligation.

Le principe de la dignité humaine. — De même que le bien peut être ramené par l'analyse à la perfection naturelle des êtres, de même le devoir peut être considéré comme la conséquence nécessaire de la croyance à notre dignité personnelle.

Le vrai principe de l'obligation, c'est donc la *dignité* de l'homme.

Nous ne pouvons concevoir l'ordre, la perfection, sans comprendre qu'il est de notre dignité de nous conformer à cet ordre et de réaliser cette perfection dans la mesure de nos forces.

Le bien n'est pas quelque chose qui nous soit étranger et qui nous laisse indifférents. Ce n'est pas un idéal qui se livre simplement à nos contemplations paresseuses ; c'est un idéal qui s'impose à nos efforts et que nous sommes tenus de réaliser. Ce n'est pas un nuage qui passe, sans que nous songions à tendre la main pour le saisir ; c'est un modèle proposé à notre imitation, un but qu'il nous est ordonné d'atteindre.

Conséquences de ce principe. — Si nous avons réellement conscience de notre dignité et de notre valeur, du prix de nos actes, de l'excellence de notre nature, il est évident que nous nous refuserons à tout ce qui pourrait abaisser, avilir, déshonorer notre être.

Or, tout ce qui est mal nous rend indignes de nous-mêmes. L'intempérance nous replonge dans les rangs de l'animalité. Le mensonge nous humilie, et nous en rougissons comme d'une diminution de nous-mêmes. L'injustice nous abaisse vis-à-vis de nos semblables : devant celui à qui nous avons fait du mal volontairement, nous nous sentons rapetissés.

Par contre tout ce qui est bien nous relève et nous ennoblit. Une légitime fierté accompagne toutes les actions légitimes de l'homme qui travaille, qui fait le bien autour de lui, qui se dévoue à ses semblables.

Réponse à une objection. — Mais, dira-t-on, le sentiment de la dignité est sujet à des défaillances : il s'efface chez le criminel, chez l'intempérant; c'est une sauvegarde insuffisante pour la pratique du devoir qu'un sentiment qui varie avec la nature morale de chacun.

Sans doute, s'il s'agit de la pratique, il faut reconnaître que l'homme fait souvent bon marché de sa dignité. Mais en théorie, il n'en est pas moins certain que l'idée de notre dignité, de notre grandeur morale, est le vrai principe de l'obligation. Nous n'avons pas d'autre raison immédiate de nous incliner devant le devoir que la conviction où nous sommes que notre vie a son prix, sa valeur, que nous devons tout sacrifier pour respecter en chacun de nous la personne morale et pour en maintenir l'excellence.

RÉSUMÉ

81. Les vrais principes de la morale sont l'**idée du bien** et l'**idée du devoir**.

82. Le bien a été défini de diverses manières par les moralistes, qui le confondent les uns avec le **vrai**, les autres avec le **beau**.

83. Le bien est la même chose que le vrai en ce sens qu'il exprime toujours les **rapports naturels, nécessaires,** des différents êtres ou des facultés d'un même être ; mais tout ce qui est le vrai n'est pas en même temps le bien.

84. De même, les actions bonnes sont toujours belles par quelque côté, et dignes de notre admiration ; mais que de choses belles qui n'ont aucun rapport avec le bien !

85. Le **beau** doit être défini l'**ordre** et la **perfection.**

86. Tout ce qui est bien est **conforme à l'ordre naturel,** qui règle les rapports de dépendance des êtres et les rapports de subordination des facultés d'un même être.

87. Tout ce qui est bien est **conforme à la perfection,** c'est-à-dire à la fin idéale qui réalise dans des actes parfaits toutes les puissances, toutes les tendances des êtres.

88. Dans la **vie sociale,** le bien, c'est l'ensemble des actes par lesquels nous aidons les autres hommes à atteindre la perfection de leur existence.

89. Dans la **vie individuelle,** le bien, c'est l'ensemble des actes par lesquels nous développons l'harmonie de nos facultés et les conduisons ainsi à leur perfection.

90. Le **bien** n'est pas seulement une **conception** désintéressée de l'esprit; c'est un **idéal obligatoire,** que nous sommes tenus de réaliser.

91. Le **principe de l'obligation** a été à tort cherché dans la **volonté divine.**

92. Le **fondement de l'obligation** réside dans la

nature même des choses, dans la **conscience humaine**, qui par l'idée de sa dignité se sent tenue de pratiquer le bien.

LECTURES

La grandeur de la loi morale.

Deux choses remplissent l'âme d'une admiration et d'un respect toujours renaissants et qui s'accroissent à mesure que la pensée y revient plus souvent et s'y applique davantage : *le ciel étoilé au-dessus de nous, la loi morale au dedans.* Je n'ai pas besoin de les chercher et de les deviner, comme si elles étaient enveloppées de nuages, ou placées, au delà de mon horizon, dans une région inaccessible ; je les vois devant moi, et je les rattache immédiatement à la conscience de mon existence.

La première, de la place que j'occupe dans le monde extérieur étend le rapport de mon être avec les choses sensibles à tout cet immense espace où les mondes s'ajoutent aux mondes et les systèmes aux systèmes et à toute la durée sans bornes de leurs mouvements périodiques.

La seconde part de mon invisible moi, de ma personnalité, et me place dans un monde qui possède la véritable infinitude, mais où l'entendement seul peut pénétrer, et auquel je me reconnais lié par un rapport non plus seulement contingent, mais universel et nécessaire (rapport que j'étends aussi à tous ces mondes visibles).

Dans l'une, la vue d'une multitude innombrable de mondes anéantit presque mon importance, en tant que je me considère comme une *créature animale*, qui, après avoir (on ne sait comment) joui de la vie pendant un court espace de temps, doit rendre la matière dont elle est formée à la planète qu'elle habite, et qui n'est elle-même qu'un point dans l'univers.

L'autre, au contraire, relève infiniment ma valeur comme

intelligence, par ma personnalité, dans laquelle la loi morale me révèle une vie indépendante de l'animalité et même de tout le monde sensible, autant du moins qu'on en peut juger par la destination que cette loi assigne à mon existence, et qui, loin d'être bornée aux conditions et aux limites de cette vie, s'étend à l'infini. (Kant, *Critique de la raison pratique*.)

La dignité de la nature humaine.

L'homme est grand en sa qualité d'homme, quels que soient sa place et son état. Toute distinction extérieure devient insignifiante devant la grandeur de sa nature.

La force de l'intelligence, la conscience, l'amour, la connaissance de Dieu, le sentiment du beau, l'action sur soimême, sur la nature extérieure et sur ses semblables, ce sont là de glorieuses prérogatives; c'est la mauvaise habitude de déprécier ce qui est commun à tous qui, nous les fait considérer comme étant de peu de valeur; mais, dans l'âme comme dans la création extérieure, c'est ce qui est commun qui est le plus précieux.

La science et l'art peuvent inventer de brillants éclairages pour les appartements du riche, mais tout cela est pauvre, et sans valeur en comparaison de la lumière commune que le soleil nous envoie par toutes nos fenêtres, qu'il verse avec libéralité et sans préférence sur la colline et dans la vallée, de cette lumière qui embrase chaque jour l'orient et l'occident.

Il en est de même et des lumières communes de la raison, et de la conscience, et de l'amour ; tout cela a plus de prix que les qualités extraordinaires qui ont fait la célébrité de quelques hommes. Ne ravalons pas cette nature qui est commune à tous les hommes : car nulle pensée ne peut en mesurer la grandeur. C'est l'image de Dieu, l'image même de l'infini : car on ne peut assigner de limite à son développement.

Celui qui possède les divines facultés de l'âme est un être grand, quelle que soit la place qu'il occupe. Vous pouvez le couvrir de haillons, le murer dans un cachot, l'enchaîner au travail de l'esclave; il sera toujours grand. Vous pouvez lui fermer vos maisons, mais Dieu lui ouvre les demeures célestes

Il ne fait point d'effet dans les rues d'une splendide cité; mais une pensée juste, une affection pure, l'acte courageux d'une volonté vertueuse, brillent d'un tout autre éclat qu'un amas de briques et de granit, de plâtre et de stuc, quel que soit l'art qui les accumule ou l'étendue qu'ils occupent. (Channing*, *Discours sur l'éducation personnelle.*)

LEÇON VIII

LES SANCTIONS DE LA LOI MORALE

Le mérite et le démérite. — Définition de la sanction. — Divers
sens du mot sanction. — Sanction de la loi morale. — Diverses
espèces de sanction. — Sanction légale. — Sanction de l'opinion publique. — Sanction de la conscience. — Sanction naturelle. — Harmonie de la vertu et du bonheur. — Sanction de la
vie future.

Le mérite et le démérite. — Nous avons expliqué et analysé le jugement du bien, le jugement
du devoir. Il reste à rendre compte du jugement du
mérite et du démérite, et de ses conséquences.

Le bien, conçu comme obligatoire, nous apparaît
aussi comme *méritoir* ; et réciproquement nous affirmons que l'homme démérite quand il fait le mal.

C'est au jugement du mérite et du démérite que se
rattache la question des sanctions, qui est la dernière
question de la morale théorique.

Définition de la sanction. — Dans le langage ordinaire, la sanction est la peine ou la récompense qu'une
loi porte et décerne pour assurer son exécution. C'est
ainsi que les lois sociales ont pour sanction pénale
l'amende, l'emprisonnement, etc. C'est ainsi que les
règlements scolaires ont pour sanction des punitions
et des récompenses de toute espèce. La sanction, dans
ce cas, est simplement un moyen prévu par le législateur pour intéresser au respect de la loi l'égoïsme de
ceux auxquels la loi est imposée.

Divers sens du mot « sanction ». — Mais, dans
un sens plus élevé, la sanction est une tout autre chose

que les menaces de punition ou les promesses de récompenses destinées à assurer l'exécution de la loi. Non
seulement il est désirable, quand une loi existe, qu'elle
soit obéie, et qu'on prenne pour obtenir cette obéissance toutes les mesures de précaution qui, par l'in-
timidation ou par l'attrait, peuvent engager et entraî-
ner les volontés; mais de plus il est juste que celui
qui, volontairement, s'est conformé ou soustrait à la
loi, en soit récompensé ou puni. Le mérite, c'est-à-dire
le droit à la récompense, est la conséquence nécessaire de l'idée d'une loi obligatoire, qu'on est *tenu*
d'observer, mais qu'on *peut* violer.

Sanctions de la loi morale. — La loi morale qui
nous oblige sans nous contraindre, qui s'adresse à
des agents libres, ne serait plus une loi si elle était
dépourvue de sanction. Elle aussi a besoin d'assurer
son action, de se faire respecter par les hommes. Mais
surtout il lui faut, à moins qu'elle ne renie les principes de la justice, cette espèce de sanction qui met
d'accord l'action et ses conséquences, le mérite de
l'agent et les résultats des actes accomplis.

C'est à ce point de vue surtout que la sanction morale est importante. Comme le dit M. Janet, ce n'est pas
seulement *pour que* la loi s'accomplisse qu'il doit y
avoir en morale des récompenses et des châtiments,
c'est *parce qu'elle* a été accomplie ou violée.

La vertu est par essence désintéressée : on n'est
plus vertueux si l'on se conforme à la loi morale uniquement par intérêt, ou pour retirer de la vertu un
salaire. Mais si la récompense n'est pas le but et la
fin de l'action vertueuse, elle doit en être la conséquence, le résultat.

« L'homme qui fait le bien ne doit pas penser à son propre
bonheur; mais la justice éternelle doit y penser pour lui. Il serait
insensé que l'homme fût obligé par la loi morale à la justice, et qu'il
n'y eût point de justice par rapport à lui. Il devrait à chacun selon
son mérite, et il ne lui serait rien dû selon son mérite! Cela est contradictoire : aussi la conscience veut que nous détachions notre

pensée de la considération du bonheur, mais la justice veut que le bonheur ne soit pas séparé de la vertu. Tel est le vrai principe de la récompense : elle vient de la justice, non de l'utilité[1]. »

Et de même le châtiment, considéré comme sanction morale, est moins une peine destinée à effrayer le violateur de la loi qu'une expiation, une réparation de la faute commise.

Diverses espèces de sanctions. — Les moralistes ont de tout temps distingué diverses espèces de sanctions; mais ils n'ont pas suffisamment mis en relief celle qui, à nos yeux, prime toutes les autres.

Il y a d'abord la sanction *légale*, qui est l'ensemble des récompenses ou des punitions par lesquelles la société honore la vertu ou atteint le vice.

Il y a ensuite la sanction de *l'opinion publique*, qui est de même nature que la précédente : l'estime ou le mépris de nos semblables nous récompense ou nous punit de notre conduite.

D'un tout autre ordre d'idées dérive la sanction *intérieure*, la sanction de la conscience : les joies du devoir accompli, les tortures du remords.

Enfin une sanction qui est de toutes la plus importante, quoique trop de moralistes soient disposés à la déprécier ou à en exagérer les lacunes, c'est la sanction *naturelle*; c'est-à-dire l'ensemble de conséquences heureuses ou malheureuses qui résultent spontanément de nos actes, selon qu'ils sont conformes ou non à la loi morale. Nous n'hésitons pas à dire que c'est dans les effets naturels et pour ainsi dire nécessaires de nos actes libres qu'il faut chercher la sanction la plus efficace, la plus évidente de nos vertus et de nos vices.

Sanction légale. — Il y a peu de chose à dire de la sanction légale. Les lois civiles punissent plus qu'elles ne récompensent. C'est qu'elles veulent sur-

1. M. P. Janet, *Éléments de morale*, p. 119.

tout être exécutées, assurer leur efficacité ; et la menace du châtiment suffit à cela. Elles ne songent pas précisément à rendre à chacun ce qui lui est dû ; elles s'inspirent moins de la justice distributive*, qui récompense le mérite ou fait expier le démérite, que de l'intérêt de l'ordre social qu'il faut proteger contre tout attentat.

Reconnaissons d'ailleurs que la sanction sociale progresse avec la civilisation. D'une part, elle s'est adoucie avec les mœurs ; elle a aboli la torture, elle ne maintient la peine de mort que pour des cas exceptionnels. D'autre part, e le s'efforce de plus en plus d'apprécier la valeur morale des actions, de proportionner ses châtiments au degré de la criminalité, de juger les intentions du coupable, non moins que ses actes extérieurs.

Mais ce qui prouve bien que la sanction sociale ne prétend pas au rôle de justicière morale, c'est qu'elle laisse presque complètement de côté les actions honnêtes, la vertu et le vrai mérite. Il est à peine besoin de dire que les distinctions honorifiques, les médailles, les croix, ne constituent qu'un ensemble insignifiant de récompenses, qui d'ailleurs visent plutôt les services rendus à l'État que la vertu elle-même.

D'un autre côté, il est évident que même dans son action pénale la sanction des lois positives est insuffisante. Que de crimes restent caches ! combien de criminels échappent au châtiment ! Il arrive aussi que la justice humaine se trompe, qu'elle condamne l'innocent et relâche le coupable.

Sanction de l'opinion publique. — La sanction légale est donc insuffisante. Elle ne peut atteindre avec infaillibilité le fond des intentions humaines ; elle n'y prétend pas du reste.

Dira-t-on que ses lacunes sont compensées par l'opinion, toujours prête à flétrir le vice, à honorer la vertu ? Nous ne disconvenons pas que la vie sociale tient en réserve pour l'honnête homme, comme pour le criminel, des récompenses et des punitions distinctes de celles que les tribunaux prononcent, ou que l'État distribue. Nous plaindrions celui qui n'a pas éprouvé quelles intimes douceurs on ressent à mériter par une honnêteté constante l'estime de ses semblables. L'approbation sympathique des visages, la cordiale effusion des mains qui serrent la main de l'honnête homme, le murmure de louanges qui entoure les pas de l'homme de bien : voilà sans doute, pour une âme bien née, des jouissances précieuses qui sont le prix de sa vertu.

De même nous reconnaissons ce qu'il y a de douloureux, pour l'homme qui a failli, à ne plus pouvoir marcher le front haut au milieu de ses semblables, à se sentir atteint par le mépris, par la réprobation publiques.

Mais qui ne voit les deux défauts essentiels de cette sanction ? D'une part, l'opinion publique est faillible et s'égare souvent, elle est dupe des apparences : elle prend le masque pour la réalité ; elle se fait des idoles ; elle ne sait pas pénétrer jusqu'au fond des volontés humaines. D'autre part, n'est sensible à l'opinion publique que celui qui précisément a le moins besoin de son appui pour se conduire honnêtement ; tandis que le criminel endurci, dont le front ne rougit plus, brave les marques de désapprobation et de mésestime que lui prodiguent ses semblables.

La sanction de la conscience. — Assurément il n'y a aucune comparaison à établir entre les sanctions extérieures, si incomplètes et si précaires, et la sanction intérieure de la conscience. Nous avons tous en nous-mêmes un juge infaillible, qui, par la satisfaction du devoir accompli ou inversement par le remords, nous récompense ou nous punit. Devant ce tribunal toujours en permanence, équitable et éclairé, toutes nos actions comparaissent : toutes sont jugées, approuvées ou condamnées.

« Le vice, dit Montaigne*, laisse, comme un ulcère en la chair, une
repentance en l'âme qui toujours s'égratigne et s'ensanglante
elle-même; car la raison efface les autres tristesses et douleurs,
mais elle engendre celle de la repentance qui est plus grave,
d'autant qu'elle naist du dedans, comme l· froid et le chaud des
fièvres est plus poignant que celui qui vient du dehors. Il n'est pareil-
lement bonté qui ne réjouisse une nature bien née : il y a certes
je ne sais quelle congratulation de bien faire qui nous réjouit en
nous-mêmes et une fierté généreuse qui accompagne la bonne con-
tenance... Ces témoignages de la conscience plaisent, et nous est
un grand bénéfice que cette esjouissance naturelle, et le seul
payement qui jamais ne nous manque. »

Mais, quelles que soient la force et l'autorité de la sanction intime de la conscience, il est aisé d'en marquer
les limites et les imperfections. D'abord il est évident
qu'elle n'est point proportionnée au mérite ou au démérite de l'agent moral. Tandis qu'une conscience
scrupuleuse se torture dans sa délicatesse, au sujet
de la moindre faute commise, la conscience vicieuse,
que l'habitude du ma a pour ainsi dire émoussée, ressent à peine l'aiguillon du remords. Plus le criminel a
pris l'habitude du crime, plus il est insensible aux
protestations de la conscience, ou, pour mieux dire, sa
conscience ne proteste plus. Un coupable endurci, dit
M. Marion, a moins de remords pour un dixième
meurtre, qu'un enfant pour une faute légère.

D'autre part, les satisfactions de la conscience,
quelque profondes qu'elles soient, ne paraissent pas
de nature à établir complètement l'accord nécessaire
de la vertu et du bonheur. Il semble que l'honnête
homme frappé dans ses affections, éprouvé par la
fortune, parfois même persécuté par ses semblables
aveuglés, condamné par la justice humaine, ne puisse
pas trouver dans le seul témoignage de sa conscience
droite et pure le dédommagement de toutes ses misères.

Sanction naturelle. — N'y a-t-il donc pas d'autres
sanctions qui offrent à l'homme un recours contre les
insuffisances de celles que nous avons déjà exa-
minées?

Celle dont il nous reste à parler est la *sanction*

naturelle, assurément la plus complète de toutes. On désigne par cette expression les conséquences qui, sans l'intervention d'aucun pouvoir étranger, dérivent spontanément de nos actions bonnes ou mauvaises.

Ici les exemples abondent, et l'histoire de la vie humaine est pleine d'enseignements. Quelle que soit l'aveugle et inexorable fatalité de la nature, il y a dans les choses une certaine justice naturelle qui associe à toute faute sa punition, à toute vertu sa récompense.

L'enfant travaille : il en est récompensé par le savoir qu'il acquiert, et qui lui assurera dans l'avenir des ressources inappréciables pour réussir dans le monde et s'y placer à un rang honorable.

Le paresseux au contraire, à supposer même que sa conscience ne lui reproche pas sa nonchalance coupable, grandit dans l'ignorance et dans l'incapacité; il ne saura à quoi employer sa vie; les petits plaisirs de son adolescence paresseuse seront singulièrement compensés par les cruels déboires de sa maturité.

L'homme sobre et tempérant, outre qu'il n'épuise pas imprudemment les sources du plaisir, qui pour être durables ont besoin d'être ménagées, de n'être point taries violemment par les excès, l'homme sobre maintient sa santé et ses forces. L'intempérance a pour contre-coup la maladie, l'épuisement, la mort.

La bienfaisance nous assure en retour la gratitude de nos semblables : les bons offices appellent les bons offices.

Être juste envers ses semblables est encore le meilleur moyen d'obtenir qu'ils le soient envers nous.

En un mot, la pratique de chaque vertu a pour résultat des avantages positifs, palpables, qui en sont à la fois l'effet et la récompense. Même quand les avantages matériels paraissent manquer, il y a quelque chose au moins qui ne fait jamais défaut : c'est l'accroissement de notre être, de notre excellence; et pour tout homme digne de ce nom cette progression dans la dignité, dans la force et dans la fierté, est déjà un bien inappréciable.

Harmonie de la vertu et du bonheur. — Quoi qu'en disent les pessimistes, il y a donc dans la vertu même une source inépuisable de conséquences heureuses; et si l'on réfléchit aux principes psychologiques du bonheur, on se convaincra qu'il ne saurait en être autrement. Le bonheur résulte en effet de l'activité, de l'activité régulière, modérée, conforme à la nature, et c'est en cela aussi que consiste la vertu.

« Le bonheur de l'individu et de la société, dit M. Ferraz *, consiste réellement dans la vertu. Il en est de l'être humain comme des autres êtres de la création : il n'y a point pour lui de développement en dehors de la loi qui doit le régir, et là où n'a point lieu le développement de l'être, on ne comprend pas bien le développement du bien-être, à prendre ce mot dans un sens élevé : ce sont là deux choses corrélatives. Plus la vie est élevée et harmonique, plus la félicité, qui n'est que le sentiment qu'on en a, est grande et durable. Si je n'ai que l'existence de la plante, je n'aurai pas plus de plaisir qu'elle; si j'ai celle de l'animal, j'aurai un degré de bien-être proportionné à ce degré d'être; si j'ai celle de l'homme, je veux dire la vie rationnelle, l'activité vertueuse, je jouirai d'un bonheur aussi supérieur à celui de la brute que je suis supérieur à cette dernière en perfection [1]. »

Sanction de la vie future. —Qu'on entende bien notre pensée. Nous n'avons pas l'illusion de croire que les conditions de la vie humaine assurent une harmonie parfaite de la vertu et du bonheur. Il serait naïf de prétendre que tout homme vertueux est par cela même heureux, comme le soutenaient les stoïciens, qui, pour donner à leur paradoxe un semblant de vérité, étaient obligés de nier préalablement la douleur, la souffrance. Non, la douleur, la souffrance sont des réalités que la nature ne ménage pas à l'honnête homme. Nous disons simplement que la vertu tend toujours à produire des conséquences heureuses, le vice des conséquences malheureuses; que

1. M. Ferraz, *op. cit.*, p. 383.

dans notre existence relative, le meilleur moyen d'être heureux, c'est encore d'être vertueux. Mais le bonheur parfait, c'est-à-dire, comme disait Kant, l'état d'un homme raisonnable pour qui *tout va selon ses désirs et sa volonté*, n'est évidemment pas à la disposition de l'humanité. Il faudrait, pour qu'il se réalisât, que la nature, la société, fussent toujours d'accord avec la volonté vertueuse. Or ni la société n'est assez organisée selon les lois de la justice, ni la nature aveugle et fatale, — la nature qui tue dans les bras d'un père un fils chéri, la nature qui détruit à sa source chez l'enfant les principes de la santé et du bonheur physique, — n'est assez condescendante à nos désirs pour que la pratique même constante de la morale garantisse à l'homme une existence heureuse.

De là les moralistes ont de tout temps tiré un argument en faveur de la vie future, où, grâce à la justice divine, seraient comblées les lacunes de la justice humaine et réparés les torts de l'injustice de la nature. L'immortalité de l'âme apparaît ainsi, selon les expressions de Kant, comme un *postulat* de la morale, c'est-à-dire comme une conséquence légitime, quoique non démontrée, du mérite et du démérite.

RÉSUMÉ

93. La dernière question de la morale théorique est la question des **sanctions** qui se rattache au jugement du mérite et du démérite.

94. La sanction est en général un **ensemble de peines et de récompenses** établies par le législateur pour assurer l'exécution de la loi.

95. Les sanctions morales sont aussi des peines et

des récompenses, qui ont pour caractère, non pas simplement d'assurer l'exécution de la loi, mais de réaliser la **justice** qui veut que le mérite soit récompensé, le démérite puni.

96. Il y a diverses sanctions morales : la sanction **légale**, la sanction de l'**opinion publique**, la sanction **intérieure** ou de la conscience, enfin la **sanction naturelle**, c'est-à-dire l'ensemble des conséquences heureuses ou malheureuses qui résultent naturellement du bien ou du mal que l'on a fait.

97. La sanction légale **punit** plus qu'elle ne récompense. De plus, elle n'est pas infaillible ; enfin elle ne vise que les attentats contre la société.

98. La sanction de l'opinion publique **s'égare** souvent : d'ailleurs, elle n'est efficace pour récompenser et punir qu'à l'égard de ceux dont la conscience a gardé une certaine délicatesse morale.

99. La sanction de la conscience, **satisfaction morale** ou **remords**, est autrement importante : la conscience est un juge en permanence, un juge toujours équitable et éclairé.

100. La sanction intérieure est cependant insuffisante et n'établit pas complètement l'harmonie nécessaire du bonheur et de la vertu.

101. La **sanction naturelle**, qui en un sens comprend la sanction de la conscience, associe spontanément et sans l'intervention d'aucun pouvoir étranger la récompense à la vertu, la punition à la faute.

102. Le succès est la conséquence du travail, la santé l'effet naturel de la tempérance, etc.

103. Même quand les avantages matériels paraissent manquer, l'honnête homme est récompensé de

sa vertu par l'**accroissement de son être,** de son excellence.

104. La sanction naturelle établit donc dans une certaine mesure l'**accord de la vertu et du bonheur.**

105. Pour combler les lacunes de la sanction naturelle, il est nécessaire de faire appel à la **sanction surnaturelle** de la vie future.

LECTURES

La vertu et le bonheur.

« Que penses-tu d'Archélaüs, roi de Macédoine ? disait à Socrate un certain sophiste *. Est-il heureux ou malheureux ? — Je n'en sais rien, répondit le philosophe ; je ne le connais pas, et je ne me suis jamais entretenu avec lui. — Mais alors, répliqua le sophiste, tu ne pourrais donc pas me dire non plus si le roi des Perses, si le grand roi en personne est heureux ? — Comment le pourrais-je, dit Socrate, puisque je ne sais rien de sa science et de sa vertu, rien de son état intellectuel et moral ? » (Platon.)

Même sujet.

Dire avec un moraliste moderne : « Qu'importe que l'homme soit malheureux, pourvu qu'il soit grand », est une belle parole, sans doute, mais à la condition de prendre le terme de malheureux dans le sens vulgaire : car, dans la réalité, celui qui est grand et a conscience de cette grandeur n'est pas malheureux, et la conscience de cette grandeur compense amplement ce qui lui manque d'un autre côté. (M. P. Janet, *la Morale.*)

La justice et la vie future.

Plus je rentre en moi et plus je me consulte, plus je lis ces mots écrits dans mon âme: *Sois juste, et tu seras heureux*. Il n'en est rien pourtant, à considérer l'état présent des choses : le méchant prospère, et le juste reste opprimé. Voyez aussi quelle indignation s'allume en nous quand cette attente est frustrée. La conscience s'élève et murmure contre son auteur; elle lui crie en gémissant : « Tu m'as trompée ! — Je t'ai trompée, téméraire ! qui te l'a dit? Ton âme est-elle anéantie? As-tu cessé d'exister? »

O Brutus *, ô mon fils, ne souille pas ta noble vie en la finissant : ne laisse pas ton esprit et ta gloire avec ton corps aux champs de Philippes *. Pourquoi dis-tu : La vertu n'est rien, quand tu vas jouir du prix de la tienne? Tu vas mourir, penses-tu? Non, tu vas vivre, et c'est alors que je tiendrai ce que je t'ai promis.

On dirait, aux murmures des impatients mortels, que Dieu leur doit la récompense avant le mérite, et qu'il est obligé de payer la vertu d'avance. Oh ! soyons bons premièrement, et puis nous serons heureux. N'exigeons pas le prix avant la victoire, ni le salaire avant le travail. Ce n'est pas dans la lice, disait Plutarque, que les vainqueurs de nos jeux sacrés sont couronnés, c'est après qu'ils l'ont parcourue. (J.-J. Rousseau, *Profession de foi du vicaire savoyard.*)

FIN DE LA MORALE THÉORIQUE

DEUXIÈME PARTIE

MORALE PRATIQUE

APPLICATIONS

PREMIÈRE LEÇON

LE DROIT ET LE DEVOIR. - DIVISION DES DEVOIRS

Morale pratique. — Utilité de la morale pratique. — Définitions. — La vertu. — Le droit et le devoir. — Origine commune du droit et du devoir. — Objet de la morale pratique. — Division des devoirs. — Diverses classifications proposées. — Devoirs positifs et devoirs négatifs. — Devoirs stricts et devoirs larges. — Importance variable des devoirs. — Conflits des devoirs. — Règles à suivre.

Morale pratique. — Nous avons déjà défini la morale pratique, qu'on peut aussi appeler morale appliquée, morale particulière[1]. Elle consiste à rechercher quels sont, dans les diverses situations de la vie humaine, les actes conformes à l'ordre naturel des choses, et par conséquent au bien et au devoir. Elle est, nous l'avons dit, la science des devoirs ; elle suit pas à pas dans toutes ses démarches la volonté de l'homme pour lui indiquer la route où il faut marcher. Elle n'est pas autre chose que la conscience éclairée et réfléchie, réglant tous les actes de la vie par une déduction constante des principes de la morale théorique.

Utilité de cet enseignement. — L'utilité de la morale pratique n'est pas moins évidente que l'utilité de la morale théorique. Celle-ci nous a confirmés dans notre foi morale, en nous expliquant avec précision les principes de la moralité. Mais il ne suffit pas d'avoir établi de haut les règles souveraines du bien

1. Voy. plus haut, p. 25.

et du devoir, il faut aussi descendre aux applications ;
il faut prendre l'homme par la main, pour ainsi dire,
et lui montrer comment, en toute occasion, il pourra
se rapprocher de l'idéal moral. Les moralistes qui
s'en tiendraient à la morale théorique s'arrêteraient à
moitié chemin et ressembleraient, comme le dit Bacon*, à des maîtres d'écriture qui proposeraient à
leurs élèves de beaux modèles sans leur apprendre
à les imiter.

Définitions. — Avant d'aborder l'étude des diverses
obligations que la loi morale impose à chacun de nous,
il est nécessaire d'établir le sens précis des mots essentiels qui entrent dans le vocabulaire de la morale
pratique, et de définir notamment le devoir, le droit,
la vertu.

Le devoir, c'est l'obligation de faire le bien, et cette
obligation se multiplie sous mille formes pour donner
naissance aux différents devoirs.

L'étymologie du mot « devoir » en indique nettement
le sens : formé des mots latins *debere*, *debitum*, d'où
vient aussi le mot français *dette*, il signifie quelque
chose qui est dû, qui s'impose à nous comme une
dette naturelle.

Le droit, qui est pris d'ailleurs dans un grand
nombre d'acceptions, qui est employé quelquefois pour
exprimer la science de la morale tout entière — le *Droit
naturel** de Jouffroy par exemple, — qui plus souvent
désigne la science des lois positives, des législations
établies par les hommes ; le droit, dans la morale pratique, a un sens tout particulier : le droit est le corré-
latif du devoir.

Le droit, a dit Leibnitz, est un pouvoir moral,
comme le devoir est une nécessité morale.

En d'autres termes, le droit est une faculté qui appartient aux hommes, et qu'ils peuvent légitimement
exercer. Les droits civils, les droits politiques, ne
sont que les conséquences des droits naturels, des
droits moraux.

Le droit, pourrait-on dire encore, c'est la force unie à la justice, c'est toute puissance qui est légitime et par conséquent inviolable et sacrée.

La vertu. — La vertu, c'est le devoir pratiqué, c'est le droit respecté.

Socrate la définissait inexactement la science du bien, le vice étant l'ignorance du bien. La vertu en effet suppose autre chose que la connaissance du bien, autre chose que l'amour et même que la volonté du bien; elle en est l'accomplissement. Ovide faisait dire à un de ses personnages : « Je vois et j'approuve le mieux, et je fais le pire.

> *Video meliora proboque;*
> *Deteriora sequor.*

— Je ne fais pas le bien que j'aime, et je fais le mal que je hais, dit Racine* traduisant saint Paul. Dans ces états psychologiques il manque ce qui est un des éléments essentiels de la vertu, la volonté efficace suivie d'effet.

D'autres définitions de la vertu ont été proposées. Malebranche disait qu'elle est « l'amour de l'ordre », définition incomplète comme celle de Socrate, car elle ne met en avant qu'un seul des éléments de la moralité. Spinoza la définissait « l'effort que fait l'âme pour persévérer dans son être et pour l'accroître »; ce qui, en apparence au moins, omet et élimine les vertus sociales, celles qui consistent à faire effort pour le bien d'autrui. Kant a dit plus justement que « la vertu est l'obéissance aux commandements de la raison », ce qui revient au fond à la définition suivante : « La vertu est la pratique du devoir. » Nous n'y ajouterons qu'un mot, et nous dirons : « La vertu est la pratique constante, habituelle, du devoir. » En effet, un seul acte isolé conforme au bien ne fait pas la vertu : la vertu, comme disait Aristote, est une habitude, une disposition permanente à bien faire; une seule hirondelle ne fait pas le printemps !

Ajoutons qu'il y a autant de vertus qu'il y a de devoirs différents, et aussi, que s'il faut une suite d'actes vertueux du même genre pour constituer une vertu particulière, il faut plusieurs vertus, il faut même toutes les vertus pour faire l'homme réellement vertueux.

Le droit et le devoir ; leur origine commune. — Nous avons défini le droit et le devoir et indiqué leur corrélation. Mais une question qui a vivement préoccupé les moralistes, c'est de savoir quelle est de ces deux notions celle qui est le principe de l'autre. Est-ce mon devoir envers vous qui fonde votre droit ? est-ce, au contraire, votre droit qui est la base de mondevoir ?

Les deux solutions ont trouvé des partisans :

« La loi du devoir, dit M. Franck*, imprime à tout mon être, à toutes mes facultés, et avant tout à ma liberté, le caractère auguste dont elle est elle-même revêtue ; car qui veut la fin veut les moyens. C'est elle qui fait de moi un objet de respect pour mes semblables et de mes semblables pour moi. C'est elle qui fait de moi une personne, c'est-à-dire un être qui n'appartient qu'à soi ; c'est elle enfin qui constitue le droit : le droit ne subsiste que par le devoir [1]. »

Dans le même sens Auguste Comte a dit : « On n'a d'autre droit que celui de faire son devoir ; » et Kant : « C'est parce que nous sommes sujets du devoir que nous avons des droits. »

D'autres philosophes prétendent que c'est au contraire le droit qui est le fondement du devoir, et voici comment M. Janet a résumé cette doctrine :

« Elle part, dit-il, de la liberté humaine comme d'un fait. L'homme est libre, et cette liberté fait de lui une personne morale : or, dit-on, il est de l'essence de la liberté d'être inviolable : car qui dit libre, dit une puissance dont l'essence est de choisir entre deux actions, et par conséquent d'être la cause de l'action choisie. La liberté est sacrée : là est le fondement du droit, et, le droit étant donné, le devoir en découle naturellement. »

1. Ad. Franck, *Morale pour tous*. C'est aussi l'avis de M. Marion, *Leçons de morale*, p. 169.

Mais aucune de ces deux théories opposées, prise absolument, ne saurait résister à une critique attentive. Ce sont là, à vrai dire, pures querelles de mots. Les deux notions sont comme enchevêtrées l'une dans l'autre et se supposent réciproquement.

Vous dites, en effet, que la liberté crée les droits, que les droits sont respectables et sacrés; mais que signifie cette affirmation, sinon que les autres hommes sont tenus de respecter vos droits, qu'ils ont des devoirs envers vous? Un droit, c'est quelque chose d'inviolable, quelque chose que le devoir d'autrui est de ne pas violer. Il est donc impossible de concevoir le droit sans concevoir du même coup le devoir.

D'un autre côté, vous affirmez que du devoir découle le droit, que vous êtes tenu en premier lieu par des obligations naturelles, et que ces obligations rendent seules respectable tout ce que vous respectez : vos facultés, par exemple, et, d'autre part, les personnes de vos semblables. Êtes-vous donc prêt à avouer, ce qui serait la conséquence de ce système, que vos facultés n'ont par elles-mêmes aucune dignité, que la personne morale de l'homme n'a pas une valeur intrinsèque, un caractère naturellement auguste et sacré? Mais vous ne l'avouerez pas : car ce serait nier le principe même de toute morale, et vous mettre dans l'impossibilité de justifier le devoir lui-même.

La vérité, c'est que les deux notions de droit et de devoir s'impliquent l'une l'autre. A les vouloir séparer, à subtiliser sur la question de priorité de l'une par rapport à l'autre, on se condamne à faire, de quelque côté qu'on se tourne, des paralogismes ' et des cercles vicieux '.

Le droit et le devoir naissent en même temps et d'un même principe : ce sont deux tiges issues d'une même racine [1].

---

1. Nous retrouverons plus loin la question des rapports des droits et des devoirs. (Voy. Leçon IV.)

« Nous n'admettons, dit avec raison M. Janet, ni que le devoir soit la conséquence du droit, ni que le droit soit la conséquence du devoir. Mais le devoir et le droit se fondent en même temps, dans un même acte, sur un même principe, le principe de la perfection essentielle de l'être humain ; en un mot, sur la dignité de l'homme, à laquelle il ne m'est permis de porter atteinte ni en moi-même ni en autrui. »

Objet de la morale pratique. — Droits, devoirs, vertus, sont donc au fond des mots analogues, exprimant, à divers points de vue, une seule et même chose, les obligations morales de l'humanité. L'objet de la morale pratique est précisément de rechercher quels sont, dans les diverses situations où l'homme est placé, les devoirs qui lui incombent, devoirs qui correspondent à autant de droits, et qui, s'ils sont pratiqués, donnent lieu à autant de vertus.

Division des devoirs. — « On peut dire, écrivait V. Cousin, qu'il n'y a qu'un seul devoir, celui de rester raisonnable, d'obéir à la raison. Mais, l'homme ayant des relations diverses, ce devoir unique et général se détermine et se divise en autant de devoirs particuliers [1]. » Dans le même sens, Jouffroy a dit : « Au fond il n'y a qu'un devoir pour l'homme, celui d'accomplir sa destinée, celui d'aller à sa fin [2]. »

Il n'en est pas moins vrai que, l'homme étant en rapport avec différents êtres et ayant à exercer un grand nombre de facultés, la loi unique du devoir lui impose des actes de diverse nature, qui constituent autant de devoirs particuliers.

Quels sont ces devoirs? Avant de les exposer, essayons de les classer.

Diverses classifications proposées. — Les philosophes de l'antiquité se contentaient d'une division incomplète qui consistait à distinguer quatre vertus essentielles, enseignées encore aujourd'hui dans le catéchisme sous le nom de « vertus cardinales * » : la

1. V. Cousin, *le Vrai*, etc., p. 371.
2. Jouffroy, *Cours de droit naturel*, t. I, p. 8.

prudence, la *tempérance*, le *courage*, la *justice*. Cette énumération a le double tort : 1° d'omettre un certain nombre de vertus, la bienfaisance, par exemple ; 2° de ne pas tenir compte de la différence qui sépare les vertus privées, comme la prudence, la tempérance, le courage, des vertus sociales ou publiques qui correspondent aux différents devoirs de justice.

Aussi les moralistes modernes ont-ils de préférence adopté une division plus large et plus exacte qui prend pour point de départ, non les dispositions intérieures de l'âme, mais les différents objets de nos actions, les êtres avec lesquels nous sommes en relation.

De là trois classes de devoirs, trois parties dans la morale pratique :

1° Les devoirs envers nous-mêmes, qui constituent la morale individuelle ou privée ;

2° Les devoirs envers les autres, ou la morale sociale ou publique, qui se subdivise d'ailleurs, comme on le verra plus loin, suivant qu'il s'agit des hommes en général, ou de nos concitoyens, ou des membres de notre famille ;

3° Les devoirs envers Dieu, ou la morale religieuse.

A quelque catégorie qu'ils appartiennent, quel qu'en soit l'objet, les devoirs, au dire de certains moralistes, se distinguent les uns des autres par certains caractères généraux, dans leur forme et aussi dans leur degré.

Devoirs positifs et devoirs négatifs. — Une distinction importante, des plus claires et des plus réelles, est celle que les moralistes ont depuis longtemps reconnue entre les devoirs *négatifs* et les devoirs *positifs*.

Les devoirs négatifs consistent à s'abstenir de ce qui est mal ; les devoirs positifs, à pratiquer effectivement ce qui est bien. Les premiers sont prohibitifs : ils défendent le mal ; les autres impératifs : ils ordonnent le bien.

Prenons des exemples dans la morale privée et

dans la morale publique. Envers nous-mêmes, nous sommes tenus de conserver nos facultés naturelles, de ne pas attenter à notre vie : devoirs négatifs. Mais nous devons aussi développer, perfectionner nos facultés, faire effort pour éclairer notre intelligence, pour purifier nos sentiments : devoirs positifs. Envers les autres hommes, nous sommes obligés à ne rien faire qui porte atteinte à leurs droits : devoirs de justice ou négatifs. Mais la loi morale nous ordonne aussi de faire à autrui tout le bien possible : devoirs de bienfaisance ou positifs.

Devoirs stricts et devoirs larges. — Une distinction issue de la précédente est celle des devoirs *stricts* et des devoirs *larges* ou imparfaits.

Tous les devoirs négatifs seraient en même temps des devoirs stricts, c'est-à-dire auxquels nous sommes absolument tenus, qui ne comportent aucune exception, qui s'imposent à tous dans la même mesure : par exemple, ne pas mentir, ne pas voler, ne pas tuer. Les devoirs positifs seraient, au contraire, des devoirs larges ou imparfaits, dont l'accomplissement, quelque obligatoire qu'il soit, varie avec nos forces, avec nos ressources, et admet quelque latitude* : par exemple, la charité, le dévouement, le travail intellectuel.

Mais cette distinction, quoique souvent reproduite par les philosophes, est moins fondée qu'elle n'en a l'air, et soulève les plus graves objections. D'abord on a fait observer avec raison que les expressions employées pour désigner la seconde catégorie des devoirs, ceux qu'on appelle larges ou imparfaits, étaient des termes fâcheux et équivoques. Les devoirs larges ont le tort de rappeler cette autre expression, « une conscience large », c'est-à-dire une conscience sans scrupules et presque sans moralité.

D'autre part, comment se résigner à appeler imparfaits les plus beaux précisément de tous les devoirs, les plus admirables vertus humaines, le dévouement et la bienfaisance ?

Mais surtout, si l'on va au fond des choses, on s'aperçoit qu'il n'y a pas, qu'il ne peut pas y avoir de distinction dans le degré de l'obligation.

« Un devoir, dit M. Janet, est un devoir; s'il n'était pas tout à fait un devoir, il ne le serait pas du tout. Admettre que le devoir en lui-même et dans son essence peut être large, c'est admettre qu'il n'est pas tout à fait un devoir, qu'il l'est plus ou moins, ce qui entraîne contradiction. En ce sens tout devoir est strict [1]. »

Il y a pourtant une différence extérieure entre les devoirs stricts et les devoirs larges : c'est que les premiers ne relèvent pas seulement de la conscience, ils sont légalement exigibles. Les lois humaines en imposent l'accomplissement. Elles punissent ceux qui d'une façon quelconque portent atteinte aux droits de leurs semblables. Les devoirs larges, au contraire, ne sont pas légalement exigibles; ce n'est pas la contrainte des lois humaines, c'est la raison seule qui en impose l'accomplissement.

Kant a distingué nettement ces deux classes de devoirs en les appelant les uns *devoirs de droit* et les autres *devoirs de vertu*. Les devoirs de droit sont tels que les autres hommes ont droit de contrainte contre moi, si je les viole; les devoirs de vertu n'impliquent pas ce droit. Mon voisin ne peut pas m'obliger à être charitable, à être dévoué. Ce sont les devoirs de droit seuls qui font la matière de la législation humaine, dont le domaine est beaucoup moins vaste que celui de la morale, puisque, selon les fortes expressions de Bentham, « la législation a le même centre, mais non la même circonférence que la morale ».

Importance variable des devoirs. — En dépit de toutes ces distinctions, les devoirs, larges ou stricts, positifs ou négatifs, n'en sont pas moins tous rigoureusement obligatoires. Le devoir est toujours et partout identique à lui-même. Garanti ou non par les lois

1. P. Janet, *la Morale*, p. 261.

sociales, il est au même titre imposé par la loi naturelle.

Est-ce à dire, comme l'ont prétendu les stoïciens*, que tous les devoirs soient également importants, que toutes les fautes soient égales? Cicéron se moquait de Zénon, et lui demandait spirituellement comment il pouvait démontrer que le meurtre d'un coq (dans la doctrine de la métempsycose*, qui interdisait de tuer les animaux) et le meurtre d'un homme étaient crimes pareils. Les stoïciens, qui voulaient atteindre à une vertu irréprochable, ne proclamaient assurément l'égalité des fautes, l'égalité des devoirs, que parce qu'ils voulaient pratiquement empêcher les concessions et les capitulations de conscience auxquelles nous engage parfois une tendance trop accusée à distinguer ce que les théologiens appellent péchés véniels et péchés mortels.

En réalité, il est impossible de méconnaître que les devoirs varient dans leur importance, que les actes défendus n'ont pas tous la même gravité. Brutaliser un animal ou un homme, voler ou tuer sont des fautes et des crimes inégaux; soigner sa santé, ou être fidèle à sa foi, sont des devoirs de valeur inégale.

Non seulement nos devoirs sont d'importance différente, mais ils peuvent parfois être opposés l'un à l'autre. Il n'est pas rare que nous soyons placés dans la nécessité de choisir entre deux obligations contraires et de manquer à l'une pour obéir à l'autre.

Conflits des devoirs. — Assurément la morale pratique ne saurait être une casuistique réglant à l'avance toutes les difficultés, dictant à la conscience, dans chaque cas particulier, la conduite à tenir. Ainsi comprise, la morale serait une école de servitude, et elle doit rester une école de liberté. Il n'en est pas moins vrai que, tout en respectant la libre initiative de la conscience, tout en la laissant juge à ses risques et périls de ce que lui ordonne le devoir dans telle ou telle circonstance déterminée, la morale manquerait à sa tâche si elle ne proposait pas à l'homme des règles générales qui puissent lui servir de guide dans les difficultés multiples de la vie.

La pratique du devoir n'est pas toujours chose simple : de la multiplicité même de nos obligations peut dériver ce qu'on a appelé les *conflits* ou collisions des devoirs.

Ainsi, je me dois à moi-même de conserver ma vie, mais je me dois aussi à moi-même de maintenir les croyances que je crois vraies ; et il peut arriver que la volonté tyrannique des autres hommes me place dans l'alternative de renoncer à ma foi, ou de renoncer à la vie. Que dois-je faire ?

Autre exemple : Je me dois à ma famille, et je me dois aussi à ma patrie ; et les circonstances où je me trouve peuvent être telles qu'il me faille opter entre ma famille, qui a besoin de ma présence, de mon travail, de ma vie, et ma patrie, qui réclame mes services, mon dévouement, et peut-être le sacrifice de mon existence. Que dois-je faire ?

Règles à suivre. — Les exemples que nous avons cités entre mille appartiennent à deux espèces distinctes. Dans le premier cas, il s'agit de choisir entre deux devoirs de la même classe, devoirs individuels l'un et l'autre. Ici il n'y a qu'à considérer l'importance de l'objet du devoir, la dignité, l'excellence de la faculté qui est en jeu. Dans l'exemple que nous avons pris, il y a en présence, d'une part la vie, d'autre part l'honneur de la conscience. Le choix ne saurait être douteux pour l'honnête homme. Il ne saurait sacrifier à la vie ce qui fait la valeur de la vie,

Et propter vitam vivendi perdere causas.

Dans le second cas, il y a conflit entre des devoirs d'ordre différent, devoirs de famille d'un côté, devoirs patriotiques de l'autre côté. Pour tous les cas de ce genre la règle à suivre est celle qu'indiquait Fénelon[*]

dans cette phrase célèbre : « Je dois plus à l'humanité qu'à ma patrie, à ma patrie qu'à ma famille, à ma famille qu'à mes amis, à mes amis qu'à moi-même. » En d'autres termes, l'importance des devoirs se mesure ici au nombre, à l'étendue de groupement des personnes envers lesquelles la morale nous impose ces devoirs.

Ces règles sont certainement insuffisantes pour établir d'une façon absolue l'échelle des devoirs; mais la moralité ne saurait aller plus loin, à moins de tomber dans les subtilités de la casuistique, si justement flétries par Pascal dans les *Lettres provinciales* *.

RÉSUMÉ

1. La morale pratique, ou morale appliquée, est la **science des devoirs.**

2. Le devoir est l'**obligation de faire le bien**; le droit est une faculté légitime que nous devons librement exercer.

3. Le devoir est une nécessité morale; le droit, un **pouvoir moral.**

4. La vertu est la **pratique constante et habituelle** du devoir.

5. Le droit et le devoir sont deux notions corrélatives qui **s'impliquent** l'une l'autre. Ils ont une **commune origine,** la liberté et la loi morale.

6. Au fond il n'y a qu'un devoir : celui d'obéir à la loi morale en toute circonstance. Mais, l'homme étant en rapport avec différents êtres et ayant à exercer différentes facultés, la loi unique du devoir se diver-

sifie et lui impose diverses catégories de devoirs.

7. Il y a **trois classes de devoirs** : 1° les devoirs **envers nous-mêmes**; 2° les devoirs **envers autrui**; 3° les devoirs **envers Dieu**.

8. Quel qu'en soit l'objet, les devoirs peuvent être distingués dans leur forme : ils sont **négatifs** ou **positifs**, les premiers consistant à **s'abstenir** de ce qui est mal, les seconds à **pratiquer** effectivement le bien.

9. Il ne faut pas accepter la distinction proposée par quelques moralistes entre les devoirs **stricts** et les devoirs **larges** : tous les devoirs sont stricts, c'est-à-dire également obligatoires.

10. Une distinction plus juste est celle des **devoirs de droit**, légalement exigibles, et des **devoirs de vertu**, qui ne relèvent que de la conscience.

11. Quoique également obligatoires, les devoirs sont de valeur inégale. De plus ils peuvent être opposés l'un à l'autre, et cette opposition crée ce qu'on appelle un **conflit de devoirs**.

12. Dans tous les cas où il y a conflit, si les devoirs sont de la même classe, il faut se prononcer pour celui dont l'objet est le plus important. Si ces devoirs sont d'ordre différent, il faut choisir celui qui est le plus important à raison du nombre de personnes envers lesquelles il nous engage.

13. La science morale ne peut d'ailleurs prévoir tous les cas de conscience, et elle laisse à la conscience le soin de se prononcer librement d'après les lumières de la raison.

LECTURES

Corrélation du droit et du devoir.

Envers les choses, je n'ai que des droits ; je n'ai que des devoirs envers moi-même ; envers vous, j'ai des droits et des devoirs qui dérivent du même principe. Le devoir que j'ai de vous respecter est mon droit à votre respect, et, réciproquement, mes devoirs envers moi sont mes droits vis-à-vis de vous. Ni vous ni moi nous n'avons d'autre droit l'un sur l'autre que le devoir mutuel de nous respecter tous les deux.

Il ne faut pas confondre la puissance et le droit. Un être pourrait avoir une puissance immense, celle de l'ouragan, de la foudre, celle d'une des forces de la nature ; s'il n'y joint la liberté, il n'est qu'une chose redoutable et terrible ; il n'est point une personne, il n'a pas de droits. Il peut inspirer une terreur immense, il n'a pas droit au respect. On n'a pas de devoirs envers lui.

Le devoir et le droit sont frères. Leur mère commune est la liberté. Ils naissent le même jour, ils se développent et ils périssent ensemble.

On pourrait dire que le droit et le devoir ne font qu'un et sont le même être envisagé de deux côtés différents. Qu'est-ce en effet, on ne saurait trop se le répéter à soi-même et aux autres, qu'est-ce que mon droit à votre respect, sinon le devoir que vous avez de me respecter, parce que je suis un être libre ? Mais vous-même, vous êtes un être libre, et le fondement de mon droit et de votre devoir devient pour vous le fondement d'un droit égal, et en moi d'un égal devoir. (V. Cousin, *Justice et Charité.*)

LEÇON II

Devoirs envers soi-même. — Les premiers devoirs que nous ayons à étudier, ce sont ceux qui constituent la morale individuelle, la morale privée, les devoirs de l'homme envers lui-même.

« Quand tout à coup nous serions jetés dans une île déserte, a dit Victor Cousin, le devoir nous y suivrait encore. » Dans l'isolement le plus complet, l'individu, par cela seul qu'il est une personne morale, a des obligations à remplir; et dans la vie sociale ces obligations deviennent plus impérieuses encore parce qu'elles sont la condition et le fondement des vertus publiques.

Réalité des devoirs individuels. — Un certain nombre de moralistes ont prétendu cependant que nous n'avions pas, à proprement parler, de devoirs envers nous-mêmes; que les vertus privées ne nous étaient imposées que comme garantie des vertus sociales, et dans la mesure où la direction de nos facultés personnelles importait aux intérêts ou aux droits de nos semblables. Cette théorie est un pur paradoxe, qu'on a vainement étayé par de mauvaises raisons. « On ne peut pas s'engager soi-même, a-t-on dit; il n'y a devoir que là où il y a contrat, et pour qu'il y ait contrat il faut deux parties contractantes. Parlez-nous de devoirs sociaux : ceux-là ne sauraient être contestés, car en face de ma liberté souveraine se dresse le droit inviolable d'autrui. Mais, vis-à-vis de moi-même, je suis libre, absolument libre : je puis disposer de moi comme je l'entends; si je fais mal, je ne fais mal qu'à moi-même; sur ma personne, qui est ma propriété, j'ai des droits, mais je n'ai pas de devoirs envers elle. »

Il est aisé de répondre à ces objections. Ma liberté n'est pas absolue, elle est liée par la loi du devoir. Il n'est pas vrai que dans mes rapports avec moi-même il n'y ait pas d'autre contractant que moi, que ma volonté libre : il y a la loi morale. C'est vis-à-vis d'elle que j'ai des engagements dont il ne m'appartient nullement de me délier. Devoirs envers soi-même, devoirs envers autrui, ce sont des manières de parler : à vrai dire, nous n'avons de devoirs qu'envers la loi morale, considérée tantôt dans notre propre personne, tantôt dans les autres personnes[1].

Morale privée et morale publique. — C'est une double tendance commune à tous les philosophes, tantôt de multiplier les divisions et les subdivisions, par excès d'analyse, tantôt, par désir de simplification, d'exagérer les analogies et de ramener à l'unité ce qui est réellement distinct. C'est ainsi qu'un assez grand nombre de moralistes, tout en reconnaissant l'existence des devoirs personnels, veulent en trouver le fondement dans les devoirs sociaux.

---

1. « Au lieu de dire que nous avons des devoirs envers telle personne, ne vaudrait-il pas mieux dire que c'est *envers* la loi, envers la raison, et seulement *à propos* de telle personne ou de telle chose ? » (Vacherot, *Essais de philosophie critique.* Hachette, 1864, p. 330.)

Si la morale vous ordonne, disent-ils, d'être tempérant, d'être prudent, de conserver et de développer vos facultés physiques et morales, de vous perfectionner de toutes manières, c'est parce que tout cela importe à la société.

Vos fautes, vos intempérances, vos ignorances, portent préjudice à autrui : d'abord par le mauvais exemple que vous donnez à vos semblables, et aussi par l'impuissance où vous êtes, du fait de vos vices, de servir utilement la société.

Êtes-vous au contraire un sage, un savant? avez-vous acquis les vertus qui mettent en valeur toutes vos facultés ? vous devenez un membre actif, un membre utile de la grande famille humaine. Vos vertus rayonnent en bons exemples, en résultats féconds sur la société tout entière.

Impossibilité de les confondre. — Ce n'est pas nous qui nierions la solidarité de la morale privée et de la morale publique. Assurément les devoirs individuels sont le plus souvent justifiés par des devoirs sociaux correspondants. Le suicide ne nous est pas seulement interdit par des considérations de morale personnelle, mais il l'est aussi pour des raisons de morale sociale : vous vous devez à vos semblables, à vos parents, à vos amis, autant qu'à vous-même. La tempérance vous est imposée, non seulement par le respect de votre dignité propre, mais encore par la nécessité de demeurer le collaborateur robuste et sain de l'œuvre sociale.

Il n'en est pas moins vrai que la morale personnelle est indépendante et distincte de la morale sociale. La preuve en est qu'elle subsisterait encore alors même que l'individu serait réduit à la condition de Robinson Crusoé*. De plus, il est évident que la sphère des devoirs personnels est plus étendue que celle des devoirs sociaux. Certains actes de courage, certaines formes de la tempérance, qui sont absolument indifférents à l'intérêt d'autrui, me sont cependant expressément imposés par ma conscience. Je puis, par exemple, dissimuler mon intempérance, la tenir secrète. Je puis même la régler de façon à rester vigoureux et bien portant : la société n'en souffrira pas, mais je n'en aurai pas moins manqué à mes devoirs, au respect obligatoire de ma personne.

Autre confusion. — Cela est si vrai, qu'à l'encontre des moralistes qui ramènent la morale privée à la morale sociale, d'autres sont venus qui ont dit : Il n'y a que des devoirs personnels ; les vertus individuelles embrassent ou impliquent toutes les autres.

A prendre les choses de haut, en effet, on pourrait soutenir que la morale individuelle, celle qui consiste pour chacun de nous à être, à devenir de plus en plus une personne morale, toujours et partout soucieuse de sa dignité, comprend toutes les obligations de l'homme.

Vous attentez aux droits d'autrui ; vous êtes injuste, vous vous emportez, dans un mauvais sentiment de haine, jusqu'à calomnier un de vos concitoyens : ce sont des manquements à la morale sociale. Mais du même coup vous vous manquez à vous-même, vous compromettez votre dignité, vous nourrissez de mauvaises passions qui abaissent, qui humilient en vous la personne morale.

Vous restez sec, immobile devant les misères d'autrui ; vous refusez de secourir les malheureux, de vous dévouer aux opprimés. La morale sociale vous condamne, mais la morale privée ne vous absout pas : car en même temps que vous vous dérobiez au devoir de la charité, vous omettiez de développer dans votre cœur les sentiments de bonté qui conviennent à l'honnête homme.

Mais tout cela ne prouve qu'une chose, c'est que toutes les vertus se tiennent, et que, pour justifier un acte moral, d'ordinaire il n'y a pas qu'une seule raison, il y en a plusieurs, empruntées soit au devoir personnel, soit au devoir social. Cette rencontre de motifs différents coïncidant pour commander une même vertu, ne doit nullement dissuader le moraliste de distinguer dans une classe à part les devoirs de l'homme envers lui-même.

Fondements des devoirs envers soi-même. — Les principes de la morale individuelle, c'est en premier lieu le *respect de soi-même*, ou autrement le *respect de la dignité humaine* en sa personne ; c'est en second lieu l'obligation du *perfectionnement intérieur*.

Au respect de soi-même se rattachent surtout les devoirs qui tendent à maintenir intactes de toute souillure nos facultés naturelles, à les défendre contre les penchants inférieurs qui tendent à les étouffer ou à les avilir.

« Se respecter soi-même, dit M. Barni[*], c'est maintenir en soi la dignité humaine ; c'est par conséquent ne pas se laisser dominer par ses appétits inférieurs, et, de ce qui ne nous a été donné que comme un moyen, ne pas faire le but même de cette vie [1]. »

De l'obligation du perfectionnement dérivent toutes les vertus actives qui nous rapprochent de l'idéal de notre destinée. « Être libre, reste libre, » disait Fichte. « Homme que Dieu a fait homme, reste homme, » dit M. Vacherot[*]. La morale personnelle ne nous impose pas seulement de rester ce que nous a faits la nature ; elle nous commande de *devenir* de plus en plus, par un effort constant, ce à quoi la nature nous appelle, des hommes complets, de plus en plus hommes, *homines quam maxime homines*, de réaliser le plus possible, dans nos sentiments, dans nos pensées, dans nos volontés, dans notre chair vivante, le type parfait de la personnalité.

Division des devoirs individuels. — Les devoirs envers soi-même se subdivisent en deux grandes catégories : les devoirs envers le corps, et les devoirs envers l'âme.

Les devoirs envers l'âme, comme nous le verrons

1. J. Barni, *la Morale dans la démocratie*, p. 32.

dans la leçon suivante, se subdivisent eux-mêmes en trois groupes, d'après la distinction psychologique des facultés :

1° Devoirs envers l'intelligence ; 2° devoirs envers la sensibilité ; 3° devoirs envers la volonté.

Devoirs envers le corps. — Certains philosophes ont contesté qu'il y eût des devoirs envers le corps. « L'âme, a-t-on dit, n'a de devoirs qu'envers elle-même ou envers les autres âmes semblables à elle. Elle n'en a pas envers le corps qui n'est qu'une chose, un assemblage de molécules [1]. » Kant était du même avis, et proposait de remplacer la distinction usuelle par celle-ci : devoirs de l'homme envers lui-même considéré comme animal, comme *être physique*, et devoirs de l'homme envers lui-même considéré comme *être moral*.

Ne nous arrêtons pas à ces difficultés de langage. Dans l'homme réel le corps et l'esprit sont intimement unis : le corps fait partie intégrante de notre être, et joue son rôle dans la constitution de la personnalité.

On a donc parfaitement le droit de distinguer dans la morale individuelle les devoirs envers les facultés physiques et les devoirs envers les facultés morales, ou, autrement dit et pour simplifier, envers le corps et envers l'âme.

« Le corps, dit M. Charles [2], n'est pas une « guenille », ni une prison, ni même un simple outil à l'usage de l'âme que Platon définissait : quelque chose qui se sert du corps. Il est uni à elle dans le fait mystérieux de la vie qui sert de support à la pensée ; il est l'intermédiaire entre elle et les autres âmes et tous les phénomènes de l'univers : il collabore, pour ainsi dire, au sentiment et à la pensée, et il exprime l'un et l'autre : il est l'agent du devoir et la matière du droit. »

Devoirs négatifs et devoirs positifs. — On peut, en étudiant les devoirs envers le corps, comme dans toutes les autres parties de la morale, appliquer la

1. M. F. Bouillier, *Du principe vital*, Baillière, 1862, p. 399.
2. M. Charles, *op. cit.*, p. 389.

distinction des devoirs négatifs et des devoirs positifs.

Les premiers consistent essentiellement à conserver les facultés naturelles, à maintenir l'intégrité des organes, à ne rien faire qui puisse porter atteinte à la vie ou en affaiblir les ressorts.

Les seconds nous imposent l'obligation de travailler activement au développement de nos facultés physiques, et en ce sens l'hygiène, la gymnastique doivent être considérées comme des devoirs, la propreté comme une vertu.

Devoir de conservation. — Le premier devoir de l'homme envers lui-même est le *devoir de conservation*, qui a pour conséquence l'interdiction du suicide.

Avant d'être un devoir, une obligation morale, la conservation de la vie est pour l'homme un instinct, un instinct puissant, qu'il faut même souvent combattre dans ses excès : car il est l'inspirateur de bien des lâchetés, le complice de la couardise.

Il arrive pourtant que l'amour du bien-être l'emporte, chez les malheureux, chez les désespérés, sur l'amour de l'être. Des infortunés en viennent à préférer ne plus vivre que de vivre en souffrant. La misère, les passions contrariées sont les causes principales du suicide.

Et non seulement il se rencontre des hommes qui, dans l'égarement de leurs sentiments, dans l'angoisse de leurs souffrances, osent attenter à leur vie; mais il s'est trouvé des philosophes, les stoïciens par exemple, pour faire l'apologie du suicide, pour le justifier comme un droit de l'homme sur lui-même, comme une manifestation suprême de la liberté, oubliant que cette affirmation prétendue de la liberté n'est qu'une illusion, une apparence, puisqu'elle est une liberté qui se détruit elle-même.

Le suicide et la mort volontaire. — Il est bien entendu qu'on ne doit pas confondre le suicide et certaines autres formes de mort volontaire. Le sacrifice de la vie est permis dans certains cas, il est même obligatoire. Loin d'être un crime, il est un devoir, un héroïsme. Le soldat qui se précipite au-devant du danger certain, le savant qui s'expose à des expériences meurtrières, le médecin qui brave les contagions de maladies mortelles, sont au premier rang dans le livre d'or des hommes de devoir et de dévouement.

Condamnation du suicide. — Le suicide au contraire est un crime. Il est d'abord une infraction à la morale religieuse : car, selon une vieille comparaison, l'homme a été placé par Dieu dans le monde, comme un soldat est mis en faction par son capitaine : le suicidé est un déserteur qui a abandonné son poste sans en avoir reçu l'ordre. Il est ensuite une transgression du devoir à l'égard des autres hommes : quelque humble ou misérable que l'on soit, on peut toujours rendre service à ses semblables; on leur doit, en tout cas, le bon exemple de supporter avec courage le fardeau de la vie. Enfin, et c'est surtout à ce point de vue que nous le considérons ici, le suicide est la transgression la plus grave qui se puisse imaginer des devoirs envers soi-même, puisqu'il est la désertion de tous les devoirs.

Sans doute la diversité des motifs qui déterminent le suicide peut apporter quelque tempérament à la sévérité de notre jugement dans tel ou tel cas donné.

Il y a des suicides qui clôturent des existences misérables, qui sont une dernière chute après toute une série de défaillances et de dégradations morales.

Il y en a au contraire, celui de Caton d'Utique* par exemple, qui terminent une vie d'honneur et de vertu, qui sont la protestation de la conscience cherchant un refuge dans la mort contre l'oppression victorieuse. Il y en a qui sont simplement la défaillance finale de pauvres gens, épuisés par la misère et la souffrance, qui n'ont plus la force de lutter et qui se laissent choir dans la mort comme le travailleur s'abandonne le soir au sommeil.

Mais quelque pitié, quelque estime même que méritent parfois les malheureux qui, suivant l'expression des anciens, portent sur eux-mêmes des mains violentes, le suicide ne saurait être absous en aucun cas.

L'exception invoquée par Rousseau, celle d'une maladie inguérissable, d'une souffrance physique intolérable, n'est pas elle-même admissible.

Statistique du suicide. — Il faut bien reconnaître la loi de progression constante qui régit, dans notre civilisation moderne, la marche du suicide; M. Brierre de Boismont [*] a dressé cette douloureuse statistique. En 1843, en France, il y a eu 154 suicides de plus qu'en 1842, 206 de plus qu'en 1841, 268 de plus qu'en 1840, 273 de plus qu'en 1839, 434 de plus qu'en 1838, 577 de plus qu'en 1837, 680 de plus qu'en 1836, 715 de plus qu'en 1835, et 742 de plus qu'en 1834, c'est-à-dire une augmentation du tiers environ en dix ans [1]. De 1848 à 1858 la progression a été plus rapide encore; elle ne s'est pas ralentie dans les années qui ont suivi.

Causes du suicide. — Le même auteur a donné aussi un tableau des causes du suicide. Sur 4595 cas observés par lui, 652 cas doivent être attribués à la folie; à l'ivrognerie, 530; aux maladies, 405; aux chagrins domestiques, 361; aux chagrins et contrariétés diverses, 311; à l'amour, 300; à la misère, 202; aux embarras d'argent, 277; au dégoût de la vie, 237; à l'hypocondrie, 145; au remords, à la crainte du déshonneur, à celle des poursuites judiciaires, 134; à l'inconduite, 121; à la paresse, 56; au délire aigu, 55; à la jalousie, 51; au jeu, 44; au manque d'ouvrage, 48; à l'orgueil 29; à des motifs divers, 38; à des motifs inconnus, 518.

Remèdes à la progression des suicides. — La tâche du moraliste n'est pas seulement de signaler le

----

1. Brierre de Boismont, *Du suicide et de la folie du suicide.*

devoir et de flétrir le mal, c'est aussi de chercher des remèdes aux maladies morales dont il a préalablement expliqué les causes. En ce qui concerne le suicide, les causes générales sont ou bien la misère, ou bien les passions ; et la misère résulte quelquefois elle-même des passions et du mauvais emploi de la vie.

C'est donc surtout en luttant contre les passions qui portent en elles des germes de mort que la morale limitera, atténuera, si elle ne peut le supprimer tout à fait, le mal du suicide.

« Que la morale soit infatigable, dit M. Caro, à lutter contre les entraînements d'une civilisation excessive, déréglée, impatiente de bien-être, folle de jouissances et d'argent. Qu'elle soit infatigable à recommander aux âmes l'hygiène salutaire des sentiments justes, calmes et sains, de l'activité raisonnable, du travail réglé, des désirs modérés [1]. »

Un autre remède, mais celui-là n'est pas du ressort de la morale, c'est le progrès social, l'amélioration du bien-être ; ce sont les réformes économiques qui, en adoucissant les misères et les souffrances, fortifient chez tous les hommes l'attachement à la vie.

Autres devoirs envers le corps. — En un sens la tempérance, la sobriété, sont des devoirs envers le corps. Ces vertus en effet ont pour but d'épargner les forces physiques, de ménager la santé, de maintenir la vigueur des organes. Elles rentrent dans le devoir général de conservation de soi-même.

Mais nous avons en outre envers nos facultés physiques des devoirs positifs ; nous devons par tous les moyens possibles accroître nos forces et prendre soin de notre santé. C'est ainsi que Franklin a pu présenter la propreté comme une vertu, et que les préceptes de l'hygiène se confondent avec les prescriptions de la morale. Il faut d'ailleurs sur ce point éviter de tomber dans les minuties, se défendre d'une préoccupation

1. M. Caro, *Nouvelles Études morales*, p. 102.

pusillanime. Les moralistes citent sans admiration l'Italien Cornaro* qui, pour ne jamais dépasser la mesure dans sa nourriture, avait toujours des balances sur sa table et pesait scrupuleusement ses aliments. Quoique à ce régime il ait gagné, dit-on, de vivre cent ans, l'exemple n'est pas à imiter.

Mais ce qui est plus grave encore qu'un souci exagéré du corps, c'est le dédain ascétique que certaines écoles religieuses ou philosophiques professent pour les soins physiques. C'est de ce préjugé qu'est sortie l'insouciance longtemps témoignée à l'endroit des exercices gymnastiques. Ceux qui traitent le corps en ennemi qu'il faut dompter, dit M. Charles, atteindraient plus sûrement la haute « spiritualité* » à laquelle ils aspirent, en prenant à leur source les plaisirs que la pensée attise. A moins de le détruire ils tenteraient vainement d'échapper en le maltraitant à sa tyrannie : plus il est chétif, languissant, affaibli, plus il impose à l'âme le souci de ses besoins, et détourne sur cette tâche stérile une activité qui pourrait être mieux employée.

RÉSUMÉ

14. Parmi les moralistes, les uns soutiennent qu'il n'y a point de devoirs de l'homme envers lui-même ; les autres, que ces devoirs dépendent des obligations sociales ; d'autres encore, qu'ils sont les seuls et qu'ils embrassent tous les autres.

15. La vérité est que les **devoirs individuels** constituent une catégorie distincte : même dans une île déserte, l'homme aurait à remplir des **devoirs envers lui-même.**

16. Il y a d'ailleurs **solidarité** entre la **morale privée** et la **morale publique** : nos vertus personnelles sont la garantie de nos vertus sociales.

17. Les devoirs individuels ont pour fondement le **respect de soi-même** et l'obligation du **perfectionnement intérieur**.

18. Ils se divisent en deux grandes catégories : les **devoirs envers le corps**, les **devoirs envers l'âme**.

19. S'il y a des devoirs envers le corps, c'est que le corps est un élément essentiel de la **personnalité humaine**.

20. Les devoirs négatifs envers le corps sont des **devoirs de conservation** personnelle ; les devoirs positifs sont des **devoirs de perfectionnement**.

21. Le premier devoir de l'homme est de se conserver lui-même : d'où résulte l'**interdiction du suicide**.

22. Le **suicide**, qui est la mort volontaire déterminée par l'égoïsme, par le désespoir, par la passion, par la faiblesse et le manque de courage, ne saurait être absous à aucun point de vue.

23. La morale sociale, la morale religieuse et la morale privée s'accordent pour le condamner.

24. Même quand il est inspiré par des sentiments élevés, par exemple par la résistance à la tyrannie triomphante, il n'est pas excusable : car il est, même alors, la fuite de la responsabilité.

25. Les causes qui déterminent le plus souvent le **suicide** sont la **misère** et les **passions**.

26. Pour remédier en partie aux causes du suicide, il faut donc, d'une part, apprendre aux hommes

à régler leur vie, à réprimer leurs passions, et, d'autre part, améliorer leur sort, accroître leur bien-être.

27. Les autres devoirs de l'homme envers son corps sont l'**hygiène** et la **gymnastique**.

LECTURES

Nécessité sociale de la morale individuelle.

Le premier fondement de la moralité publique, c'est le respect de soi-même : celui qui se respecte ne manque pas de respecter les autres, et l'amour qu'il leur porte ne court plus risque de s'égarer. Voilà ce que n'ont pas assez compris les philosophes du XVIIIe siècle, non pas tous assurément, non pas, par exemple, un Rousseau, un Turgot, un Kant, mais un trop grand nombre, Voltaire en tête.

La sociabilité a progressé; mais la dignité personnelle ne s'est pas élevée dans la même proportion, et la moralité sociale elle-même en a été altérée. C'est qu'en effet sans la morale individuelle non seulement la morale en général est incomplète, mais la moralité sociale, par conséquent aussi la démocratie, chancelle. (J. Barni, *la Morale dans la démocratie.*)

Du suicide.

Le stoïcien considérait comme une prérogative de sa personnalité de sage de pouvoir sortir tranquillement de la vie comme on sort d'une chambre pleine de fumée... Mais ce même courage, cette force d'âme qui lui faisait braver la mort, aurait dû être à ses yeux un argument encore beaucoup plus fort pour l'engager à ne pas détruire en lui un être doué d'une puissance si grande, supérieure à tous les mobiles sensibles. L'homme, tant qu'il y a des devoirs pour lui, par conséquent tant qu'il vit, ne peut abdiquer sa personnalité ; et il est contradictoire d'admettre qu'il puisse s'affranchir de toute obligation, c'est-à-dire agir si librement qu'il puisse soustraire ses actes à toute espèce de droit. Détruire dans sa propre personne le sujet de la moralité, c'est, autant qu'il est en soi, faire disparaître du monde la moralité elle-même... c'est disposer de soi pour une fin arbitraire, c'est avilir l'humanité dans sa personne. (Kant, *Principes métaphysiques de morale*.)

Même sujet.

Jeune homme, un aveugle transport t'égare... J'ai connu d'autres maux que les tiens. J'ai l'âme ferme : je sais mourir, car je sais vivre, souffrir en homme. J'ai vu la mort de près, et la regarde avec trop d'indifférence pour l'aller chercher. Parlons de toi...

Qu'ai-je trouvé dans ta lettre? Un misérable et perpétuel sophisme qui, dans l'égarement de ta raison, marque celui de ton cœur.

Pour renverser tout cela d'un mot, je ne veux te demander qu'une chose. Toi qui crois Dieu existant, l'âme immortelle et la liberté de l'homme, tu ne penses pas, sans doute, qu'un être intelligent reçoive un corps et soit placé sur la terre au hasard seulement, pour vivre, souffrir et mourir? Il y a bien peut-être à la vie humaine un but, une fin, un objet moral? Il est permis, selon toi, de cesser de vivre? La preuve en est singulière : c'est que tu as envie de mourir. Voilà certes un argument fort commode pour les scélérats : ils doivent t'être bien obligés des armes que tu leur fournis, il n'y aura plus de forfait qu'ils ne justifient par la tentation de le commettre...

Il t'est donc permis de cesser de vivre? Je voudrais bien savoir si tu as commencé. Quoi! fus-tu placé sur la terre pour n'y rien faire? Le ciel ne t'imposa-t-il point avec la vie une tâche pour la remplir? Si tu as fait ta journée avant le soir, repose-toi le reste du jour; tu le peux; mais voyons ton ouvrage...

Tu comptes les maux de l'humanité... et tu dis : La vie est un mal... La vie est un mal pour le méchant qui prospère, et un bien pour l'honnête homme infortuné.

Tu t'ennuies de vivre, et tu dis : La vie est un mal. Tôt ou tard tu seras consolé, et tu diras : La vie est un bien. Tu diras plus vrai, sans mieux raisonner; car rien n'aura changé que toi. Change donc dès aujourd'hui; et puisque c'est dans la mauvaise disposition de ton âme qu'est tout le mal, corrige tes affections déréglées, et ne brûle pas ta maison pour n'avoir pas la peine de la ranger...

La peine et le plaisir passent comme une ombre, la vie s'écoule en un instant; elle n'est rien par elle-même; son prix dépend de son emploi. Le bien seul qu'on a fait demeure, et c'est par lui qu'elle est quelque chose...

Ne dis donc plus qu'il t'est permis de mourir : car autant vaudrait dire qu'il t'est permis de n'être pas homme... Mais en ajoutant que ta mort ne fait de mal à personne, oublies-tu que c'est à ton ami que tu l'oses dire ?

Écoute-moi, jeune insensé : tu m'es cher, j'ai pitié de tes erreurs. S'il te reste au fond du cœur le moindre sentiment de vertu, viens, que je t'apprenne à aimer la vie. Chaque fois que tu seras tenté d'en sortir, dis en toi-même : « Que je fasse encore une bonne action avant que de mourir. » Puis va chercher quelque indigent à secourir, quelque infortuné à consoler, quelque opprimé à défendre. Si cette considération te retient aujourd'hui, elle te retiendra encore demain, toute la vie. Si elle ne te retient pas, meurs : tu n'es qu'un méchant. (J.-J. Rousseau, *la Nouvelle Héloïse*, 3ᵉ partie, lettre XXII.)

LECTURES RECOMMANDÉES

Caro, *Nouvelles Études morales*, 1869. Première étude, *Du suicide*.

J.-J. Rousseau, *la Nouvelle Héloïse*, 3ᵉ partie, lettre XXI.

LEÇON III

Division des devoirs envers l'âme. — Prudence, tempérance et courage. — Harmonie des vertus privées. — Devoirs envers l'intelligence. — Devoirs relatifs à l'expression de la vérité. — Devoir de véracité. — Le mensonge.— Conflit de devoirs. — Le parjure.— Gravité du mensonge. — Devoirs de perfectionnement. — Culture de l'intelligence. — La logique au point de vue moral. — Subdivision des vertus intellectuelles. — Devoirs envers la volonté. — Le courage. — Diverses formes du courage. — Devoirs envers la sensibilité.—L'intempérance.— Culture de la sensibilité.

Division des devoirs envers l'âme. — Depuis longtemps les philosophes ont admis que la distinction des facultés devait servir de principe à la division des devoirs de l'homme envers lui-même.

La classification des vertus adoptée par les anciens, que Platon avait imaginée, que Cicéron a reprise, était fondée précisément sur cette base. A l'intelligence ou à la raison correspondait la *prudence* ou sagesse; à la sensibilité, la *tempérance;* à la volonté, le *courage.* Platon prétendait même que la *justice*, qui est la vertu sociale par excellence, résultait de l'accord, de l'harmonie de ces trois facultés.

Prudence, tempérance et courage. — La prudence, dans le sens latin de sagesse, la tempérance et le courage sont en effet des vertus qui se rapportent aux trois facultés essentielles de l'humanité. Mais il s'en faut que ces trois mots expriment les obligations diverses que la morale privée impose à chacun de nous.

Prenons par exemple la tempérance : on a déjà beaucoup fait relativement à la sensibilité, si l'on a dominé les appétits grossiers, si l'on s'est abstenu de toute passion déréglée, de tout plaisir défendu, si l'on a été tempérant, en un mot. Mais ce n'est pourtant là qu'une partie de nos devoirs envers la sensibilité ; il ne suffit pas de la préserver de toute bassesse ; il faut l'ennoblir, l'élever, il faut développer les émotions nobles, les affections généreuses, et le mot de tempérance ne convient plus pour désigner les efforts qu'exige le perfectionnement de nous-mêmes.

Il est donc préférable de renoncer à la vieille distinction, et de diviser le sujet en trois parties :

1º Devoirs envers l'intelligence ;
2º Devoirs envers la volonté ;
3º Devoirs envers la sensibilité.

Harmonie des vertus privées. — Quoique distincts d'ailleurs, ces différents devoirs sont pour ainsi dire impliqués les uns dans les autres. La modération dans les désirs, la tempérance, qui appartiennent à la discipline de la sensibilité, supposent la sagesse, le discernement du bien et du mal, qui se rattachent à la discipline de l'intelligence. Elles supposent aussi l'énergie de la volonté, car elles ne sont qu'une sorte de courage qui nous permet de maîtriser nos passions. Le courage, de son côté, qui est une vertu de la volonté, ne saurait exister sans l'intelligence qui éclaire nos actions, sans l'impassibilité qui refoule nos émotions et nous rend maîtres de nous-mêmes.

En d'autres termes, les vertus personnelles dépendent les unes des autres et se tiennent comme par la main. Peut-être leur fonds commun doit-il être cherché de préférence dans les vertus intellectuelles, qui établissent en nous le gouvernement de la raison.

Devoirs envers l'intelligence. — Comme tous les autres devoirs personnels, les devoirs envers l'intelligence sont tantôt des *devoirs de dignité*, qui consistent à ne pas déchoir, tantôt des *devoirs de perfectionnement*, qui ont pour but de développer de plus en plus nos facultés intellectuelles : les premiers sont surtout des devoirs d'abstention ou négatifs; les seconds, des devoirs positifs ou d'action.

M. P. Janet a proposé une autre distinction qui a sa valeur : devoirs relatifs à l'expression de la vérité; devoirs relatifs à la recherche de la vérité.

Devoirs relatifs à l'expression de la vérité. — Ce que nous devons en premier lieu à notre intelligence, c'est de ne rien faire qui en altère le cours normal, qui la détourne de sa destination naturelle. Or l'intelligence nous a été donnée pour connaitre la vérité, et aussi pour l'exprimer. De là une vertu qui s'appelle *véracité*, et une faute opposée qui s'appelle *mensonge*.

Devoirs de véracité. — La véracité, c'est l'attachement constant à la vérité. Dire de quelqu'un qu'il est un homme « vrai », c'est le plus bel éloge qu'on puisse faire de lui. La véracité est sœur de la sincérité et de la franchise : la sincérité, qui n'altère jamais la vérité; la franchise, qui la publie, qui la dit ouvertement.

Le mensonge. — Le mensonge est sans doute une faute envers autrui, une violation des devoirs de justice : il implique en effet l'intention de tromper. Il est un vol fait à nos semblables, à qui nous devons la vérité. Il leur cause un préjudice réel. Rousseau le définissait, « tout ce qui, contraire à la vérité, blesse la justice en quelque façon que ce soit ».

Mais le mensonge est aussi une faute envers nous-mêmes : car il abaisse, il dégrade notre intelligence; il l'emploie à autre chose qu'à ce qui est son objet et sa fin, c'est-à-dire la vérité.

On a distingué diverses espèces de mensonge. Les scolastiques opposaient le mensonge *malicieux*, fait avec l'intention de tromper, et le mensonge *verbal*, qui n'est que dans les mots et n'implique pas le désir de nuire. Assurément ces deux formes du mensonge ne sont pas également répréhensibles, mais la morale les condamne l'une et l'autre. Rien n'est plus indigne d'un homme que de se complaire dans ces altérations de la vérité, qui, pour être innocentes, comme les gasconnades, n'en sont pas moins contraires à la gravité du caractère.

Il y a aussi ce qu'on appelle les mensonges *officieux*, mensonges faits avec l'intention d'être agréable et utile à quelqu'un. Rousseau ne les admet pas : « Ce qu'on appelle mensonges officieux, dit-il, sont de vrais mensonges, parce qu'en imposer, à l'avantage soit d'autrui, soit de soi-même, n'est pas moins injuste que d'en imposer à son détriment. »

Conflit de devoirs. — Cependant, dira-t-on, dans certaines circonstances le mensonge est permis et même obligatoire : dans le cas, par exemple, du médecin qui dissimule son état à un malade. Non, le mensonge est toujours mauvais en lui-même ; mais il se rencontre des cas où il y a conflit entre les devoirs, où il faut choisir de deux maux le moindre. Dans le cas cité, le médecin a deux devoirs : le devoir de sauver le malade, s'il le peut, de lui épargner tout au moins un désespoir inutile, et le devoir de dire la vérité. Il est évident que de ces deux obligations la première est la plus importante et doit l'emporter sur l'autre.

Le parjure. — Le parjure est un mensonge aggravé, et, comme on l'a dit, un double mensonge. L'homme parjure, en effet, est celui qui prête un faux serment ou qui viole un serment antérieur. Or, dans le serment, non seulement on affirme, mais on prend à témoin de son affirmation soit Dieu, soit les autres hommes, soit son propre honneur. On ment donc deux fois dans le parjure, puisqu'on y affirme deux choses fausses.

Gravité du mensonge. — Ce qui prouve le mieux la gravité du mensonge, c'est qu'il n'y a pas de plus terrible offense qu'un démenti. Rousseau fait observer avec raison qu'il importe d'autant plus d'attacher de l'infamie au mensonge, que, de toutes les mauvaises actions, c'est la plus facile à cacher et celle qui coûte le moins à commettre.

Devoirs de perfectionnement. — Ce n'est pas assez que de faire bon usage de l'intelligence que l'on a et de ne l'employer jamais qu'au service de la vérité, il faut encore s'efforcer d'acquérir tous les jours plus d'intelligence. Sans doute la nature nous a faits plus ou moins intelligents, mais il n'est pourtant pas tout à fait exact de dire avec Cousin : « Nul ne peut se faire un autre esprit que celui qu'il a reçu. » Par l'exercice, par la culture, non seulement on dresse son esprit et on le fortifie, mais on l'élargit et on l'agrandit.

Culture de l'intelligence. — « Travaillons à bien penser, voilà le principe de la morale. » Ainsi parlait Pascal, et il affirmait que toute notre dignité consiste dans la pensée. Les plus grands hommes ont toujours placé l'exercice de la pensée au premier rang des attributs de l'humanité. « O Athéniens, disait Socrate, si vous me proposiez ou de ne plus philosopher, ou de mourir, je vous répondrais : J'aime mieux mourir! » Et Augustin Thierry écrivait : « Il y a au monde quelque chose qui vaut mieux que la fortune, mieux que la santé elle-même : c'est le dévouement à la science[1]. »

Les vertus intellectuelles sont donc d'un grand prix. On peut d'ailleurs en distinguer deux principales, en tenant compte d'une vieille distinction, qui date d'Aristote, entre l'intelligence *théorique* ou contemplative, et l'intelligence *pratique* ou active.

D'une part, nous devons aspirer à la science : bien entendu à des degrés divers, dans la mesure de nos forces et de nos besoins, en conformité avec notre condition, avec les loisirs dont nous disposons. Mais, quelque humble qu'il soit, l'homme a toujours pour devoir de dissiper son ignorance native et d'acquérir le plus de connaissances possible, non seulement celles

---

1. A. Thierry, *Dix ans d'étude*, préface.

qui sont relatives à sa profession, mais celles qui profitent simplement à son esprit. C'est la vertu que les
anciens plaçaient au premier rang, sous le nom de
prudence ou de *sagesse*, et que Cicéron définissait la
recherche et la découverte de la vérité.

D'autre part, à l'intelligence théorique ou à la
science il faut savoir joindre l'intelligence pratique ou
le *jugement*. Certains moralistes, Nicole* par exemple,
n'admettent même l'utilité ou l'obligation de la science
que dans la mesure où les connaissances acquises
peuvent profiter à la justesse et à l'exactitude du jugement. Plus large, la morale moderne croit à la nécessité
de développer l'intelligence à la fois pour elle-même,
pour son perfectionnement désintéressé et pour les
usages pratiques de la vie. A ce dernier point de vue,
ce n'est plus l'acquisition du plus grand nombre de
connaissances possible, c'est l'éducation du jugement
que la morale nous impose; et elle appelle alors à son
aide la logique.

La logique au point de vue moral. — La
logique est la science et l'art de juger et de raisonner.
Elle est, pour ainsi dire, l'hygiène et la gymnastique de
l'intelligence : l'hygiène, car elle s'efforce de prévenir
l'erreur qui est la maladie de l'esprit; la gymnastique,
car elle cherche à fortifier, à assouplir les organes de
la pensée. En ce sens la méthode, qui est une règle
de la logique, devient une loi de la morale.

Subdivision des vertus intellectuelles. —
A vrai dire, autant il y a de facultés distinctes dans l'intelligence, autant on peut soutenir qu'il y a de vertus
intellectuelles particulières. Nous avons des devoirs
vis-à-vis de l'imagination, qu'il faut exciter et discipli-
ner, vis-à-vis de la mémoire, qu'il faut cultiver et orner,
vis-à-vis du raisonnement, qu'il faut exercer et régler.
Mais nous avons surtout des devoirs vis-à-vis de la
raison, c'est-à-dire de la faculté maîtresse qui seule
nous donne la vue claire du vrai et du bien et qui
guide la liberté.

En un sens, on pourrait dire que le devoir d'exercer sa raison comprend tous les autres devoirs : car c'est la raison qui nous apprend en toutes choses quelle est la conduite à tenir; et, sans la raison, nous serions, dans toutes nos actions, à la merci de nos caprices et de nos passions.

Devoirs envers la volonté. — On pourrait en dire autant de nos devoirs envers la volonté : car la volonté est le principe de toutes nos actions morales. Toute vertu émane à la fois de la raison qui nous a montré ce que nous devions faire, et de la volonté qui nous a donné la force d'accomplir notre devoir.

De là l'importance particulière des obligations de l'homme envers la volonté, et le prix de ce qu'on peut appeler les *vertus du caractère*.

De ces obligations la première consiste à ne rien faire qui compromette, qui aliène notre liberté. L'*indépendance* du caractère est un des ressorts essentiels d'une vie honnête et vertueuse.

D'autre part, nous devons faire tous nos efforts pour développer en nous l'énergie de la volonté; et un seul mot, le *courage*, résume sur ce point nos obligations.

Le courage. — Le courage, dont le nom latin, *virtus*, se confondait avec le nom de toute vertu, tient en partie à des causes physiques : la force du corps le facilite, mais elle ne le garantit pourtant pas. Le courage est fait aussi dans une certaine mesure d'insensibilité et de jugement; mais l'élément essentiel qui le fonde est la volonté.

Diverses formes du courage. — Le courage est le mot générique : il exprime tous les genres de fermeté morales, mais il y a diverses formes de courage. La bravoure est surtout le courage dans les combats; la vaillance est un courage brillant et impétueux; la patience est un courage prolongé, de tous les instants, plus difficile peut-être que le courage rapide déployé dans l'ardeur fiévreuse d'une bataille. Les anciens, qui avaient une prédilection marquée pour le courage militaire, faisaient grand cas aussi de la patience, de la tranquillité d'âme, qui se manifeste dans la vie domestique et civile. La patience exclut la colère, cette courte folie où nous perdons la possession de nous-mêmes; elle exclut aussi la défaillance, la faiblesse; et sa formule antique était : « Vous ne devez pas désirer que les choses arrivent comme vous les voulez, mais vous devez les vouloir comme elles arrivent. » La résignation, autre nom de la patience, n'est d'ailleurs une vertu qu'à la condition de ne pas être la soumission passive soit aux décrets du destin, soit à la volonté de Dieu : elle n'est véritablement une des formes du courage que si à l'humeur égale qu'elle oppose aux contrariétés, aux accidents, aux malheurs de la vie, elle sait joindre l'énergie nécessaire pour les éviter, pour les surmonter toutes les fois qu'il est possible [1].

Quelle que soit la diversité de ses formes, le courage, au fond, est toujours identique à lui-même. Courage civil ou courage militaire, force d'âme dans l'adversité, résistance aux passions, il est la volonté forte, maîtresse d'elle-même, qui sait résister aux obstacles, d'où qu'ils viennent. C'est bien à tort qu'Aristote refusait le nom de courage .x à ceux qui bravent la maladie et la pauvreté, sous prétexte que ceux qui sont lâches devant les périls de la guerre supportent parfois avec fermeté les revers de la fortune.

Le contraire du courage est la lâcheté. L'excès du courage est la témérité. Le vrai courage sait affronter les périls nécessaires et éviter les périls inutiles. La prudence dans son sens français, c'est-à-dire la vertu qui discerne le danger, qui cherche les moyens de l'écarter, quand l'honneur permet de le faire, la prudence a sa place marquée à côté du courage.

Devoirs envers la sensibilité. — Le premier de-

---

1. Il y aurait encore à distinguer d'autres formes du courage : la constance et la persévérance, l'esprit d'initiative, la grandeur d'âme, etc.

voir envers la sensibilité est la tempérance : c'est-
à-dire la modération dans les désirs, dans les inclinations de toute espèce. C'est à tort, en effet, qu'on
restreindrait la portée de la tempérance aux seuls appétits, au boire et au manger par exemple. On est
tempérant aussi, quand on règle les sentiments les plus
généreux et les plus élevés : on est tempérant dans ses
amitiés, dans ses tendresses domestiques, dans son
dévouement patriotique. Le *chauvin* * est un intem-
dérant ; un intempérant aussi, l'artiste enivré de son
art et qui lui sacrifie tout.

La tempérance, c'est la raison intervenant dans le
domaine des sentiments et des passions pour les con-
tenir, pour les soumettre à la règle, pour établir dans
ce monde troublé et tumultueux l'ordre et l'équilibre.
Les stoïciens, qui assignaient dans le catalogue des
vertus une place d'honneur à la tempérance et au courage, résumaient leur pensée en adressant à l'homme
ce précepte fameux : *Abstiens-toi et supporte.* Le courage consiste en effet à supporter ; la tempérance, à
s'abstenir, à s'abstenir de l'excès tout au moins. La
vraie morale en effet n'interdit pas le plaisir légitime,
comme le fait la morale ascétique ; elle n'en réprouve
que l'excès.

L'intempérance. — Quoique la tempérance s'étende
à la sensibilité tout entière, il n'en est pas moins vrai
que les formes les plus détestables du vice contraire à
la tempérance sont celles que déterminent les appétits
grossiers de la sensibilité physique.

Il y a longtemps que Socrate a montré tout ce que
l'intempérance apporte de dégradation morale et
physique dans l'âme de celui qui s'y livre : impuissance intellectuelle, esclavage vis-à-vis de la passion,
incapacité de servir ses amis, sa famille, sa patrie ;
soucis rongeurs ; épuisement et maladie.

Comme le suicide, dont elle est souvent la cause initiale, l'intempérance, sous la forme de l'ivrognerie, de
l'alcoolisme, est au nombre des plaies sociales qui

semblent suivre une loi fatale de progression dans les âges civilisés. Channing s'inquiétait des ravages que le fléau faisait aux États-Unis, et il allait jusqu'à demander que le gouvernement interdît la vente des boissons spi[l]tueuses[1]. En France aussi nous avons à nous préoccuper des mêmes dangers[2], et à y chercher des remèdes en nous efforçant de substituer de plus en plus, dans l'âme populaire, au goût des sensations brutales et grossières, la recherche des distractions nobles et des émotions élevées[3].

Culture de la sensibilité. — C'est en effet la culture des hautes parties de la sensibilité qui est le meilleur moyen de détourner les hommes de l'intempérance. Cette hygiène préventive est autrement efficace que les sévérités de la loi pénale.

« Il y a, disait Cousin, une culture de la sensibilité. Heureux ceux qui ont reçu de la nature l'enthousiasme, le feu sacré ! Ils doivent religieusement l'entretenir. Mais il n'est pas d'âme qui ne recèle quelque veine heureuse. Il faut la surprendre et la suivre, écarter ce qui la gêne, rechercher ce qui la favorise, et, par une culture assidue, en tirer peu à peu quelques trésors. Si on ne peut se donner de la sensibilité, on peut au moins développer celle qu'on a. On le peut, en s'y livrant, en saisissant toutes les occasions de s'y livrer, en appelant à son aide l'intelligence elle-même : car plus on connaît le beau et le bien, plus on l'aime[4]. »

Les sentiments sont en partie le principe des devoirs sociaux, des devoirs de famille et d'amitié ; nous les retrouverons par conséquent dans les leçons suivantes. Mais, en dehors de toute considération sociale, l'homme se doit à lui-même d'être bon, affectueux. La bonté

---

1. Channing, *Œuvres sociales*, p. 203.
2. Voy. M. Claude (des Vosges), *l'Alcoolisme*, 1887.
3. La loi du 23 janvier 1873, tendant à réprimer l'ivresse publique et à combattre les progrès de l'alcoolisme, punit d'une amende de 1 à 5 francs ceux qui seront trouvés en état d'ivresse manifeste dans les rues, chemins, places, cafés, cabarets ou autres lieux publics. En cas de nouvelle récidive dans les douze mois qui auront suivi la deuxième condamnation, la peine est de six jours à un mois de prison, de 16 à 300 francs d'amende.
4. Voy. Cousin, *op. cit.*, p. 380.

fait partie des vertus personnelles, bien qu'elle ne trouve à s'exercer que dans la vie sociale. L'homme sec, au cœur dur, n'a pas réalisé en lui l'idéal de la personnalité. Quand Dieu fit l'âme de l'homme, dit Bossuet, il y mit premièrement la bonté.

RÉSUMÉ

28. La division des devoirs envers soi-même doit être fondée sur la **distinction des facultés.**

29. Les anciens appliquaient déjà cette méthode, lorsqu'ils distinguaient la **prudence**, ou vertu de l'**intelligence**, la **tempérance**, ou vertu de la **sensibilité**, le **courage**, ou vertu de la **volonté.**

30. Il y a donc lieu de distinguer : 1° les devoirs envers l'intelligence; 2° les devoirs envers la sensibilité; 3° les devoirs envers la volonté.

31. Les vertus personnelles, quoiqu'elles se rapportent plus particulièrement à l'une ou à l'autre de nos facultés, supposent en général le concours de toutes celles-ci.

32. Les devoirs envers l'intelligence sont, ou bien des **devoirs de dignité**, ou bien des **devoirs de perfectionnement.** Les premiers consistent surtout dans l'**expression de la vérité**; les seconds, dans la **recherche de la vérité.**

33. Le premier devoir intellectuel est la **véracité.**

34. Le **mensonge** n'est pas seulement une faute envers autrui, il est aussi une transgression du devoir envers nous-mêmes.

35. Le mensonge est toujours répréhensible, mais dans certains cas l'obligation de satisfaire à des devoirs plus importants nous met dans la nécessité de manquer au devoir de la véracité.

36. Les devoirs de perfectionnement envers l'intelligence consistent à l'éclairer et à la fortifier. Deux vertus correspondent à ces devoirs : d'une part, la **science**, qui est la vertu de l'intelligence théorique; d'autre part, le **jugement**, qui est la vertu de l'intelligence pratique.

37. Les vertus de la volonté sont l'**indépendance du caractère** et le **courage**.

38. Le **courage** est la **volonté forte**, maîtresse d'elle-même, qui sait affronter les périls nécessaires, résister aux obstacles, supporter les épreuves.

39. Le courage revêt diverses formes et s'appelle tour à tour la **bravoure**, la **vaillance**, la **patience**, la **résignation**, la **force d'âme**, etc.

40. La première vertu de la **sensibilité** est la **tempérance**, qui consiste à dominer et à régler, non seulement les appétits, mais aussi tous les sentiments en général.

41. Le meilleur remède à opposer à l'**intempérance** est la **culture des sentiments élevés** et des affections généreuses.

LECTURES

Perfectionnement de soi-même.

Fais comme le statuaire à la statue qu'il veut rendre parfaite : il retranche, il supprime, il polit, il épure, jusqu'à ce qu'il y fasse éclater la beauté. Toi aussi, retranche ces imperfections, redresse ces penchants vicieux, fais luire une lumière pure sur ces pensées obscures; ne cesse pas de travailler à ta statue, jusqu'à ce que tu sois parvenu à y faire resplendir, comme une figure divine, la grâce de la vertu, et que tu voies, assise sur le trône inébranlable de la sainteté et de la pureté, régner en toi la sagesse. (Plotin*, *Ennéades*, VI, 1, 9.)

Le Mensonge.

La plus grande transgression du devoir de l'homme envers lui-même considéré simplement comme être moral, envers l'humanité dans sa personne, est le manquement à la vérité. Toute fausseté dans l'expression de sa pensée, à supposer même qu'elle ne blesse pas les droits d'autrui, est condamnée par la morale : le déshonneur, c'est-à-dire la déconsidération morale, accompagne le mensonge, et ne quitte pas plus le menteur que l'ombre ne quitte le corps. Le mensonge peut être ou externe ou interne. Par le premier l'homme se rend méprisable aux yeux des autres; par le second, ce qui est encore pis, il s'avilit à ses propres yeux... Le mensonge est l'anéantissement de la dignité d'homme... — Le menteur est moins un homme véritable qu'une apparence trompeuse d'homme. (Kant, *Principes métaphysiques de la morale*.)

Le Courage.

Vespasien avait fait dire à Helvidius Priscus de ne pas aller au sénat : « Il est en ton pouvoir, lui répondit-il, de ne pas me laisser être du sénat; mais, tant que j'en serai, il faut que j'y aille. — Eh bien ! vas-y, lui dit l'empereur, mais tais-toi. — Ne m'interroge pas, et je me tairai. — Mais il faut que je t'interroge. — Et moi, il faut que je dise ce qui me semble juste. — Si tu le dis, je te ferai mourir. — Quand t'ai-je dit que j'étais immortel? Tu rempliras ton rôle, et je remplirai le mien. Ton rôle est de me faire mourir, le mien est de mourir sans trembler. » (Épictète, *Entretiens*.)

L'Intempérance.

Le mal essentiel de l'intempérance, c'est qu'elle est l'extinction volontaire de la raison. Le mal est intérieur et spirituel. L'ivrogne se dépouille pendant un certain temps de sa nature raisonnable et morale; il perd la conscience de ce qu'il est et l'empire sur lui-même; il produit en lui la démence, et, par la répétition de cette folie, il déprave de plus en plus ses facultés intellectuelles et morales. Les autres maux de l'intempérance ne sont rien en comparaison de celui-là, puisque tous en viennent, et il est juste que tous les maux s'y joignent et l'accompagnent. Oui, quand l'homme lève un bras criminel contre ce qui fait sa vie, quand il éteint sa raison et sa conscience, il est à désirer que tous les hommes et lui soient avertis d'une manière solennelle, effrayante, de l'intensité du crime; que des calamités extérieures soient la preuve de la ruine intérieure à laquelle il travaille; que la condamnation et le malheur écrits sur son visage, sur son corps, sur toute sa personne, déclarent quelle terrible chose c'est pour l'homme, la créature raisonnable de Dieu, de renoncer à sa raison et de s'abrutir. (Channing, *Œuvres sociales*.)

LECTURES RECOMMANDÉES

Marc-Aurèle, *Pensées*.

Channing, *Œuvres sociales :* De la tempérance et de l'ivrognerie.

Zurcher et Margollé, *l'Energie morale* (Hachette, 1882).

LEÇON IV

Morale sociale. — L'homme n'est point né pour l'isolement ; il y a longtemps que les philosophes l'ont défini un être sociable, fait pour la société. Quelque retirée que soit notre vie, nous sommes toujours plus ou moins engagés dans des relations sociales. Et pour peu que nous soyons appelés par notre condition à une fonction publique, nos rapports avec nos semblables s'étendent et se généralisent. Qui ferait le compte des actions qu'il accomplit, constaterait que la plus grande partie sont des actions sociales, en comprenant, bien entendu, dans cette expression les actions domestiques qui dérivent de nos rapports avec les différents membres de notre famille.

A vrai dire, le premier devoir social de l'homme est de vivre en société, de ne pas s'enfermer, par égoisme, par une misanthropie farouche, ou par un mysticisme dévot, dans une vie de reclusion solitaire, qui n'est point conforme à la nature et qui tend à nous dispenser de toutes les obligations sociales. La société, qui est un fait, est aussi un devoir.

« L'œuvre morale par excellence, dit M. Charles, ne pourrait pas même s'ébaucher dans la solitude, et le devoir relie les hommes les uns aux autres par une nécessité non moins impérieuse que les besoins de leur organisation. »

Division de la morale sociale. — Dans la morale individuelle, ce qui détermine la division des devoirs, c'est la différence des facultés ; dans la morale sociale, c'est la distinction des personnes avec lesquelles nous sommes en rapport.

De là quatre séries de devoirs sociaux correspondant aux rapports principaux qui nous lient aux autres hommes :

1° Nous sommes d'abord unis avec tous nos semblables par le rapport général que crée entre eux et nous notre commune qualité d'hommes. La forme la plus générale de la société, c'est l'humanité tout entière. Anglais, Italiens et Français, tous les hommes nous apparaissent comme des personnes morales en possession de certains droits naturels qui nous imposent des devoirs correspondants. Il est vrai que, n'ayant affaire en général qu'avec nos concitoyens, c'est envers eux, en tant qu'hommes, que nous avons surtout à pratiquer cette première classe de devoirs sociaux.

2° La grande société humaine se subdivise en nations, en patries distinctes. Nous appartenons à l'humanité, mais nous appartenons plus étroitement à notre pays. Parmi les hommes, il y en a qui sont nos concitoyens, nos compatriotes. De là des rapports nouveaux, rapports de citoyen à citoyen, qui donnent lieu à des obligations particulières.

3° Une autre forme nécessaire, la forme initiale, à vrai dire, de la société humaine, c'est la famille. Nous l'aurions nommée la première, si nous avions tenu compte de l'ordre historique : la famille est de toutes les sociétés la première en date ; elle précède évidemment la société civile, et l'humanité n'est que la réunion de toutes les familles. Nous devrions la placer aussi au premier rang, si nous prenions pour principe de notre classification l'importance des rapports et des devoirs. Les devoirs de la famille, en effet, sont de tous les plus immédiats : l'enfant à peine sorti de son berceau les trouve devant lui, dans ses rapports avec ses parents, avec ses frères. Les devoirs domestiques nous accompagnent toute la vie ; ils sont de tous les instants. Ils suivent l'homme jusqu'à son lit de mort, et le père mourant qui va tester a encore à les remplir.

Mais il est plus logique néanmoins, dans l'exposition de la morale sociale, de suivre l'ordre que nous indiquons, de débuter par les obligations les plus générales, pour descendre peu à peu aux devoirs les plus particuliers, à ceux qui nous obligent envers un moins grand nombre de personnes.

4° C'est pour cette raison que nous plaçons au quatrième rang les devoirs de l'amitié, ceux qui dérivent des rapports d'affection volontaire qui attachent un homme à un autre homme.

La morale sociale comprend donc quatre parties :

1° Devoirs envers les hommes en général, envers l'humanité ;

2° Devoirs envers les concitoyens, envers la patrie[1] ;

3° Devoirs envers la famille ;

4° Devoirs envers les amis.

Devoirs envers les hommes en général. — Ce n'est pas en vertu d'un prétendu « contrat social* », d'une convention légale à laquelle nous pourrions nous soustraire, que nous sommes unis aux autres hommes ; c'est de la nature même que dérivent nos rapports sociaux et les obligations qui y correspondent. Comme le disait Aristote, il faut, pour vivre seul, être Dieu ou bête. Nous nous devons aux autres autant que nous nous devons à nous-mêmes.

---

1. Nous modifions sur ce point l'ordre du programme qui place les devoirs envers la famille au second rang, avant les devoirs des citoyens.

La société n'est pas seulement une juxtaposition d'êtres humains qui resteraient indifférents les uns aux autres : c'est un organisme, en quelque sorte, dont tous les membres sont unis entre eux par les liens de la plus étroite solidarité et coopèrent à une œuvre commune.

La morale sociale prend d'ailleurs différents aspects selon que la société est organisée d'après les principes de liberté ou d'après les traditions des privilèges. Dans une société aristocratique, féodale ou théocratique*, où la nation est divisée en castes ou en classes, les devoirs sociaux ont un tout autre caractère que dans une société démocratique, dont la base est l'égalité du droit de toutes les personnes humaines. C'est alors seulement, dans une démocratie comme la nôtre, que les vertus sociales acquièrent toute leur portée; et que la charité, par exemple, n'est plus une concession gracieuse de la puissance à la faiblesse, de la richesse à la pauvreté, mais la conséquence obligatoire de nos idées d'égalité et de fraternité.

Justice et charité. — Deux mots depuis longtemps consacrés par les langues humaines, la *justice* et la *charité*, résument toutes nos obligations sociales envers les hommes, exclusivement considérés dans leur caractère d'hommes, abstraction faite de tous les devoirs d'un ordre plus intime que nous impose vis-à-vis d'eux leur qualité de concitoyens, ou de parents ou d'amis.

Leur fondement. — Le fondement général des devoirs sociaux, c'est l'idée de la personne humaine, sacrée et respectable en autrui comme elle l'est en nous-mêmes, et, quelle que soit sa condition, obscure ou brillante, possédant les mêmes droits, aspirant à la même liberté, égale enfin à toutes les autres personnes.

Il y a lieu cependant de distinguer entre la justice et la charité. Le fondement de la justice, c'est l'égalité naturelle des droits, c'est l'égalité qui, pour ainsi dire, existe d'elle-même, du fait de la nature. Le fondement de la charité, c'est l'égalité encore, mais en quelque sorte l'égalité à créer, à réaliser le plus possible, au nom du principe de la solidarité et de la fraternité universelles.

Tout ce que possèdent matériellement et légitimement les hommes, nous devons le respecter, et c'est la justice qui nous l'ordonne. Tout ce qu'ils n'ont pas, tout ce qu'ils ne possèdent pas, nous devons, dans la mesure du possible et dans les limites de l'équité, le leur assurer, le leur donner, et ceci est du domaine de la charité.

On a dit quelquefois que des trois mots de notre belle devise républicaine, c'était le second, l'égalité, qui fondait la justice, et le dernier, la fraternité, qui était le principe de la charité. Cependant la fraternité elle-même implique en un sens l'égalité : elle suppose en effet la communauté de destinée entre personnes qui se considèrent fraternellement comme les enfants d'une même famille.

Mais en fait les personnes humaines, de par la loi inexorable de la nature et des conditions sociales, sont inégales sur beaucoup de points, en intelligence, en fortune, en santé. De là, le caractère propre de la charité, qui consiste précisément à réparer les inégalités naturelles et fatales, à soulager ceux qui souffrent, à éclairer ceux qui ignorent, à donner à ceux qui manquent.

La justice. — Il n'y a pas dans la langue des hommes de mot plus grand que celui de justice.

La justice tient un si haut rang dans l'échelle des vertus, que, dans le langage théologique, c'est par le nom de « juste » que l'on désigne l'homme vertueux. « Les justes et les pécheurs », telle est l'opposition que l'on rencontre à chaque pas dans les sermons de Bossuet et des autres orateurs chrétiens.

Mais réduite même à son sens exact, c'est-à-dire à l'expression d'une partie des devoirs sociaux, la just' :e est encore une vertu souveraine que les hommes ont toujours honorée. *Fiat justitia, ruat cœlum :* «Périsse le monde plutôt que la justice ! » disaient les anciens. De tout temps c'est à la justice qu'ont fait appel les malheureux, les opprimés. Et il faut bien avouer cependant que l'histoire de l'humanité n'est trop souvent que le récit de ses injustices.

Définition de la justice. — La justice, considérée comme la première des vertus sociales, peut être définie : *la volonté constante de ne pas nuire à autrui et de rendre à chacun ce qui lui appartient.*

Différentes formes de la justice. — Les moralistes ont parfois rangé la justice dans la catégorie des devoirs exclusivement négatifs : ceux qui exigent seulement qu'on s'abstienne du mal, et auxquels on peut satisfaire les bras croisés.

Assurément c'est une partie essentielle de la justice que le respect pur et simple des droits d'autrui, l'abstention de toute action nuisible et préjudiciable à nos semblables. L'accomplissement de ces devoirs, élémentaires mais essentiels, n'est pas d'ailleurs aussi facile qu'on pourrait le croire. Sans doute ils consistent à ne rien faire qui lèse les droits d'autrui. Mais combien d'efforts intérieurs ne sommes-nous pas obligés de faire pour réprimer nos passions qui tendent toutes à blesser par quelque endroit, à violer la liberté de nos semblables ! L'homme qui ne calomnie pas son prochain, qui ne vole ni ne tue, ne pratique point sans doute une vertu active ; il n'a qu'à ne rien faire. Mais, même pour ne rien faire, pour retenir son bras dans un emportement de colère, pour arrêter sa main dans un moment de convoitise ardente, pour modérer sa langue dans un accès de dépit ou d'esprit de vengeance, l'homme n'en a pas moins à agir intérieurement, à faire jouer les ressorts de sa volonté.

Hâtons-nous d'ajouter que la justice ne se borne point à appliquer la vieille maxime : «Ne pas nuire à autrui » (*nemini nocere*). Elle ne se contente pas de commander l'inaction, d'interdire l'agression ; elle comprend aussi une partie positive, elle devient la *justice distributive* qui, comme le disaient encore les anciens, consiste à rendre à chacun ce qui lui appartient (*reddere suum cuique*). La justice, par exemple, nous oblige à rendre le dépôt qui nous a été confié, à payer nos dettes, à tenir notre parole, à reconnaître dans nos conversations, dans nos discours, le mérite de nos rivaux, de nos adversaires. Dans ce cas la justice est un ensemble de vertus positives qui, aussi bien que la charité, exigent des actions effectives.

La charité. — Le mot *justice* contient étymologiquement l'idée du droit (*jus*) ; le mot *charité* renferme l'idée d'affection, d'amour (*caritas generis humani*, l'amour du genre humain). On peut donc la définir « l'amour du prochain ». Mais, considérée comme une vertu, elle est plus qu'une affection, plus qu'un sentiment qui ne serait pas suivi d'effet : elle implique toutes les actions que nous impose l'amour du prochain.

C'est en particularisant à tort le sens général du mot charité qu'on en a fait le synonyme de l'aumône, dans des locutions comme celles-ci : « demander la charité », « faire la charité ». Être charitable, ce n'est pas seulement donner aux pauvres ce qui leur manque : c'est se dévouer de toutes les manières à ses semblables ; c'est leur faire du bien dans toutes les circonstances possibles, en les instruisant, en les consolant, en les aimant, en se montrant indulgent pour leurs défauts. Il y a mille manières d'être charitable, et on peut l'être même avec les riches.

A raison sans doute de la dérivation de sens que nous venons d'indiquer, quelques moralistes contemporains répugnent à employer le mot de charité, et lui préféreraient les expressions modernes de *fraternité*, de *solidarité*. Il leur semble que le mot charité sonne mal, qu'il implique toujours l'idée d'un privilège, d'une supériorité, de la supériorité de celui qui a sur celui qui n'a pas, idée parfois insolemment traduite dans une aumône faite avec dédain, avec arrogance. Ils se trompent. La vraie charité ne suppose pas moins l'égalité que la justice elle-même : car la charité suppose l'amour, et l'amour établit l'égalité entre ceux qu'il rapproche.

La charité, quoi qu'il en soit, est la seconde des vertus sociales. Elle comprend un ensemble de vertus positives, qui résident toutes dans des actions extérieures, bien qu'elles perdent leur valeur morale dans le cas où un sentiment intérieur de bonté ne correspondrait pas à leur accomplissement.

Formules générales des devoirs de justice et de charité. — Depuis longtemps les moralistes ont fait observer que la justice et la charité trouvaient leur formule dans deux célèbres maximes de l'Évangile : « Ne faites pas à autrui ce que vous ne voudriez pas qu'on vous fît à vous-même » (*devoirs de justice*). « Faites à autrui ce que vous voudriez qu'on vous fît à vous-même » (*devoirs de charité*).

Remarquons pourtant que la formule négative : *Ne faites pas...* ne convient, à proprement parler, que pour caractériser une partie des devoirs de justice : ceux qui sont satisfaits quand on s'est abstenu de faire du mal à son prochain.

Ajoutons que les expressions : *ce que vous voudriez, ce que vous ne voudriez pas*, prêtent à l'équivoque et demandent une interprétation.

Kant n'hésitait pas à rejeter les deux maximes évangéliques, sous prétexte que nous pouvons *vouloir* des choses contraires à la morale.

Est-il nécessaire de lui répondre que c'est dans le sens d'une volonté éclairée, réglée par la conscience morale, qu'il faut entendre les paroles du Christ, et non dans le sens d'une volonté immorale, docile à la voix des passions ?

Autres différences. — De tout ce qui précède ressort déjà la distinction très nette de la justice et de la charité, l'une recommandant de ne jamais faire de mal à autrui, l'autre prescrivant de faire à son prochain le plus de bien possible.

Mais il y a d'autres différences encore à signaler entre les deux grandes vertus sociales.

La plus importante consiste en ce que les devoirs de justice correspondent à des droits, à des droits reconnus et garantis par la société, tandis que les devoirs de charité n'ont pas le même caractère.

En fait, le Code pénal intervient pour protéger contre les injustices possibles la vie, la liberté, la propriété, l'honneur des hommes. La loi nous contraint ou s'efforce de nous contraindre, par les punitions dont elle nous menace, à être justes, que nous le voulions ou non. Elle ne nous contraint pas à être charitables. Il n'y a pas de sanctions dans la loi pénale contre ceux qui se dérobent même aux devoirs les plus élémentaires de la charité.

« La justice, dit M. Ferraz, est le devoir de respecter autrui, et suppose dans autrui le droit de se faire respecter; la bienfaisance ou la charité est le devoir de secourir autrui, mais elle n'implique point chez ce dernier le droit de se faire secourir. Je suis obligé de ne pas prendre le bien de mon semblable, et celui-ci peut exiger que je ne le prenne pas; je suis obligé de venir en aide à mon semblable, mais ce dernier ne peut pas m'y contraindre[1]. »

En d'autres termes, devant chacun de nos devoirs de justice se dresse, dans la personne de notre semblable, un droit irrécusable, armé des garanties que lui confère la loi civile; devant nos devoirs de charité, au contraire, ni droit impératif, ni contrainte sociale.

Les devoirs et les droits. — Il y a pourtant, on le sait, une école politique qui prétend que nos devoirs de charité correspondent, eux aussi, à des droits : le droit au travail, le droit à l'aumône. D'après ces initiateurs d'une nouvelle déclaration des droits de l'homme,

1. M. Ferraz, *Nos Devoirs et nos Droits*, p. 312.

les travailleurs pourraient, les armes à la main, lorsqu'ils sont réduits à la détresse, forcer les citoyens aisés et l'État lui-même à leur donner du travail, ou même à leur allouer des secours. Il y aurait une charité d'État comme il y a une justice d'État.

La solution des difficultés qu'a soulevées dans la conscience moderne cette revendication de droits nouveaux n'est pourtant pas impossible. L'erreur vient de ce que l'on confond ici deux ordres de questions qui devraient rester entièrement distinctes : d'une part, la question morale; de l'autre, la question sociale, économique et politique.

Au point de vue de la morale, nous sommes prêt à reconnaître que chacun de nos devoirs de charité correspond à un droit, mais à un droit idéal; à un droit que la société ne pourrait pas inscrire dans ses codes et prendre sous sa protection absolue sans qu'il en résultât les plus graves inconvénients, les plus sérieux dangers.

Quelle perturbation profonde entraînerait dans l'ordre social le pouvoir reconnu aux ouvriers et aux pauvres de revendiquer, comme le payement d'une dette, soit le travail obligatoire, soit l'aumône forcée?

Pour ne considérer que le second cas, le droit à l'aumône, le conflit le plus redoutable éclaterait entre les déshérités de la fortune et les détenteurs de la propriété. Le droit de propriété ne serait plus qu'un vain mot. Le propriétaire ne serait plus que le banquier du pauvre. A vrai dire, il n'y aurait plus bientôt de propriétaires, personne ne voulant plus épuiser ses forces et sa vie pour acquérir des biens dont il n'aurait pas la libre disposition.

Voilà pourquoi la société s'est refusée jusqu'ici et se refusera toujours à admettre parmi les droits légaux les droits moraux qui sont corrélatifs aux devoirs de charité.

Caractère des devoirs de charité. — Il reste donc établi que, à la différence des devoirs de justice, les devoirs de charité ne sont pas et ne peuvent pas être soumis à une sanction légale.

La justice est un minimum de vertus publiques sans lesquelles la société ne pourrait pas subsister un instant et serait précipitée dans les convulsions de l'anarchie. La charité, sans doute, est nécessaire aussi à l'ordre social, et il semble que sans elle les souffrances des malheureux peuvent devenir intolérables. Mais c'est à la libre initiative des individus qu'il faut laisser le soin de garantir cette seconde condition de la paix et du bonheur des hommes.

La charité a d'ailleurs ce caractère qu'elle ne peut pas être soumise à des règles aussi précises, aussi inflexibles que celles de la justice. La charité varie avec nos ressources, avec notre situation. Elle n'est pas moins obligatoire que la justice ; mais, comme elle exige des actes effectifs, elle dépend nécessairement de nos forces, du degré de notre pouvoir. Il nous est toujours possible de respecter la vie, la liberté, les facultés de notre prochain ; il ne nous l'est pas toujours de le secourir, de lui venir en aide. Comme on l'a dit, la charité choisit son lieu et son temps, ses objets et ses moyens. « Sa beauté est dans sa liberté. »

Division des devoirs de justice. — Pour énumérer les devoirs de justice, il suffit de dresser la liste des droits réels de l'homme. Autant nous reconnaissons dans la personne humaine de puissances sacrées, de facultés naturelles ou acquises ayant droit à notre respect, autant nous comptons de devoirs de justice.

Or la personne humaine doit être respectée d'abord dans sa vie : de là l'interdiction de l'homicide ; ensuite dans sa liberté : d'où dérive la condamnation de l'esclavage ; dans son honneur, dans sa réputation : d'où résulte l'interdiction de la calomnie ; dans ses opinions et dans ses croyances : ce qui interdit l'intolérance ; enfin dans sa propriété et dans ses biens : ce qui condamne le vol.

La justice est donc le fondement de l'ordre social,

l'essence même de toute société civilisée. Du jour où les hommes ont vécu les uns avec les autres, ils ont compris la nécessité de se respecter mutuellement dans l'exercice légitime de leur liberté. L'idéal est qu'après s'être habitués à ce respect réciproque, ils en viennent aussi à s'aimer, à s'entr'aider, et que l'ordre de la charité s'ajoute à l'ordre de la justice.

RÉSUMÉ

42. L'homme est un **être sociable**, et son premier devoir social est de vivre en société.

43. Les devoirs de la morale sociale se subdivisent d'après la **distinction des personnes** avec lesquelles nous sommes en rapport.

44. Nous avons des rapports avec les hommes en tant qu'hommes, avec nos concitoyens, avec nos parents, avec nos amis.

45. De là quatre parties dans la morale sociale : 1° les devoirs **envers les hommes en général**; 2° les devoirs du **citoyen**; 3° les devoirs **envers la famille**; 4° les devoirs de l'amitié.

46. Les devoirs **envers les hommes en général** sont les devoirs de **justice** et de **charité**.

47. Le fondement général des devoirs de justice et de charité, c'est l'**idée de la personne humaine**. La **justice**, plus particulièrement, repose sur l'**égalité** des personnes humaines ; la **charité**, sur la **fraternité**.

48. La justice n'est pas seulement un ensemble de devoirs négatifs, qui consisterait à **ne pas nuire** à autrui ; elle est aussi une vertu positive qui nous oblige à **rendre à chacun ce qui lui appartient.**

49. La charité n'est pas seulement l'amour du prochain ; elle est la vertu active qui consiste à **faire à autrui tout le bien possible.**

50. La justice et la charité ont pour formules les maximes évangéliques : **Ne faites pas à autrui ce que vous ne voudriez pas qu'on vous fît à vous-même ; — Faites à autrui ce que vous voudriez qu'on vous fît à vous-même.**

51. Les devoirs de **justice correspondent à des droits reconnus** par la société et garantis par la loi. Les devoirs de **charité** ne correspondent qu'à des **droits idéaux,** que la loi civile ne garantit pas.

52. Par suite, la société nous **contraint** à être justes ; elle ne nous **contraint** pas à être **charitables.**

53. Une autre différence, c'est que les **devoirs de justice** sont rigoureusement **déterminés** et absolument inflexibles, tandis que la **charité,** quoique obligatoire, **varie** avec la puissance et les ressources dont nous disposons.

54. La division des devoirs de justice correspond à l'énumération des droits de l'homme.

LECTURES

La Famille, unité sociale.

La société se compose de familles et non d'individus. La décomposition de la société en individus ne constitue qu'une analyse anarchique, aussi irrationnelle qu'immorale, qui tend à dissoudre l'existence sociale au lieu de l'expliquer. Elle est aussi erronée en sociologie que le serait, en biologie, la décomposition chimique de l'individu lui-même en molécules irréductibles, dont la séparation n'a jamais lieu pendant la vie... Un système quelconque ne peut être formé que d'éléments semblables à lui, et seulement moindres. Une société n'est donc pas plus décomposable en individus qu'une surface géométrique ne l'est en lignes et en points. La moindre société, savoir la famille, quelquefois réduite à son couple fondamental, constitue donc le véritable élément sociologique. (A. Comte, *Cours de philosophie positive*.)

La Liberté et l'Égalité.

La force libre qui constitue l'homme lui est respectable à lui-même; de même toute force libre lui est respectable, et la liberté lui paraît grande et noble en soi partout où il la rencontre. Or, quand les hommes se considèrent, ils se trouvent, les uns comme les autres, des êtres libres.

Inégaux par tout autre endroit, en force physique, en santé, en beauté, en intelligence, ils ne sont égaux que par la liberté : car nul homme n'est plus libre qu'un autre. Ils font tous de la liberté des usages différents, ils ne sont pas plus ou moins libres, ils ne s'appartiennent pas plus ou moins à eux-mêmes. A ce titre, mais à ce titre seul, ils sont égaux. Aussitôt que ce rapport naturel se manifeste, l'idée majestueuse de la liberté mutuelle développe celle de la mutuelle égalité, et par conséquent l'idée du devoir égal et mutuel de respecter cette liberté, sous peine de nous traiter les uns les autres comme des choses, et non pas comme des personnes. (Victor Cousin, *le Vrai, le Beau et le Bien*.)

La Société et la Justice.

La société est un fait de nature; l'homme est naturellement un être sociable, et celui qui reste sauvage, isolé, est certainement un être dégradé ou un être supérieur à l'espèce humaine. C'est bien à lui qu'on pourrait adresser ce reproche d'Homère :

> « ...Sans famille, sans loi, sans foyer. »

L'homme qui serait par nature tel que celui du poète ne respirerait que la guerre : car il serait incapable de toute relation sociale, comme les oiseaux de proie.

Si l'homme, parvenu à sa perfection, est le premier des animaux, il est le dernier d'entre eux quand il vit sans lois et sans justice. Il n'est rien de plus monstrueux en effet que l'injustice armée. Mais l'homme a reçu de la nature les armes de la sagesse et de la vertu. Sans la vertu, c'est l'être le plus féroce, qui ne connaît que l'emportement brutal de l'amour ou de la faim. La justice est une nécessité sociale : car le droit est la règle de la société, et c'est la justice qui constitue le droit. (Aristote, *Politique*.)

LECTURES RECOMMANDÉES

Cousin, *Justice et Charité*, 1843.
Littré, *la Science*, Origine de l'idée de justice.
Ferraz, *Nos Devoirs et nos Droits*.

LEÇON V

Respect de la vie humaine. — L'homicide et le Code. — Exceptions à la loi générale. — Droit de légitime défense. — Ses limites. — Le Code et la légitime défense. — La peine de mort. — Arguments pour et contre. — La peine de mort est-elle nécessaire ? — Le droit de punir. — Abolition de la peine de mort. — Progrès accomplis. — La torture. — Restriction de la peine de mort. — Tyrannicide. — La guerre. — Le duel.

Respect de la vie humaine. — Le premier précepte de la justice, c'est l'interdiction de l'homicide. Avant de songer à respecter l'homme dans sa liberté, dans son honneur, dans ses croyances, dans ses biens, il faut évidemment le respecter dans sa vie, la vie étant la condition de tout le reste.

Que l'homicide soit condamné par la morale comme le plus grand de tous les crimes, c'est ce qu'il est inutile de démontrer. On peut trouver des moralistes, des législateurs qui ont jusqu'à un certain point approuvé ou sanctionné l'esclavage, l'intolérance et les autres formes de l'injustice. Il ne s'en est point rencontré, même dans les âges reculés de la civilisation, pour justifier l'homicide. La vie sauvage seule a pu tolérer la loi sanglante du meurtre, de la justice que l'on se rend à soi-même. La vie civilisée l'a toujours répudiée et flétrie, et ce précepte : « Tu ne tueras point ! » est inscrit dans tous les codes religieux ou sociaux, avec des châtiments terribles pour ceux que la passion ou le vice entraînent à le violer.

L'homicide et le Code. — C'est au titre deuxième

du *Code pénal : Crimes et Délits contre les particuliers*, qu'il faut chercher la sanction établie par la loi française contre l'homicide.

L'homicide commis volontairement y est qualifié *meurtre :* si le meurtre est commis avec préméditation ou guet-apens, il est qualifié *assassinat.* Le Code distingue aussi le parricide, c'est-à-dire « le meurtre des père ou mère légitimes, naturels ou adoptifs, ou de tout autre ascendant légitime »; l'empoisonnement, c'est-à-dire « tout attentat à la vie d'une personne, par l'effet de substances qui peuvent donner la mort plus ou moins promptement ». Le Code ne distingue pas le fratricide qui rentre dans la catégorie des meurtres ou des assassinats.

Le meurtre qui par définition est commis volontairement, mais sans préméditation, n'est puni de mort que dans certains cas (art. 304). Dans d'autres cas, le coupable de meurtre est puni des travaux forcés à perpétuité.

L'assassinat, le parricide sont punis de mort.

Exceptions à la loi générale. — Nous venons de dire que les lois positives, comme la loi morale, condamnent absolument l'homicide, et pour le prouver cependant nous sommes obligé de citer des textes de loi qui précisément sanctionnent l'homicide légal, et qui appliquent la peine de mort aux meurtriers. N'y a-t-il pas là une contradiction flagrante ? L'humanité en effet n'a pas trouvé d'autre moyen pour punir l'homicide que de pratiquer elle-même l'homicide.

C'est qu'à côté du droit inviolable de la vie, la société, comme la morale, reconnaît un autre droit, le droit de *légitime défense.* Armé de ce droit, l'individu lui-même repousse l'attaque, se défend par tous les moyens, et au besoin, pour assurer sa propre vie, attente à celle de l'agresseur. Et de même, pour sauvegarder la sécurité de ses membres, la société a recours à la peine de mort, quand elle ne croit pas pouvoir autrement se défendre contre le crime.

Droit de légitime défense. — Le droit de légitime défense ne saurait être contesté. Sans doute, ce n'est pas un de ces droits fiers et triomphants que l'homme inscrit avec joie sur son drapeau; c'est un droit douloureux dont nous ne devons faire usage qu'à la dernière extrémité, mais ce n'en est pas moins un droit sacré, la dernière ressource de la faiblesse contre le crime.

Ses limites. — Pour être véritablement légitime, le droit de défense ne doit s'exercer que dans des conditions nettement définies. Les hommes, égarés par la passion, aveuglés par l'égoïsme, ne sont que trop disposés à en abuser.

Pascal, dans la plus belle de ses *Lettres provinciales*, a réfuté avec éloquence les sophismes des casuistes qui, dans leur morale complaisante et relâchée, justifiaient le meurtre sous prétexte de légitime défense dans des cas où il ne saurait être en aucune façon absous.

Pascal rappelle d'abord la maxime de Cicéron qui, avec tous les païens, dit-il, n'a jamais admis d'exception à la règle qui interdit l'homicide, sinon lorsqu'on ne peut éviter autrement la perte de l'honneur et de la vie. Il cite aussi ces règles posées par Cujas* :

« Il est permis de repousser celui qui vient pour s'emparer de notre possession, mais il n'est pas permis de le tuer. » — « Si quelqu'un vient pour nous frapper, et non pas pour nous tuer, il est bien permis de le repousser, mais il n'est pas permis de le tuer. »

Pascal plaisante ensuite les subtilités des docteurs de son temps qui, comme Molina*, calculaient exactement le taux de la somme pour laquelle il serait permis de tuer un voleur :

« Vous dites, mes pères, que la valeur pour laquelle Molina permet de tuer un voleur qui s'enfuit sans nous faire aucune violence n'est pas aussi petite que j'ai dit, six ducats, et qu'il faut qu'elle soit plus grande que six ducats. Que cela est faible, mes pères ! Où voulez-vous la déterminer? A quinze ou seize ducats? Je ne vous en ferai pas moins de reproches. Au moins vous ne sauriez

dire qu'elle passe la valeur d'un cheval, car Lessius décide nettement qu'il est permis de tuer un voleur qui s'enfuit avec notre
cheval [1] ? »

Il faut écarter avec sévérité cette étrange casuistique. Pour que le meurtre commis en état de légitime
défense soit réellement excusable, il faut que nous
soyons sous le coup d'une pressante nécessité, qu'il
soit prouvé que nous ne pouvons pas repousser l'agression autrement qu'en donnant la mort à l'agresseur.
« Toutes les fois que le meurtre n'est pas nécessaire,
dit M. Jules Simon[*], il devient criminel. »

Le Code et la légitime défense. — Voici d'ailleurs comment le Code pénal français définit les cas
de légitime défense.

« Art. 328. — Il n'y a ni crime, ni délit, lorsque l'homicide, les
blessures et les coups étaient commandés par la nécessité actuelle
de la légitime défense de soi-même ou d'autrui.
« Art. 329. — Sont compris dans les cas de nécessité actuelle
de défense les deux cas suivants :
« 1° Si l'homicide a été commis, si les blessures ont été faites, ou
si les coups ont été portés en repoussant pendant la nuit l'escalade
ou l'effraction des clôtures, murs ou entrée d'une maison ou d'un
appartement habité ou de leurs dépendances;
« 2° Si le fait a eu lieu en se défendant contre les auteurs de vols
ou de pillages exécutés avec violence. »

La peine de mort. — La peine de mort n'est, si
elle est juste, qu'une application, une conséquence
du droit de légitime défense transporté de l'individu à
la société tout entière.

Jusqu'au xviii° siècle la légitimité de la peine de
mort n'a pas été contestée. Platon l'admettait pour les
criminels incorrigibles. « Le législateur, disait-il, n'a
qu'une loi, qu'une peine à porter contre celui dont il
voit le mal incurable[*]. » Au moyen âge personne ne
songe à protester ni contre la peine de mort, ni même

1. Pascal, *Quatorzième Lettre provinciale :* Sentiments des jésuites sur
l'homicide.
Platon, *les Lois,* traduction Cousin, p. 107.

contre les tortures abominables qui l'accompagnaient.

C'est Beccaria* qui, le premier, dans son *Traité des délits et des peines* (1764), a osé attaquer la peine de mort comme injuste et comme inefficace ; et depuis lors la thèse de l'abolition de la peine de mort a rencontré tous les jours un plus grand nombre d'adhérents.

Arguments pour et contre. — A vrai dire, la question de la peine de mort se réduit à savoir si elle est nécessaire à la défense de la société :

Est-il prouvé que, pour intimider les malfaiteurs, à titre d'exemple, la peine de mort soit le seul moyen efficace dont dispose la loi ?

Est-il prouvé que, pour mettre les assassins dans l'impossibilité de renouveler leurs attentats, il faille leur ôter la vie ?

Est-il prouvé que le nombre des assassinats augmenterait le jour où la peine de mort serait abolie, comme il paraît qu'il arriva dans les États de Joseph II*, après que ce prince eut supprimé la peine de mort ?

Si cette preuve était faite, la peine de mort serait incontestablement légitime : car elle est légitime du moment où elle est indispensable à la répression des crimes.

« J'ai le droit de donner la mort à celui qui m'attaque, si je ne puis défendre autrement ma vie injustement attaquée : c'est le cas de légitime défense ; de même la société a le droit de mettre à mort les meurtriers, si elle ne peut réprimer autrement l'assassinat : c'est encore le cas de la légitime défense transportée de l'individu à la société chargée de protéger sa sûreté[1]. »

Oui, si la nécessité de la peine de mort est démontrée, tous les arguments qu'on peut faire valoir contre elle, l'inviolabilité de la vie humaine, les erreurs judiciaires, le caractère irréparable de la peine capitale, toutes ces objections tombent : car le premier devoir de la société, et par conséquent son premier droit, est de se défendre.

1. Jules Barni, *la Morale dans la démocratie*, p. 203.

La peine de mort est-elle nécessaire? — Mais il est permis de douter que la peine de mort soit nécessaire.

« L'expérience de tous les siècles, disait déjà Beccaria, prouve que la crainte de la mort n'a jamais arrêté les scélérats déterminés à nuire. » Le meurtrier qui frappe dans un accès de passion, de colère et de vengeance, ne réfléchit pas aux châtiments qu'il encourt : rien ne saurait arrêter son ardeur aveugle et violente. Le meurtrier qui raisonne et qui tue par calcul, par cupidité préméditée, ne saurait non plus être détourné du crime par cette idée que la peine de mort est un châtiment autrement terrible que la peine des travaux forcés à perpétuité. Les scélérats de cette espèce ont toujours l'espoir d'échapper au châtiment ; ils comptent ne pas être découverts, et ce n'est pas une simple différence dans le degré de la peine qui peut agir sur leurs résolutions.

En fait, il est établi que la peine de mort n'exerce pas sur les imaginations l'influence qu'on lui attribue. D'après les criminalistes eux-mêmes, la plupart des condamnés à la peine de mort, qu'on a pu interroger dans la prison, ont avoué qu'ils avaient assisté eux-mêmes à des exécutions capitales.

Ce qui prouve aussi que la peine de mort n'a pas la puissance intimidatrice, la vertu exemplaire qu'on lui prête, c'est que de toutes parts on demande aujourd'hui que les exécutions capitales aient lieu dans l'intérieur des prisons. On songe si peu à faire du dernier supplice un spectacle effrayant et salutaire, que l'on veut le dérober à tous les regards.

Le droit de punir. — Pour juger la question de la peine de mort, il est bon de rappeler quels sont les fondements du droit social de punir, dont elle n'est qu'une application particulière. Dans sa conception moderne, le droit de punir ne repose que sur le droit de défense.

Autrefois on faisait reposer le droit criminel sur le principe de la vengeance publique, ou sur le principe de l'expiation, que Kant lui-même invoquait encore pour combattre Beccaria. Ces maximes autorisaient non seulement la peine capitale, mais aussi tous les raffinements de cruauté dont on l'entourait. S'il s'agit en effet de faire expier au meurtrier son crime, et de lui appliquer la peine du talion * : sang pour sang, œil pour œil, dent pour dent, toutes les tortures sont justifiées. C'est dans ce système que le bourreau, selon les expressions de Joseph de Maistre *, devient un être sublime, la pierre angulaire de la société : il serait en effet le représentant de la justice divine, le délégué de Dieu lui-même.

La loi moderne a renoncé à ces maximes sauvages ; elle ne songe nullement à faire expier, au nom de la justice éternelle, les fautes commises par les hommes ; elle ne se place qu'au point de vue de l'intérêt social ; elle n'a d'autre droit que de protéger la société contre les criminels en les mettant hors d'état de nuire.

Abolition de la peine de mort. — Aussi la peine de mort a-t-elle été abolie déjà dans un certain nombre de pays, dans plusieurs États d'Amérique, et dans certains cantons de la Suisse, etc. Et ce qu'il importe de constater, c'est qu'on n'a pas vu que le nombre des crimes s'y soit accru.

La peine de mort n'apparaissant plus comme nécessaire, il ne faut pas hésiter à souhaiter qu'elle disparaisse absolument de nos codes [1]. Il ne faut pas oublier qu'à la différence des autres peines, la peine de mort est irréparable. Or, elle frappe souvent des innocents. On a pu établir que, dans une période de vingt ans, six arrêts de mort avaient été cassés annuellement, et les condamnés envoyés devant un autre jury qui les a acquittés. Que serait-il arrivé, si la Cour de cassation n'avait pas existé, ou si elle n'avait pas annulé les premiers jugements ?

1. En fait, l'exercice du droit de grâce conféré au président de la République a fait que, dans ces dernières années, la peine capitale a été très rarement appliquée en France.

En outre, la peine de mort enlève au condamné la faculté de s'amender et de se relever. « Or, comme le fait remarquer M. Barni, si l'amendement des coupables n'est pas le principe de la pénalité sociale, il en doit être du moins une des fins.

Progrès accomplis. — Quelle que doive être la solution de la question de la peine de mort, il est certain que de grands progrès ont déjà été accomplis, au point de vue de l'application de la peine capitale :

D'une part, on a supprimé la torture qui autrefois accompagnait ordinairement le dernier supplice;

D'autre part, on a singulièrement réduit le nombre des crimes auxquels la loi applique la peine de mort.

La torture. — Jusqu'à la fin du xviiie siècle, la justice française a suivi dans l'instruction criminelle les mêmes procédés que l'inquisition. On soumettait l'accusé à la *question préparatoire* pour lui faire avouer son crime. On soumettait encore le condamné à la *question préalable*, qui précédait l'exécution, pour lui faire avouer le nom de ses complices.

La torture d'ailleurs était tantôt *ordinaire* (c'était le mot consacré), tantôt *extraordinaire*, celle-ci encore plus cruelle que celle-là.

Restriction de la peine de mort. — La peine capitale était appliquée, sous l'ancien régime, à des crimes qui ne sont punis aujourd'hui que de la prison ou des travaux forcés.

En 1563, le juge criminel d'Orléans condamnait à mort un enfant de quinze ans, coupable d'avoir volé quelque argent à un chanoine. Une ordonnance royale de 1724 portait que le vol domestique serait puni de mort.

Les temps sont heureusement changés. Un vol ne conduit plus à la potence, comme au xviiie siècle. La peine de mort n'est plus maintenue dans nos codes que pour un petit nombre de cas extrêmes. Nos législateurs ont appliqué le principe que posait Montesquieu : « Un citoyen mérite la mort, lorsqu'il a ôté la vie ou entrepris de l'ôter. »

Tyrannicide.—Une autre difficulté sur laquelle s'est exercée la subtilité des moralistes, c'est la question de savoir si le sujet ou le citoyen a le droit de se faire justice à lui-même et de tuer un oppresseur, un tyran.

La doctrine qui absout le tyrannicide a eu cours au moyen âge : saint Thomas* ne la repousse pas formellement.

« Au XVe siècle, dit M. Janet, elle est professée publiquement par le cordelier Jean Petit*, condamnée par la Sorbonne, mais acquittée, malgré tous les efforts de Gerson, par le concile de Constance. »

Au XVIe siècle on retrouve la même doctrine dans les écrits de Boucher*, curé de Paris, de Buchanan*, du royaliste Bodin*, du jésuite Mariana*.

Dans ces époques troublées, la notion du droit est obscurcie par la passion, par le fanatisme, comme elle le sera plus tard, aux jours sombres de la Terreur.

« Le tyran, dit Mariana, est une bête féroce. Aussi ne faut-il pas hésiter à reconnaître aux particuliers le droit de le mettre à mort. » Et Mariana cite avec éloge les noms des Thrasybule*, des Harmodius*, des Aristogiton*, des deux Brutus, auxquels il joint celui de Jacques Clément*, l'assassin d'Henri III. Il est vrai que le casuiste jésuite, après avoir formellement reconnu le droit d'assassiner le tyran, se refuse à admettre le droit de l'empoisonner, « les lois de la nature permettant de tuer par le fer, mais non par le poison ».

La conscience moderne réprouve le tyrannicide, l'assassinat politique aussi bien que toute autre forme de l'homicide. Quelles que soient les raisons qui aient armé le bras de Georges Cadoudal* ou de Charlotte Corday*, quelle que soit la perversité de la victime, le meurtre est toujours le meurtre. C'est retomber dans la barbarie de l'état de nature qu'autoriser les hommes à se faire justice à eux-mêmes. La vie même d'un scélérat doit être sacrée pour l'honnête homme.

La guerre. — Il n'y a d'autres exceptions possibles à la loi qui interdit l'homicide que le droit de légitime défense; et voilà pourquoi, dans l'état de guerre, l'homicide devient pour le soldat un droit et même un devoir.

La guerre elle-même, si elle est purement défensive, est absolument légitime. Un peuple, comme un individu, doit être respecté dans ses droits par les autres peuples. La guerre offensive, au contraire, la guerre d'ambition et de conquête, ne repose que sur le droit de la force, c'est-à-dire sur la négation même du droit : elle résume et condense, pour ainsi dire, dans un même fait brutal toutes les injustices; elle est un brigandage en grand, un attentat contre la propriété :

On respecte un moulin, on vole une province;

elle est un attentat contre la liberté des peuples qu'elle soumet, malgré eux, à une autorité, à un gouvernement dont ils ne veulent pas ; elle est aussi le meurtre organisé, et les chefs d'État qui, par ambition, par caprice, ont déchaîné sur l'humanité le fléau de la guerre, devraient être considérés en bonne justice, non comme des héros, mais comme d'abominables meurtriers.

Le duel. — Il nous reste à examiner un dernier problème qui se rattache encore à la question de l'homicide : la question du duel.

Si le droit de légitime défense peut servir, avec quelque apparence de raison, à justifier la peine de mort et la guerre, il ne saurait être invoqué dans le cas du duel.

« Si la nécessité de se défendre justifie le duelliste pendant le duel, dit M. Jules Simon, elle ne le justifie nullement à l'instant de l'acceptation du duel, et la faute est là. Si l'on en appelle à la justice du duel, parce qu'on la préfère à celle de la loi, on substitue la barbarie à la civilisation ; si on n'a recours au duel que dans le silence de la loi, qu'on juge cette justice sommaire qui n'a qu'une peine, la peine de mort, et qui l'applique indifféremment pour les crimes les plus odieux et pour les plus puériles bagatelles. Si l'on dit que le duel est accepté dans le cas de légitime défense lorsqu'on ne peut le refuser sans perdre l'honneur, il reste à définir cet honneur, qui dépend uniquement d'un pareil courage; et si l'on prétend distinguer le duel de l'assassinat, parce que dans le duel il y a du danger, c'est entendre singulièrement le droit que de trouver légitime ce qui est périlleux [1]. »

A vrai dire, le duelliste est deux fois coupable, car il expose à la fois sa vie et celle d'autrui. Comme on l'a dit : « Le duel est un suicide conditionnel subordonné à un homicide manqué. »

Et cependant la mode du duel est loin de disparaître de nos mœurs. L'opinion publique lui est indulgente, et la loi ne l'atteint que par intermittence. Le Code pénal garde un silence absolu sur le duel. Il est vrai que depuis 1837 la jurisprudence a décidé que les dispositions pénales qui frappent l'homicide et les blessures étaient applicables aux suites du duel.

Malgré la complaisance de l'opinion, malgré l'éclat qu'elle attache au courage du duelliste, il ne faut pas craindre de condamner au nom de la morale une coutume qui est un reste de la barbarie et le dernier vestige des jugements de Dieu [*].

RÉSUMÉ

55. Le premier devoir de justice est le respect de la vie humaine : d'où **l'interdiction de l'homicide**.

56. L'homicide a toujours été puni par les lois humaines. Le Code pénal français distingue le **meurtre** et **l'assassinat**, le **parricide**, **l'infanticide**, l'**empoisonnement**, et prononce contre ces crimes soit la peine de mort, soit les travaux forcés à perpétuité.

57. **La peine de mort**, ou l'homicide légal, a

1. J. Simon, *le Devoir*, p. 102.

son principe dans le **droit de légitime défense.**

58. Le **droit de légitime défense,** en nous autorisant à repousser l'agression, **absout le meurtre** de l'agresseur, si ce meurtre était réellement nécessaire à notre défense.

59. La peine de mort n'est qu'une conséquence du droit de légitime défense, transporté de l'individu à la société.

60. La légitimité de la peine de mort n'est certaine qu'à la condition d'avoir prouvé qu'elle est le seul moyen efficace dont dispose la loi, soit pour exercer une influence exemplaire qui empêche le meurtre, soit pour mettre le meurtrier hors d'état de nuire.

61. Le **droit social de punir** repose, non sur le principe de la vengeance, ni même sur le principe de l'expiation, mais sur **l'intérêt de la société,** sur le **droit de légitime défense.**

62. Il semble prouvé par le raisonnement comme par les faits que la **peine de mort** n'est **pas nécessaire** : d'où il résulte qu'elle doit être **abolie.**

63. La peine de mort est **irréparable** : elle ne permet ni au juge de reconnaître l'erreur de son jugement, ni au condamné de s'amender.

64. En fait, par la suppression de la torture, par la restriction du nombre des cas qui entraînent légalement la peine de mort, par un large exercice du droit de grâce, la société actuelle se rapproche progressivement de l'abolition de la peine de mort.

65. Le **tyrannicide** ou l'assassinat politique doit être **condamné** comme toute autre forme de l'homicide : nul ne doit se faire justice à lui-même.

66. La **guerre** n'est véritablement **légitime** que

quand elle est une **application du droit de défense.**

67. Le **duel** est condamné doublement par la morale, parce qu'il est à la fois un manquement à la loi qui interdit le **suicide,** et à la loi qui interdit l'**homicide.**

LECTURES

La Peine de mort.

Je pense que la peine de mort et toutes les peines perpétuelles peuvent et par conséquent doivent être retranchées de nos codes : en un mot, je refuse à l'homme, soit en matière politique, soit en matière ordinaire, le droit d'infliger à l'homme ou une souffrance ou une flétrissure irrévocable. Je n'admets ni l'infaillibilité dans le juge, ni l'éternité de la perversité dans le coupable. J'ai été quelque temps mêlé,. après la fondation de la République, à l'administration de la justice criminelle : j'ai visité un grand nombre de prisons dans toute l'Europe, depuis Mazas jusqu'à Millbanks ; je suis allé à Portland, pour me rendre compte de la manière dont les Anglais remplaceront la peine de mort quand ils y auront renoncé. Ce que j'ai surtout rapporté de ces longues études, c'est la peur de l'irréparable. En demandant qu'on laisse toujours à la société le moyen de réparer une erreur, si je pense beaucoup à la victime, je pense encore plus à la société elle-même ; et j'ai moins de peur du tort qu'une erreur judiciaire fait à un homme, que de celui qu'elle fait à la justice. (Jules Simon, *la Peine de mort.*)

Même sujet.

Tout malfaiteur attaquant le droit social devient par ses forfaits rebelle et traître à la patrie : il cesse d'en être membre en violant ses lois, et même il lui fait la guerre... Il doit en être retranché par l'exil, comme infracteur du pacte, ou par la mort, comme ennemi public : car un tel ennemi n'est pas une personne morale ; — c'est un homicide, et c'est alors que le droit de la guerre est de tuer le vaincu. (J.-J. Rousseau, *Contrat social*, livre II, ch. LIX.)

Même sujet.

C'est à vous d'examiner dans quel cas il est équitable d'arracher la vie à votre semblable à qui Dieu l'a donnée. Voyez s'il est bien raisonnable que, pour apprendre aux hommes à détester l'homicide, des magistrats soient homicides et tuent un homme en grand appareil. Voyez s'il est nécessaire de le tuer quand on peut le punir autrement, et s'il faut payer un de vos compatriotes pour massacrer utilement votre compatriote, excepté dans un seul cas : c'est celui où il n'y aurait pas d'autre moyen de sauver la vie du plus grand nombre. C'est le cas où on tue un chien enragé. (Voltaire.)

LECTURES RECOMMANDÉES

M. J. Simon, *la Peine de mort.*
M. J. Barni, *la Morale dans la démocratie.*

LEÇON VI

Respect de la liberté humaine. — Esclavage et intolérance. —
L'esclavage dans l'antiquité. — Le christianisme. — Les philosophes modernes. — Abolition de l'esclavage. — Le servage. —
L'intolérance. — Histoire de l'intolérance. — Contradictions du
christianisme. — Le XVI° siècle. — Le XVIII° siècle. — État actuel.
— Diverses formes de la liberté de conscience. — Liberté de
manifester sa croyance. — La tolérance.

Respect de la liberté humaine. — Il y a mille
façons d'attenter à la liberté d'autrui. La vie sociale
n'est, pour ainsi dire, qu'une mêlée de libertés hostiles
entre elles, qui mettent à profit les forces inégales dont
elles disposent, qui exploitent les richesses, l'intelligence dont elles peuvent user, et qui cherchent sans
cesse à usurper les unes sur les autres, n'ayant pas la
sagesse de s'enfermer strictement dans la limite de
leur droit. Les parents tyranniques qui abusent de
leur puissance pour maltraiter leurs enfants; les
patrons qui imposent aux ouvriers, en profitant de
leurs embarras, de trop dures conditions de travail et
un salaire insuffisant; les ouvriers à leur tour, qui,
par exemple, aux époques de grève, gênent ou em-
pêchent le travail de leurs compagnons : tous les
hommes en général dans leurs relations sociales
manquent fréquemment au devoir qui leur est imposé
de respecter la liberté des autres dans ses manifestations légitimes. Le monde est plein d'oppresseurs et
d'opprimés; et à côté des oppressions violentes, que

l'histoire enregistre, celles des conquérants, des tyrans, il y a, dans l'intimité de la vie domestique et sociale, mille petites oppressions obscures qui n'en sont pas moins des attentats à la liberté.

Esclavage et intolérance. — Mais entre toutes les atteintes graves portées à la liberté par l'injustice de l'homme, il en est deux surtout qui méritent notre attention : l'esclavage et l'intolérance ; car elles ont fait depuis que le monde existe des milliards de victimes ; elles en font et en feront encore, quoique solennellement répudiées par la conscience moderne.

L'une, l'esclavage, est la suppression violente de toutes les libertés : l'esclave n'a plus rien qui lui appartienne, sauf la vie, et encore une vie précaire, compromise par le travail forcé, par les duretés d'un maître tout-puissant.

L'autre, l'intolérance, ne confisque pas sans doute d'un seul coup toutes les libertés, mais elle s'en prend à la plus précieuse de toutes, celle qui est la condition et la source de toutes les autres, la liberté de régler comme nous l'entendons nos pensées et de manifester nos croyances.

L'esclavage dans l'antiquité. — La question de l'esclavage est de celles où se manifestent le mieux, soit les contradictions, soit les progrès de la conscience humaine. L'esclavage n'a pas été seulement un fait universel chez les anciens : il est chez eux une doctrine au service de laquelle des philosophes tels qu'Aristote lui-même ont mis une argumentation savante.

Aristote, il est vrai, reconnaît que l'esclavage était, de son temps, devenu un problème et que certains philosophes osaient le condamner.

« Il en est, dit-il, qui prétendent que le pouvoir du maître est contre nature ; que la loi seule fait des hommes libres et des hommes esclaves, mais que la nature ne met aucune différence entre eux [1]. »

1. *Politique*, liv. I, c. I.

On n'en est que plus étonné qu'Aristote, qui connaissait si bien les objections, ait passé outre, et qu'il se soit prononcé par des raisons subtiles en faveur de l'esclavage. La propriété, dit-il, est un droit essentiel; mais la propriété est inutile sans instruments, puisqu'elle ne produit rien d'elle-même; et les instruments sont de deux sortes : les uns inanimés, les autres vivants. Les instruments vivants sont autrement précieux que les autre... Il faut donc qu'il y ait des hommes réduits à l'état d'instruments, parce qu'ils sont nécessaires à la propriété, au besoin individuel ou social de pourvoir à la subsistance.

« L'esclave, par loi de nature, ne s'appartient pas à lui-même; tout en étant homme, il est l'homme d'un autre homme. »

Détail à noter, Aristote prévoit l'hypothèse où le génie de l'homme aurait inventé des machines travaillant d'elles-mêmes, « des navettes tissant toutes seules, des archets jouant seuls de la cithare ». Dans ce cas, ajoute-t-il, les entrepreneurs pourraient se passer d'ouvriers, et les maîtres d'esclaves. C'est précisément dans notre siècle, qui a vu se transformer et progresser à un si haut degré la construction des machines, que, selon les paroles presque prophétiques d'Aristote, l'esclavage a enfin disparu de presque toute la surface du globe.

Aristote n'invoquait pas seulement les besoins de la société pour justifier l'esclavage; il prétendait en outre que la nature a fait des hommes qui n'ont d'autre destination que d'obéir aux autres hommes, parce qu'ils leur sont aussi inférieurs que la brute elle-même. Et il cherchait à trouver dans la conformation même du corps le signe extérieur qui trahissait la destination naturelle, libre ou servile, des hommes.

« La nature, disait-il, a créé les corps des hommes libres différents de ceux des esclaves, donnant à ceux-ci la vigueur nécessaire dans les gros ouvrages de la société, rendant au contraire ceux-là incapables de courber leur droite stature à ces rudes labeurs. »

Aristote veut bien reconnaître pourtant que ce signe n'est pas infaillible. Les esclavagistes modernes ont trouvé un criterium plus sûr dans la couleur des blancs et des noirs !

Les stoïciens. — Les stoïciens sont peut-être les seuls philosophes de l'antiquité qui aient condamné l'esclavage.

« Il y a, disait Zénon, tel esclavage qui vient de la conquête, et tel autre qui vient d'un achat; à l'un et à l'autre correspond le droit du maître, et ce droit est mauvais. »

Plus explicite encore, Sénèque s'écriait :

« Ils sont esclaves! Dites qu'ils sont hommes. Ils sont esclaves! Ils le sont comme toi! Celui que tu appelles esclave est né de la même semence que toi. Il jouit du même ciel, respire le même air, vit et meurt comme toi. »

Et Epictète, esclave lui-même, écrivait :

« L'âne est un esclave destiné par la nature à porter nos fardeaux, parce qu'il n'a point en partage la raison et l'usage de sa volonté Que si ce don lui eût été fait, l'âne se refuserait légitimement à notre empire; ce serait un être égal et semblable à nous. »

Le christianisme. — Assurément le christianisme proclamait l'égalité de tous les hommes devant Dieu. Un docteur chrétien du premier siècle affirmait ce beau principe : « Sans égalité, point de patrie. » Mais en fait les apôtres et les pères de l'Église n'ont pas réclamé l'affranchissement immédiat des esclaves. Tout au contraire, ils encourageaient l'esclave à la patience, à la résignation : ils le consolaient de sa servitude terrestre en lui montrant la libération après la mort. Saint Chrysostome* disait que l'esclavage est un bien pour le chrétien, parce qu'il est pour lui une occasion de souffrir et de mériter. Saint Augustin* affirmait que l'esclavage est juste parce qu'il est la conséquence du péché.

> « L'ordre de la nature a été renversé par le péché, et c'est avec justice que le joug de la servitude a été imposé au pécheur[1]. »

Saint Thomas*, le grand docteur de la scolastique, conclut sur l'esclavage à peu près comme ses deux maîtres, comme Aristote et comme saint Augustin. Pour lui l'esclavage est aussi une inégalité qui dérive du péché.

Bossuet lui-même considère que l'esclavage est un « état juste et raisonnable »[2]. La servitude, à ses yeux, a son origine dans les lois de la guerre où le vainqueur peut à son choix tuer le vaincu, ou au contraire lui conserver la vie, en l'asservissant.

Les philosophes modernes. — Il est temps de regarder du côté des philosophes modernes, qui seuls ont su flétrir l'esclavage et réfuter avec éloquence les misérables arguments tirés, soit des lois de la guerre, soit d'une prétendue inégalité naturelle.

> « Il n'est pas permis de tuer dans la guerre, dit Montesquieu, sauf le cas de nécessité; mais dès qu'un homme en a fait un autre esclave, on ne peut pas dire qu'il ait été dans la nécessité de le tuer, puisqu'il ne l'a pas fait[3]. »

Montesquieu met de même à néant l'argument tiré d'un contrat par lequel un homme se vendrait à un autre.

> « La vente suppose un prix : l'esclave se vendant, tous ses biens entreraient dans la propriété du maître; le maître ne donnerait rien, et l'esclave ne recevrait rien. »

Rousseau, de son côté, combat la théorie de ceux qui voudraient fonder l'esclavage sur le renoncement

---

1. *La Cité de Dieu*, liv. XIX.
2. *Politique*, L.
3. *Esprit des lois*, liv. XV, c. II. Seul avant Montesquieu, Bodin, au XVIe siècle, avait élevé la voix contre l'esclavage.

volontaire de l'homme à sa liberté, et qui seraient disposés à abuser du mot de Vauvenargues *: « La servitude abaisse les hommes jusqu'à s'en faire aimer. »

L'homme n'a pas le droit d'abdiquer sa personnalité. Et s'il est contre la morale d'imposer l'esclavage, il ne l'est pas moins de la subir.

« Renoncer à sa liberté, c'est renoncer à sa qualité d'homme, aux droits de l'humanité, même à ses devoirs... Une telle renonciation est incompatible avec la nature de l'homme. »

Abolition de l'esclavage. — La question est aujourd'hui jugée en fait : car l'esclavage tend à disparaître même du nouveau monde, et il y a longtemps qu'il n'en reste plus trace en Europe. Elle est aussi résolue en droit : car les arguments présentés encore en Amérique, pour essayer d'absoudre un état social qui est la violation de tous les droits, ne résistent pas à l'examen.

L'infériorité d'intelligence du nègre, à supposer qu'elle soit prouvée, est vraisemblablement l'effet de l'esclavage. Loin de le justifier, elle le condamne ; elle en révèle les douloureuses conséquences. Quoi d'étonnant que des générations abruties par de longs siècles de servitude ne puissent d'emblée égaler en intelligence des lignées d'hommes libres !

C'est par charité, dit-on, que le maître d'esclaves doit retenir son troupeau sous sa loi : les esclaves, incapables de se conduire eux-mêmes, sont de grands enfants qui ont besoin de tuteurs. Mais il n'y a pas de charité qui puisse prévaloir contre la justice, et la justice ne saurait en aucune façon excuser l'asservissement d'un plus ou moins grand nombre d'hommes réduits à l'état de bêtes de somme.

Il faut voir d'ailleurs comment la charité est pratiquée dans le régime de l'esclavage, dans la traite des nègres. Des troupeaux d'hommes arrachés à leur pays, achetés pour quelques menus objets sur les côtes de l'Afrique, entassés pêle-mêle sur des navires, et après le débarquement conduits au marché, le père séparé de ses enfants, la femme de son mari; puis le rude travail sans trêve ni merci, sous le fouet déchirant les épaules nues ; nul souci de l'âme de ces malheureux qui n'ont plus que l'apparence humaine; les cruautés les plus féroces; l'abandon de ceux qui ne peuvent plus travailler; parfois le troupeau transformé en haras, afin de multiplier le plus possible et sans frais le nombre des esclaves : en un mot, la suppression de tous les droits, l'avilissement absolu de la dignité humaine, voilà ce qu'a été l'esclavage dans les temps modernes, peut-être plus encore que dans l'antiquité; car chez les anciens l'esclavage était le plus souvent le résultat de la guerre, chez les modernes il a été un honteux trafic et l'exploitation raffinée de l'homme par l'homme.

Le servage. — Le servage est un esclavage adouci. Les derniers vestiges en ont subsisté dans notre pays jusqu'à la fin du xviiie siècle, jusqu'à la veille de la Révolution. Le serf diffère de l'esclave en ce qu'il n'est pas absolument à la discrétion de son seigneur et maître, ne pouvant être vendu qu'avec le sol, la *glèbe* dont il faisait comme partie intégrante.

Sauf ce point, l'état des serfs n'était guère supérieur à la situation des esclaves : taillables et corvéables à merci, entièrement livrés aux caprices du maître, n'ayant ni droits civils ni droits politiques; « si sujets à leur seigneur, dit Beaumanoir, que le sire peut prendre tout ce qu'il veut, tenir en prison leur corps, toutes les fois qu'il lui plaira, soit à tort, soit à droit, n'étant tenu à en répondre à personne fors à Dieu ».

La condition du servage a duré en Europe pendant onze ou douze siècles. On ne saurait trop bénir l'esprit de la Révolution, qui, rappelant aux hommes leur égalité et leurs droits, a effacé les derniers restes de l'esclavage et qui, pénétrant jusqu'en Russie, a décidé le czar

Alexandre II à affranchir d'un seul coup, en 1861, 24 millions de serfs.

L'intolérance. — L'esclavage prend en bloc la personne humaine et l'asservit tout entière ; l'intolérance n'atteint ou ne prétend atteindre qu'une partie de la personne. Mais elle tyrannise ce qu'il y a de plus élevé, de plus noble en nous, nos pensées, nos croyances : elle veut faire des consciences esclaves.

Ce qui rend l'intolérance dangereuse, c'est que dans ses prétentions elle se couvre en général d'apparences désintéressées. L'esclavage n'a pour principes que les motifs les plus bas, les instincts cupides du propriétaire qui veut accroître sa richesse et qui pour cela fait de l'homme sa proie. L'intolérance, au contraire, se présente comme la protectrice de la vérité, comme la gardienne de la foi. Elle asservit l'homme, non pour l'employer à l'enrichissement d'autrui ; mais, à ce qu'elle dit, pour le sauver, pour le préserver de l'erreur et de l'hérésie. Même quand elle emploie les supplices, quand elle envoie au bûcher, quand elle assassine solennellement des malheureux, c'est, prétend-elle, pour leur salut.

Histoire de l'intolérance. — Comme le dit M. Jules Simon dans son beau livre, *la Liberté de conscience*, « qui voudrait faire l'histoire de l'intolérance aurait à faire l'histoire du monde ».

Les plus anciennes constitutions reposaient sur le principe de l'intolérance. L'Égypte, l'Inde sont des sociétés théocratiques où tout est enchaîné à des dogmes inflexibles. La Grèce, sans doute, a été la terre de la liberté ; mais elle a eu, elle aussi, ses martyrs, Socrate, par exemple, victime de son opposition aux croyances traditionnelles. On pourrait soutenir qu'à Rome la multiplicité même des dieux, l'absence d'une doctrine rigoureuse, l'inconsistance des dogmes religieux livrés en partie à la fantaisie des poètes, ont eu pour conséquence une tolérance relative. Mais cela n'a duré que jusqu'au jour où, une religion nouvelle apparaissant, le paganisme est devenu fanatique à son tour, et où, pour maintenir les vieux rites, les païens sont devenus les bourreaux des chrétiens.

Contradictions du christianisme. — Toutes les opinions triomphantes ont eu leur heure d'intolérance. Les persécutés de la veille ont presque toujours été les persécuteurs du lendemain.

Que disaient les premiers docteurs de l'Église alors que leurs coreligionnaires étaient envoyés au martyre? Ils réclamaient le droit commun. Au fanatisme païen ils opposaient la liberté de conscience. Lactance[1] disait que « la religion est par-dessus tout volontaire », que nul ne peut être forcé à adorer ce qu'il ne veut pas adorer. Les paroles de Tertullien[2] sont encore plus expressives :

« Voyez, disait-il, s'il est à la gloire de l'infidélité d'ôter la liberté de la religion, d'interdire le choix de la divinité, de ne point me permettre d'honorer qui je veux, et de me contraindre à honorer qui je ne veux pas. Personne ne veut des hommes contraints... N'est-il pas inique de forcer des hommes libres à sacrifier malgré eux ? »

Tout autre fut le langage de l'Église triomphante. Une fois qu'elle eut fait reconnaître ses droits et que son pouvoir fut assuré, elle employa contre les hérétiques les mêmes armes que les païens avaient employées contre elle. Elle érigea l'intolérance en principe et la persécution en système de gouvernement.

Déjà saint Augustin déclarait que c'était pour le bien des hérétiques qu'on les obligeait à changer de foi. « On n'est pas toujours ami en épargnant, disait-il, ni toujours ennemi en frappant. Les blessures d'un ami valent mieux que les baisers trompeurs d'un ennemi. »

La doctrine de saint Augustin est malheureusement devenue pendant le moyen âge et jusqu'au XVIIIe siècle la loi de l'Église catholique; et de cette source empoi-

1. Lactance, *Abrégé de l'institution divine*, c. LIV.
2. Tertullien, *Apologétique*, c. XXIV.

sonnée sont sorties les horreurs de l'inquisition, la Saint-Barthélemy, les dragonnades.

Le XVI· siècle. — Ce n'est pas seulement dans les jours sombres du moyen âge, c'est en pleine Renaissance que la liberté de conscience a été méconnue. Voici le tableau qu'un historien a tracé de quelques-unes des cruautés du xvi° siècle :

« C'est sous François Iᵉʳ, c'est par ses ordres que le baron d'Oppède * massacra trois mille Vaudois, jeta le reste sur les galères, livra leurs femmes aux soldats, mit le feu à vingt-quatre villages et fit de Cabrières et de Mérindol un monceau de cendres... Jean Leclerc, Jean Chatelain brûlés à Metz, Jacques Pavanne, l'ermite de la forêt de Bondy, Latour, Hubert, brûlés à Paris, Dublet, Moulin, brûlés à Lyon, un *auto-da-fé* * célébré à Toulouse, le 31 mars 1532, dans la seule ville du royaume où l'inquisition se fût maintenue, six hérétiques brûlés à Paris le 21 janvier 1535, une pauvre femme brûlée le lendemain pour avoir fait gras le vendredi, un grand nombre de victimes demeurées inconnues et dont l'histoire ne raconte que les effroyables supplices; en 1546 (l'année même de l'exécution d'Étienne Dolet) quarante-six réformés, dont dix-neuf femmes, condamnés à Meaux à diverses peines, et quatorze autres au feu: tels sont les fastes sanglants du règne de François Iᵉʳ[1]. »

Le XVIIIᵉ siècle. — C'est seulement au xviiiᵉ siècle que nous trouvons une affirmation résolue des droits de la liberté de conscience. Quelques écrivains du xviᵉ siècle, Montaigne par exemple, qui dans son aimable scepticisme s'écriait : « C'est mettre ses croyances à bien haut prix que d'en faire cuire un homme tout vif »; quelques penseurs du xviiᵉ siècle, Locke, l'auteur des *Lettres sur la tolérance*, Fénelon peut-être, avaient déjà prêché la douceur, et flétri l'emploi de la force. Mais leurs opinions restaient encore isolées : l'intolérance demeurait la doctrine de l'Église et de l'État. Sous Louis XV tout acte de protestantisme était considéré comme une apostasie et puni des galères perpétuelles. En 1750 plusieurs protestants furent exécutés en Languedoc. La loi ne

1. J. Simon, *la Liberté de conscience*, p. 189.

reconnaissait que le mariage catholique : les protestants étaient censés vivre en concubinage ; leurs enfants, considérés comme des bâtards, n'avaient point droit à l'héritage paternel. Sous Louis XVI encore les protestants étaient exclus de toutes les fonctions publiques et de la plupart des corps de métiers.

C'est la Révolution qui, s'inspirant des idées de Montesquieu et de Voltaire, ces deux grands apôtres de la tolérance, fit inscrire enfin dans notre droit public le principe de la liberté de penser.

« Nul ne doit être poursuivi pour ses opinions même religieuses, pourvu que leur manifestation ne trouble point l'ordre public établi par la loi. » (Art. 18 de la *Déclaration des droits de l'homme*.)

Et cependant que de préjugés encore ! Le 23 décembre 1789, le comte de Clermont-Tonnerre proposait de déclarer que les protestants, les juifs, les comédiens et les exécuteurs des hautes œuvres pouvaient faire partie des municipalités. « Les juifs, ajoutait-il, sont présumés citoyens tant qu'il n'est pas prouvé qu'ils ne le sont pas. — Ils ne le sont pas, s'écrie Rewbell. — Ils sont indignes de l'être », reprend l'abbé Maury. Et l'Assemblée nationale ajourne la question des juifs « sur l'état desquels elle se réserve de prononcer ». Elle ne se prononça qu'à la veille de se dissoudre, le 26 septembre 1791.

La Convention fut plus affirmative. Elle rédigea ainsi l'article 7 de sa *Déclaration des droits :*

« Le droit de manifester sa pensée et ses croyances soit par la voie de la presse, soit de toute autre manière, le droit de s'assembler paisiblement, le libre exercice des cultes, ne peuvent être interdits. La nécessité d'énoncer ces droits suppose la présence ou le souvenir récent du despotisme. »

Malheureusement la Convention elle-même ne mit pas sa pratique d'accord avec ses principes. Elle édicta, elle aussi, des pénalités sévères contre les catholiques ; elle porta des décrets de proscription contre les prêtres.

État actuel. — On voit combien l'humanité a de peine à se défaire de ses vieilles habitudes d'intolérance. Aujourd'hui encore, même chez les nations les plus civilisées, on est loin d'avoir achevé l'œuvre de paix qui suppose le respect absolu des consciences. En Angleterre, les juifs sont exclus du Parlement ; en Allemagne, ils ne peuvent prétendre aux fonctions publiques ; la Bohême et la Bavière leur refusent le droit de posséder la terre. Combien d'autres exemples à citer, même en plein XIX siècle, de la persistance des préjugés ! Ici ce sont les catholiques, là ce sont les protestants, qui sont persécutés, ou tout au moins maltraités. Souhaitons que la législation établisse de plus en plus l'égalité des citoyens, quelle que soit leur croyance, et en attendant efforçons-nous, dans la sphère de nos actions personnelles, de respecter le plus possible, soit en elle-même, soit dans ses manifestations, la conscience de nos semblables.

Diverses formes de la liberté de conscience. — Il y a d'abord une liberté intérieure de penser qu'il semblerait que nulle puissance ne puisse nous ôter, parce qu'elle réside dans le for intérieur de la conscience, et qu'elle est par conséquent à l'abri de toutes les atteintes. Aussi M. de Bonald prétendait qu'il est aussi ridicule de revendiquer pour l'homme la liberté de penser qu'il le serait de réclamer pour lui la liberté de respirer. Il ne voyait pas ou ne voulait pas voir qu'il y a mille manières d'atteindre même cette liberté intérieure. Les hommes ne sont pas tous des héros. La ténacité courageuse des opinions est chose rare. La conscience humaine est toujours faible par quelque endroit. Comment ne pas comprendre que dans une société où règne l'intolérance, où tous les privilèges, toutes les faveurs sont accordés à une seule catégorie de gens bien pensants, où les hérétiques, les libres penseurs, de quelque nom qu'on les appelle, sont exposés à toutes les vexations, la liberté de penser n'est plus qu'une chimère? Les opinions du plus grand nombre finissent par céder ; l'homme n'a plus le courage de rester fidèle à une croyance qui compromet tous ses intérêts matériels ; il cesse d'oser penser par lui-même, de même qu'il cesserait de respirer, si on l'enfermait longtemps dans une atmosphère malsaine, si on le confinait dans un cachot privé d'air.

Liberté de manifester sa croyance. — D'ailleurs la vraie liberté de penser ne consiste pas seulement à disposer de sa pensée intérieure ; comme on l'entend elle demande en outre à se manifester, à exprimer et à publier hautement sa croyance. De là le libre exercice des cultes, la liberté de la presse et de la parole. Ajoutons qu'une autre condition est nécessaire. Il ne suffit pas que je puisse matériellement manifester ma pensée ; il faut que l'expression de ma croyance ne me prive d'aucun de mes droits sociaux, qu'elle ne me coûte rien.

« En Angleterre le juif est affranchi dans sa croyance, dans son culte, dans ses écrits, dans sa vie civile ; mais il ne peut entrer au Parlement, donc il n'est pas libre : il n'a pas la liberté de conscience.

« En Bohême le juif ne peut entrer à la synagogue sans perdre à la fois tout droit politique et toute indépendance personnelle.

« En Russie, en Espagne, il ne peut même pas prier ; il ne lui reste que le sanctuaire où la force ne pénètre pas, le sanctuaire impénétrable de la liberté du cœur[1]. »

La tolérance. — La tolérance est la vertu qui correspond au respect de la liberté de conscience. On a dit qu'elle était la charité envers les idées : c'est plus que la charité, c'est la justice. Toute opinion sincère a droit à notre respect. Les erreurs les plus grossières sont la manifestation licite de la liberté. Nous devons les combattre par la parole, par le raisonnement, si nous le pouvons ; mais il n'est point permis de les

[1]. M. J. Simon, *op. cit.*, p. 289.

étouffer par la force et par la violence. Sommes-nous sûrs de posséder nous-mêmes la vérité ? Le serions-nous, il faudrait encore songer à démontrer la vérité, non à l'imposer.

La tolérance n'est pas l'indifférence : elle n'exclut ni les haines vigoureuses contre l'erreur, ni l'ardeur de la propagande. On peut être l'apôtre d'une idée sans être le persécuteur de ceux qui la repoussent.

Assurément l'établissement de la tolérance parmi les hommes est surtout l'affaire du gouvernement, la conséquence des lois publiques. C'est au législateur à proclamer qu'il n'y a pas de religion d'État, que tous les cultes sont libres ; c'est à la puissance publique qu'il appartient d'en protéger l'exercice.

Mais, jusque dans la vie privée, nous avons souvent à faire acte de tolérance et à pratiquer ce précepte de justice : « Ne blesse pas autrui dans ses croyances, de même que tu ne voudrais pas qu'il te blessât dans les tiennes. »

Le mot de tolérance est d'ailleurs un mot faible, insuffisant : car tolérance implique l'idée qu'on supporte avec peine ce qu'on tolère. Il ne faut pas seulement supporter, il faut respecter l'opinion d'autrui, toutes les fois qu'elle est réfléchie et sincère.

Il faut se garder de haïr les autres hommes parce qu'ils pensent autrement que nous. Il faut s'abstenir d'abuser, pour les violenter dans leur foi, de l'autorité que nous donne notre situation de parents, de professeurs, de maîtres. Sans doute il n'est plus question aujourd'hui de combattre par le fer et par le feu les opinions que l'on réprouve, mais celui-là aussi est un intolérant, un persécuteur à sa manière qui, par exemple, renvoie ses ouvriers de l'atelier parce qu'ils n'ont pas en politique les mêmes opinions que lui.

RÉSUMÉ

68. Les plus graves de toutes les atteintes à la liberté humaine sont l'**esclavage** et l'**intolérance.**

69. L'esclavage a été un fait universel dans l'antiquité, et il a trouvé des défenseurs tels que le philosophe Aristote.

70. Les stoïciens ont les premiers proclamé l'**injustice** de l'esclavage.

71. Certains docteurs de l'Église chrétienne, Bossuet, par exemple, déclarent que l'esclavage est un **état juste et raisonnable.**

72. Vivement combattu par tous les philosophes modernes, l'esclavage a trouvé, jusque dans ces derniers temps en Amérique, des défenseurs intéressés.

73. Aucun argument ne peut prévaloir contre les raisons qui condamnent l'esclavage : le caractère sacré de la personne humaine, l'avilissement et tous les maux qui résultent de la servitude.

74. Il n'est pas moins interdit de subir l'esclavage que de l'imposer.

75. Le **servage,** forme adoucie de l'esclavage, doit être condamné pour les mêmes raisons.

76. L'**intolérance** ne prétend asservir qu'une partie de la personne humaine ; mais, en faisant la conscience esclave, elle attente à la plus précieuse de toutes les libertés.

77. Toutes les religions ont eu leur heure d'intolérance ; les **persécutés** de la veille sont le plus souvent les **persécuteurs** du lendemain.

78. Le christianisme, après avoir revendiqué contre le paganisme les droits de la conscience, les a méconnus à son tour quand il a persécuté les hérétiques.

79. La Révolution française a proclamé la **liberté des cultes**, le droit de manifester sa pensée et ses opinions ; mais dans un grand nombre de pays, même en Europe, la liberté de conscience n'est pas encore établie dans tous les droits qu'elle comporte.

80. La liberté de conscience comprend non seulement la liberté intérieure, mais le droit de **manifester extérieurement** ses croyances.

81. Une autre condition nécessaire, c'est que le citoyen qui use de cette liberté le puisse sans souffrir **aucune diminution de ses droits civils et politiques.**

82. La **tolérance** se résume dans cette maxime : « Ne blesse pas autrui dans ses croyances de même que tu ne voudrais pas qu'il te blessât dans les tiennes. »

LECTURES

L'Esclavage.

Le sucre serait trop cher si l'on ne faisait travailler la plante qui le produit par des esclaves [1]. Ceux dont il s'agit sont noirs depuis les pieds jusqu'à la tête, et ils ont le nez si écrasé

1. Nous n'avons pas besoin de faire remarquer à nos lecteurs que ce passage de Montesquieu est ironique d'un bout à l'autre.

qu'il est presque impossible de les plaindre. On ne peut se mettre dans l'esprit que Dieu, qui est un être très sage, ait mis une âme, surtout une âme bonne, dans un corps tout noir. Une preuve que les nègres n'ont pas le sens commun, c'est qu'ils font plus de cas d'un collier de verre que de l'or, qui, chez des nations policées, est d'une si grande conséquence. De petits esprits exagèrent trop l'injustice que l'on fait aux Africains ; car si elle était telle qu'ils le disent, ne serait-il pas venu à la tête des princes d'Europe, qui font entre eux tant de conventions inutiles, l'idée d'en faire une générale en faveur de la miséricorde et de la pitié ? (Montesquieu.)

Même sujet.

Ne repoussons-nous pas avec indignation, avec horreur, l'idée d'être réduits à l'état d'outils, de choses dans la main de quelqu'un de nos semblables ? Est-il une vérité morale plus profondément enracinée dans nos cœurs que celle qui nous dit qu'une telle dégradation serait un outrage suprême? Et si cette impression n'est qu'une erreur, sur quelle conviction morale peut-on se fier? La certitude que nous ne pouvons devenir avec justice la chose d'autrui ne tient pas à la couleur de notre peau, au lieu de notre naissance, à notre force ou à notre richesse. Tout cela n'entre pas dans nos pensées. Le sentiment qui nous dit que nous avons des droits indestructibles est une partie de notre essence morale ; c'est le sentiment de notre humanité qui implique la conviction qu'on ne peut pas nous posséder comme on fait d'un arbre ou d'une brute. C'est parce que nous sommes des hommes qu'on n'a pas le droit de faire de nous des esclaves. Personne donc ne peut être légitimement asservi. (Channing.)

L'Intolérance.

Il me semble qu'on pourrait séparer les ennemis de la liberté de penser en deux classes bien distinctes : les uns sont des fanatiques, qui veulent nous rendre heureux malgré nous; nous sauver, nous sanctifier malgré nous ; et les autres des politiques qui ne voient de salut pour l'État que dans l'unité. Ils se trompent les uns et les autres, puisqu'ils blessent la justice;

mais au malheur d'être injustes ils joignent celui de ne pas réussir. Les premiers croient augmenter leur troupeau, parce qu'ils y introduisent des hypocrites ; les seconds, en aspirant à la paix, ne font que semer des tempêtes. (J. Simon.)

LECTURES RECOMMANDÉES

Channing, *De l'esclavage.*
M. Jules Simon, *la Liberté de conscience.*

LEÇON VII

La propriété. — Nous n'avons pas à respecter seulement la vie et la liberté de nos semblables : nous
devons aussi nous interdire de porter atteinte à tout ce
qui leur appartient, à leurs biens, à leur propriété, à
leur réputation et à leur honneur.

La propriété est un fait à peu près universel, au
moins dans les sociétés civilisées. Chez les sauvages
de l'Amérique qui ne cultivent pas la terre, il n'y a pas
évidemment de propriété foncière. En Algérie, encore
aujourd'hui, la terre appartient en commun aux
membres d'un même douar ou village. Mais à mesure
que la civilisation a grandi, la notion de la propriété
individuelle s'est de plus en plus affirmée.

La propriété doit être considérée comme un des
fondements essentiels de l'ordre social. La loi civile,
dans presque tous les pays du monde, a pris sous sa
protection le droit de propriété. Mais la philosophie
morale, comme l'économie politique, a le devoir de
répondre aux objections que de tout temps a ren-
contrées le principe même de la propriété, et de prouver

qu'elle n'est pas seulement un fait nécessaire, qu'elle est un droit naturel, justement consacré par la loi.

Opinions des anciens. — Parmi les philosophes de l'antiquité quelques-uns, comme Platon, ont attaqué la propriété comme une source incessante de querelles entre les hommes, comme le principe de l'inégalité. Mais la plupart, comme Aristote, en ont démontré à la fois l'utilité et la légitimité.

« C'est trahir la nature, disait Aristote, que de détruire la propriété. Qui peut dire tout ce qu'il y a de délicieux dans l'idée et le sentiment de la propriété? Elle n'est pas seulement la satisfaction de l'égoïsme ; elle est le moyen de rendre service à ses amis, à ses hôtes, et c'est détruire la libéralité que d'ôter aux citoyens l'usage de leurs biens[1]. »

Aristote d'ailleurs considère la propriété comme un fait plus qu'il n'en explique l'origine. La loi, l'agriculture et le pillage lui semblent trois modes d'acquisition également acceptables.

« L'occupation, même par la force, semble être à ses yeux le principe unique de la propriété. C'est qu'en effet, dans l'antiquité la propriété ne paraissait guère autre chose qu'un fait violent à l'origine, protégé par la loi[2]. »

Opinions des modernes. — Les économistes et les philosophes modernes ont presque tous combattu l'utopie qui consiste à nier la légitimité de la propriété individuelle et à prêcher la communauté des biens.

Mais il y a eu pourtant des opposants, et les défenseurs de la propriété eux-mêmes ne l'ont pas toujours soutenue par de bonnes raisons. C'est ainsi que Bentham disait : « La propriété et la loi sont nées ensemble et mourront ensemble. Avant la loi point de propriété : ôtez la loi, toute propriété cesse. » C'était

1. D'après M. Paul Janet, *Histoire de la science politique*, 3e édition, p. 201.
2. Id., *Ibid.*, p. 100.

considérer la propriété comme un fait légal, non comme un fait naturel. C'était admettre implicitement que la loi pourrait défaire la propriété comme elle l'a faite. C'était méconnaître qu'il y a eu propriété dès que l'homme a existé, dès qu'il a travaillé et qu'étendant autour de lui son activité et son intelligence, il s'est approprié légitimement les fruits de son travail.

D'autre part, sous le régime de la monarchie absolue, l'idée de la liberté individuelle n'ayant pas encore triomphé, le souverain, c'est-à-dire le roi, se considérait volontiers comme le propriétaire unique de tous les biens détenus par ses sujets.

« Tout ce qui se trouve dans l'étendue de vos États, de quelque nature qu'il soit, vous appartient au même titre. Vous devez être bien persuadé que les rois sont seigneurs absolus et ont naturellement la disposition pleine et libre de tous les biens qui sont possédés, aussi bien par les gens d'Église que par les séculiers, pour en user en tout comme de sages économes[1]. »

La Révolution, en affranchissant l'homme et le citoyen, en proclamant leurs droits, fit triompher l'idée de l'inviolabilité de la propriété, conséquence nécessaire de la liberté individuelle. Un souverain aussi absolu que Louis XIV, et qui en fait ne respecta pas toujours la propriété, s'inclinait du moins théoriquement devant elle, dans ces paroles solennelles prononcées en séance du conseil d'Etat : « La propriété est inviolable. Napoléon lui-même, avec les nombreuses armées dont il dispose, ne pourrait s'emparer d'un champ : car violer le droit de propriété dans un seul, c'est le violer dans tous. »

Objections contre la propriété. — La liberté est le principe même de la propriété, et il était naturel que l'idée de la propriété triomphât avec la liberté dont elle est une des formes. Mais, au nom d'une égalité chimérique, les partisans de la liberté eux-mêmes de-

1. *Instructions de Louis XIV au dauphin.*

vaient être conduits à se retourner contre la propriété.
C'est ce qui est arrivé, sous la Convention, au communiste Babeuf*, et, dans notre siècle, aux Saints-Simoniens*, à Fourier*, à Proudhon*.

C'est Proudhon surtout qui, dans son fameux pamphlet *La propriété, c'est le vol*, a dirigé contre la propriété le réquisitoire le plus retentissant. Assurément il y a des propriétés mal acquises. En outre, malgré les progrès accomplis depuis la Révolution française, malgré la diffusion de la petite propriété, on peut se plaindre que la propriété ne soit pas encore assez divisée, assez équitablement répartie, qu'il y ait trop d'inégalité, trop de distance entre l'extrême misère et l'extrême fortune. Mais ce sont là des maux inhérents à un grand bien, à une nécessité sociale. Il serait insensé de renoncer au bien sous prétexte qu'à ce bien sont liés certains inconvénients.

Il ne saurait être question d'ailleurs de remédier absolument à ces conséquences fâcheuses. L'égalité des fortunes est une chimère. Serait-elle décrétée un jour, qu'elle ne subsisterait plus le lendemain; l'imprévoyance des uns, la paresse ou les passions des autres auraient vite fait de rétablir l'inégalité. Il n'y a d'autre remède aux injustices qu'entraîne l'abus de la propriété que la suppression radicale de la propriété.

Mais, qu'on veuille bien y réfléchir, que serait une société, où l'homme n'aurait plus la certitude de se voir garantir le fruit de son travail ou l'héritage de ses pères; où il ne pourrait plus transmettre à ses enfants les produits de son dur labeur? Travaillerait-on encore, le jour où il n'y aurait plus de propriété? Il est permis d'en douter. D'autre part, tout en souhaitant que l'avenir continue l'œuvre d'élargissement et de distribution plus complète de la propriété, n'est-il pas certain que l'accumulation de la fortune dans certaines mains est nécessaire aux grandes entreprises, que les capitaux sont l'âme de l'industrie et du commerce? A une condition pourtant, c'est que les mains des capitalistes soient généreuses, ouvertes, et que la richesse se fasse pardonner en quelque sorte l'excès où elle est portée par l'emploi qui en est fait.

C'est vers la propriété, qui est un besoin non moins qu'un droit, que tendent toutes les aspirations de l'homme. Supprimer la propriété, ce serait supprimer l'intérêt individuel, ce serait condamner les sociétés humaines à périr dans la langueur et l'inertie.

Diverses formes de la propriété. — Il y a plusieurs espèces de propriété, parce qu'il y a diverses espèces de choses que l'activité humaine approprie à la satisfaction de ses besoins [1].

Il faut distinguer la propriété foncière ou immobilière, c'est-à-dire la propriété du sol, ou de tout ce qui par nature ou par destination est attaché au sol ; la propriété mobilière, c'est-à-dire la propriété de tout ce qui n'est pas attaché à la terre, les meubles, les rentes constituées, les effets publics, etc. ; la propriété industrielle, c'est-à-dire la propriété des moyens particuliers par lesquels l'industrie, plus ou moins savamment, procède à la confection de ses produits, le droit par conséquent qui est reconnu à un industriel d'exploiter un procédé (brevets d'invention) ; enfin la propriété littéraire et artistique.

Définition de la propriété. — Mais nous n'avons à nous occuper ici que de la propriété en général.

Voici comment la définit le Code français, en elle-même et dans ses conséquences :

La propriété, dit le Code civil, est le droit de jouir et disposer des choses de la manière la plus absolue, pourvu qu'on n'en fasse pas un usage prohibé par les lois ou par les règlements (art. 544).

La propriété d'une chose soit mobilière, soit immobilière, donne droit sur tout ce qu'elle produit et ce qui s'y unit accessoirement, soit naturellement, soit artificiellement. Ce droit s'appelle *droit d'accession* (art. 546).

1. Voy. le *Dict. général de la politique* de M. Maurice Block, art. PROPRIÉTÉ.

Théorie du droit de propriété. — Les philosophes ont invoqué tour à tour, pour justifier la propriété, le droit du premier occupant, le droit du travail, enfin le droit de la liberté. A vrai dire, une théorie complète doit faire appel à ces divers principes en les unissant l'un à l'autre.

Droit du premier occupant. — La première occupation est une condition de la propriété. L'appropriation des objets n'est en effet légitime que s'ils étaient auparavant inoccupés.

« C'est en vertu de ce droit que les premiers hommes errants sur l'immensité de la terre encore inconnue et inhabitée, choisirent les lieux qui étaient à leur convenance pour y bâtir leurs demeures, qu'ils prirent et élevèrent certains animaux dont la chair leur paraissait propre à les nourrir et dont la peau pouvait leur servir de vêtement. C'est en vertu du même droit qu'ils jetèrent leur dévolu sur les champs qui semblaient leur promettre les plus riches moissons et qu'ils se mirent à les défricher [1]. »

Le travail. — Mais le droit du premier occupant — dont il n'est plus question d'ailleurs de faire usage dans les contrées civilisées, où tout est envahi, occupé depuis longtemps — ne suffit pas pour faire apparaître ce qu'il y a d'inviolable et de sacré dans la propriété. La première occupation en effet n'est qu'un hasard heureux. Prendre ce qui n'appartient à personne est permis, sans doute; mais l'appropriation ne commence véritablement que lorsque le travail est venu perfectionner, transformer l'objet occupé, et lui donner sa valeur.

Un sauvage coupe des pieux dans la forêt voisine; il les dépouille, il les façonne, il en fait des arcs, des flèches. Qui pourrait lui contester la légitime propriété de ces armes qu'il a fabriquées, qui représentent son temps, son travail?

Il en est de même de la propriété de la terre. Par elle-même la terre n'a point de valeur; la terre non

---

1. M. Ferraz, *nos Devoirs et nos Droits*, p. 293.

défrichée, c'est la forêt vierge, ce sont les ronces et les broussailles, le marais, les landes incultes et stériles. La terre tient sa valeur du travail de l'homme. C'est l'homme qui l'a fertilisée, qui l'a arrosée de ses sueurs. Transformées par ceux qui les avaient occupées les premiers, les terres peuvent ensuite être vendues, échangées, contre d'autres propriétés légitimement acquises. Et à supposer même qu'au début la propriété ait été le résultat de la violence, d'une occupation injuste, — la conséquence par exemple du partage des terres des vaincus entre les vainqueurs, — c'est précisément cet échange incessant qui suffirait à purifier ce qu'il pourrait y avoir de trouble et d'irrégulier dans les origines lointaines de la propriété. La propriété en effet change chaque jour de mains, et ceux qui la détiennent aujourd'hui en sont presque toujours les légitimes acquéreurs.

La liberté. — C'est donc le travail qui fonde la propriété. Mais le travail n'est sacré en lui-même comme dans ses résultats que parce qu'il est la manifestation de notre personnalité libre, l'exercice de nos facultés.

Victor Cousin a analysé mieux que personne, à ce point de vue, les fondements du droit de propriété, considéré comme un prolongement, pour ainsi dire, de la personne humaine, comme une extension de nos facultés libres et inviolables.

« Notre première propriété, dit-il, c'est nous-même, c'est notre moi, c'est notre liberté, c'est notre pensée...

« L'acte primitif de la propriété consiste dans l'imposition libre de la personne humaine sur toutes choses ; c'est par là que je les fais miennes ; dès lors assimilées à moi-même, marquées du sceau de ma personne et de mon droit, elles cessent d'être simples choses à l'égard des autres...

« La personne humaine intelligente et libre, qui à ce titre s'appartient à elle-même, se répand successivement sur tout ce qui l'entoure, se l'approprie et se l'assimile...

« L'occupation précède le travail, mais elle se réalise par le travail. Tant que l'occupation est seule, le droit qu'elle fonde est obscur ; mais quand le travail s'ajoute à l'occupation, elle la déclare, la détermine et lui donne une autorité visible et certaine... Par le travail, en effet, au lieu de mettre simplement la main sur une chose qui n'appartient encore à personne, nous y imprimons notre caractère, nous nous l'incorporons, nous l'unissons à notre personne. C'est là ce qui rend respectable et sacrée, aux yeux de tous, la propriété sur laquelle a passé le travail libre et intelligent de l'homme[1]. »

En résumé, l'occupation première est la condition de la propriété; mais le vrai principe en est le travail, qui est lui-même l'emploi de nos facultés libres et par là même inviolables. Les lois assurent sans doute l'exercice de la propriété; mais, si elles la garantissent, elles ne la fondent point.

Conséquences du droit de propriété. — Les conséquences du droit de propriété sont le droit de donation et le droit de transmission par héritage. La propriété, en effet, comporte le pouvoir d'user de ce qu'on possède comme on l'entend; or, parmi ces usages un des plus naturels est assurément d'en faire don à autrui. Et si la légitimité du don est certaine, la légitimité de l'hérédité s'ensuit. J'ai le droit de donner, non seulement pour le présent et pendant la vie, mais pour l'avenir et après ma mort.

Il est vrai que la loi elle-même restreint la liberté de tester, qu'elle interdit au père de dépouiller ses autres enfants au profit d'un seul d'entre eux, de tester au profit d'étrangers. C'est que la propriété est en quelque sorte familiale, domestique. Elle est moins la propriété de l'individu que la propriété du foyer, de la race. Famille et propriété sont deux termes inséparables et solidaires, qui ont toujours été attaqués ou défendus en même temps.

Le vol. — Il n'est pas besoin d'insister sur l'immoralité du vol. La morale le condamne comme elle condamne toute atteinte au droit d'autrui. La loi le considère, selon les circonstances, comme un délit ou comme un crime.

Le vol est puni des *travaux forcés à perpétuité*,

1. V. Cousin, *Justice et Vérité.*

lorsqu'il a été commis avec la réunion des cinq circonstances suivantes : 1° s'il a eu lieu la nuit; 2° s'il a
été commis par deux ou plusieurs personnes; 3° si les
coupables ou l'un d'eux étaient porteurs d'armes
apparentes ou cachées; 4° s'il y a eu effraction, escalade, etc.; 5° s'il y a eu violence ou menace de faire
usage d'armes.

Dans d'autres cas, les peines sont moins sévères.
Sont passibles, par exemple, de la réclusion les vols
commis sur un chemin public, sans autre circonstance aggravante, la nuit et par deux ou plusieurs
personnes, le jour mais avec armes apparentes ou
cachées, etc.

D'autres vols, larcins ou filouteries, sont punis d'un
emprisonnement de un à cinq ans, ou même d'une
simple amende de dix francs au moins et de cinq cents
francs au plus[1].

Respect de l'honneur et de la réputation. —
Pour n'être pas des biens matériels, la réputation, l'honneur n'en sont pas moins une propriété précieuse
que nous tenons à maintenir intacte et à laquelle la
loi morale, comme la loi positive, interdit de porter
atteinte.

Or on porte atteinte à l'honneur d'autrui soit par
des actes, soit par des paroles. Les actes sont particulièrement criminels, mais les paroles le sont aussi. Les
paroles des calomniateurs et des médisants sont coupables, car elles portent préjudice à autrui, elles sont
des armes meurtrières.

La calomnie. — La calomnie est une imputation
que l'on sait fausse, un mensonge d'abord, et aussi un
mensonge malfaisant, par lequel on porte atteinte à
l'honneur et à la réputation d'autrui.

Le calomniateur manque d'abord à ce premier
devoir qui est de dire la vérité; mais il enfreint aussi
et gravement la loi, qui nous interdit de faire du mal

---

1. Pour plus de détails voyez les articles 379 à 401 du Code pénal.

à autrui. Il y a des calomnies qui sont plus redoutables, plus cruelles que ne le serait un vol, plus homicides parfois que ne le serait une blessure matérielle.

La calomnie n'est d'ailleurs considérée dans la législation française que sous la forme plus générale de la diffamation.

On peut dire que la diffamation est le terme légal pour exprimer la calomnie.

La diffamation. — La diffamation, comme la calomnie, est l'allégation ou l'imputation d'un fait qui porte atteinte à l'honneur ou à la considération d'autrui. Mais elle diffère de la calomnie en ce que celle-ci est toujours un mensonge : le calomniateur dit des autres le mal qu'il sait être faux. La diffamation, au contraire, peut, dans certains cas, porter sur des faits vrais ; le diffamateur publie, au détriment de la réputation de ses semblables, les fautes qu'ils ont ou qu'ils n'ont pas commises.

La diffamation et la loi. — La loi sociale doit protéger les individus dans leur réputation, comme elle les protège dans leur vie, dans leurs biens et dans leur liberté.

A ses yeux la vérité du fait publié ne supprime pas le délit du diffamateur, et elle n'admet même pas celui-ci à faire la preuve de son imputation diffamatoire. Il lui suffit que la considération de la personne ait été atteinte, que ce soit à tort ou à raison, peu importe.

La loi a prévu différentes sortes de diffamation, et elle les punit différemment. Elle se montre surtout sévère pour les diffamations qui sont dirigées contre les cours, tribunaux, autorités et administrations publiques (quinze jours à deux ans d'emprisonnement, de cent cinquante à deux mille francs d'amende), contre les ambassadeurs accrédités en France, contre les dépositaires ou agents de la force publique (huit jours à dix-huit mois de prison, cinquante à trois mille francs d'amende). Quand il s'agit de diffamation contre les particuliers, les pénalités sont les suivantes : un emprisonnement de cinq jours à un an, et une amende de vingt-cinq francs à deux mille francs, ou l'une de ces deux peines seulement, selon les circonstances[1].

Ajoutons qu'à la différence de ce qui se passe en cas de meurtre ou de vol, la poursuite, en cas de diffamation, n'est intentée que sur la plainte de la personne qui se croit diffamée.

La médisance. — Médire c'est encore diffamer, mais diffamer à demi-voix, dans des conversations intimes. Et il faut bien avouer que les hommes mêmes qui répugnent à la médisance publique, à la diffamation portant sur des faits graves, se laissent trop aisément aller aux propos légers, où sont critiqués les défauts du prochain. C'est pourtant une injustice de dire du mal d'autrui, surtout si le mal qu'on raconte est faux et inventé; et il l'est toujours en partie, par l'exagération qu'y met le médisant. Abstenons-nous donc le plus possible d'un défaut où perce sans doute plus la malignité que la méchanceté humaine, et qui prouve souvent beaucoup d'esprit, mais plus d'esprit que de cœur. Nous n'avons pas le droit de ravir à nos semblables même une parcelle de leur réputation.

Autres formes de l'injustice. — Il s'en faut que nous ayons épuisé l'étude des diverses formes de l'injustice. On peut léser les droits de son semblable en nuisant d'une façon ou d'une autre à ses intérêts, en mettant des obstacles à son succès. On peut manquer à la justice en froissant les sentiments d'autrui, en reprochant à ceux qui vous aiment de ne pas vous aimer, etc.

La délation, l'envie sont aussi des injustices : la première, une injustice effective, car le délateur, flétri dès l'école, est un homme malfaisant qui fait tout ce qu'il peut pour perdre autrui; la seconde, une injus-

___

1. Voy. les lois des 17 mai 1819, 23 mars 1822, 23 juillet 1849, 29 décembre 1875.

tice intérieure, qui ne se traduit pas toujours par des actes, mais qui n'en existe pas moins dans notre cœur. L'envieux qui jalouse les autres hommes ne leur vole rien, ne leur prend rien, en un sens, mais il voudrait du moins leur ravir la supériorité qu'il s'afflige de constater chez eux, et cette volonté est un commencement d'injustice. L'injustice a ses racines dans les sentiments mauvais, et l'homme vertueux doit se les interdire autant qu'il s'abstient de tout acte nuisible aux autres.

L'ingratitude. — Outre les droits qu'ont tous les hommes à notre respect, quelques-uns d'entre eux, par les services qu'ils nous ont rendus, ont des titres particuliers à notre affection, à notre déférence. L'ingratitude est donc une injustice, puisque l'ingrat frustre son bienfaiteur de la reconnaissance qu'il lui doit.

En résumé, la justice comprend tous les sentiments, toutes les vertus qu'exige le respect d'autrui.

Efforçons-nous donc de ne pas admettre un seul sentiment dans notre cœur, de ne pas mettre un seul mot sur nos lèvres, de ne pas accomplir un seul acte, qui puisse porter dommage à cet ensemble complexe de facultés, de droits, de biens de toute espèce, dont se compose la chose sacrée qu'on appelle la personne humaine.

RÉSUMÉ

83. La justice ordonne de respecter les biens ou la propriété d'autrui, d'où l'**interdiction du vol**, et aussi de respecter la réputation, l'honneur des autres hommes, d'où l'**interdiction de la calomnie** et de la **diffamation**.

84. La **propriété** est un fait presque universel, un

fait nécessaire : elle est aussi un **droit naturel.**

85. Les économistes se trompent quand ils considèrent la propriété uniquement comme un **fait légal,** qui cesserait d'être légitime si la loi cessait de le garantir.

86. La **propriété** est la conséquence naturelle de la **liberté individuelle,** et notion de la propriété a grandi en même temps que dée de la liberté.

87. C'est l'inégalité de la répartition de la propriété, qui a surtout inspiré leurs utopies aux communistes.

88. Quoiqu'il faille désirer une **diffusion de plus en plus grande** de la propriété, il est évident que l'égalité des fortunes est une chimère.

89. Si la propriété n'était pas garantie par la loi, il serait à craindre que personne ne voulût plus travailler, n'étant plus sûr de **posséder** pour lui-même et de **transmettre à ses enfants** le fruit de son travail.

90. Il y a diverses espèces de propriété, propriété **foncière,** propriété **mobilière,** propriété **industrielle,** propriété **artistique.**

91. La propriété a pour condition une *première* occupation, et le **travail** qui a donné à l'objet fabriqué son prix, à la terre sa valeur.

92. Le travail lui-même n'est sacré dans son produit que parce qu'il est l'exercice de nos facultés, la manifestation de notre **personnalité libre** et qui s'appartient à elle-même.

93. Le droit de propriété a pour conséquences le droit de **donation,** le droit de **transmission.**

94. Le vol, condamné par la morale, est puni par la loi de peines diverses selon la gravité des circonstances.

95. Nous devons respecter chez nos semblables **l'honneur** et la **réputation** qui sont aussi une propriété personnelle.

96. La calomnie, la diffamation, la médisance, sont diverses manières de nuire à la réputation d'autrui.

97. La calomnie est une imputation que l'on sait fausse, un **mensonge malfaisant**.

98. La diffamation diffère de la calomnie en ce qu'elle peut porter sur des faits vrais. Le diffamateur publie soit le vrai soit le faux. Dans les deux cas il est puni par la loi civile.

99. La médisance est une diffamation légère.

100. Les autres formes de l'injustice sont la **délation**, **l'envie**, **l'ingratitude**, etc.

LECTURES

La Propriété.

... Cette terre féconde, il faut s'attacher à elle, s'y attacher pour la vie, si on veut qu'elle réponde par sa fécondité à notre amour. Il faut y fixer sa chaumière, l'entourer de limites, en éloigner les animaux nuisibles, brûler les ronces sauvages qui la couvrent, les convertir en une cendre féconde, détourner les eaux infectes qui croupissent sur sa surface, pour les convertir en eaux limpides et vivifiantes, planter des arbres qui en éloignent ou les ardeurs du soleil ou le souffle des vents malfaisants, et qui mettront une ou deux générations à croître; il faut enfin que le père y naisse et y meure, après le père le fils, après le fils les petits-fils! Qui donc se donnerait ces soins si la certitude qu'un usurpateur ne viendra pas détruire ces travaux, ou sans les détruire s'en emparer pour lui, n'excitait, ne soutenait l'ardeur de la première, de la seconde, de la troisième génération ? Cette certitude, qu'est-elle, sinon la propriété admise, garantie par les forces de la société ?... Tous les voyageurs ont été frappés de l'état de langueur, de misère et d'usure dévorante des pays où la propriété n'est pas suffisamment garantie. Allez en Orient, où le despotisme se prétend propriétaire unique, ou, ce qui revient au même, remontez au moyen âge; et vous verrez partout la terre négligée, parce qu'elle est la proie la plus exposée à l'avidité de la tyrannie. Au contraire, que par le progrès des temps ou la sagesse du maître la propriété soit respectée : à l'instant la confiance renaît, les capitaux reprennent leur importance relative, la terre, valant tout ce qu'elle est destinée à valoir, redevient féconde. (Thiers, *De la propriété.*)

La Calomnie.

La calomnie, monsieur, vous ne savez guère ce que vous dédaignez; j'ai vu les plus honnêtes gens près d'en être accablés : croyez qu'il n'y a pas de plate méchanceté, pas d'horreur, pas de conte absurde qu'on ne fasse adopter aux oisifs d'une grande ville, en s'y prenant bien... D'abord un bruit léger rasant le sol comme une hirondelle avant l'orage... Telle bouche le recueille, et *piano piano*, vous le glisse en l'oreille adroitement. Le mal est fait; il germe, il rampe, il chemine, et, *rinforzando*, de bouche en bouche, il va le diable; puis, tout à coup, ne sais comment, vous voyez la calomnie se dresser, siffler, s'enfler, grandir à vue d'œil : elle s'élance, étend son vol, tourbillonne, enveloppe, arrache, entraîne, éclate et tombe, et devient un cri général, un *crescendo* public, un chorus universel de haine et de proscription. (Beaumarchais, *le Barbier de Séville.*)

LECTURE RECOMMANDÉE

Thiers, *De la propriété.*

LEÇON VIII

Justice active. — Nous avons énuméré la plupart des devoirs de justice qui consistent simplement à s'abstenir de tout acte préjudiciable à autrui. Mais avant d'étudier les devoirs de charité, qui nous commandent de faire à autrui tout le bien possible, il est important de rappeler que la justice ne réside pas tout entière dans l'abstention, dans une simple attitude de respect devant les droits de l'homme.

La justice exige davantage : elle veut que nous intervenions par nos actes, toutes les fois qu'un acte d'injustice est commis ou va l'être, pour en obtenir le redressement ou pour en empêcher l'exécution ; elle demande que nous défendions les personnes menacées dans leur vie, dans leur liberté, dans leurs biens, dans leur honneur. Ce n'est pas assez pour être juste de pouvoir dire qu'on n'a personnellement commis ni vol, ni assassinat, qu'on s'est interdit toute calomnie, tout attentat à la liberté d'autrui : il faut encore pouvoir affirmer que, dans la mesure de ses forces, on s'est opposé à ces actes de violence, quand ils étaient prémédités ou accomplis par nos semblables.

La charité. — Sous cette dernière forme la justice se rapproche déjà beaucoup de la charité qui pourrait être définie: *l'effort que nous devons faire pour réparer les injustices naturelles, ou les injustices sociales.*

Nous ne reviendrons pas sur les caractères généraux de la charité (Voy. leçon IV). Ce qu'il importe de bien comprendre, c'est que la charité n'est pas moins obligatoire que la justice. Dante[*] exprimait avec force cette vérité quand il assignait une place, dans les cercles de son *Enfer*, à ceux qui n'ont pas été charitables : « Maître, demande-t-il à son guide, qu'ont fait ceux-là pour mériter de telles souffrances ? — Ceux-là, ils n'ont pas fait de bien ! »

Fondement de la charité. — La charité, nous l'avons dit, c'est l'amour d'autrui; mais cet amour ne doit pas se séparer du respect de la personne humaine.

« Le respect, dit M. Marion, c'est-à-dire le sentiment de la dignité des autres, doit se mêler à l'affection que nous avons pour eux, sans quoi l'amour ne mérite pas le nom de charité et ne nous offre plus aucune sûreté morale. Au lieu d'être la vertu par excellence, il peut servir de prétexte et d'excuse à toutes sortes de manquements, à toutes sortes de méfaits envers les personnes[1]. »

Sophismes contre la charité. — Il est si vrai que la charité suppose comme condition le respect de la personne humaine, qu'il s'est rencontré des philosophes pour condamner l'assistance publique ou privée, dans les écoles qui à la dignité de l'individu substituent le principe exclusif de l'utilité sociale.

Platon a de dures paroles pour les infirmes, pour les êtres débiles ou difformes. « Quant à ceux dont le corps est mal constitué, disait-il froidement, on les laissera mourir[2]. » L'homme n'ayant d'autre raison d'être que les services qu'il rend à la société, il doit disparaître dès que la faiblesse ou la maladie le rend

1. M. Marion, *Leçons de morale*, p. 285.
2. Platon, *République*, III, XVII.

impropre à remplir les devoirs civiques. C'est dans le même sens que M. Herbert Spencer ose se plaindre que la société prenne soin des pauvres, des misérables : « Nourrir les incapables aux dépens des capables, c'est une grande cruauté, dit-il. C'est une réserve de misère amassée pour les générations futures. »

Ce qui est vraiment une cruauté, c'est le langage tenu par des philosophes trop oublieux de ce que l'humanité doit à tous les hommes, et plus particulièrement à ceux que la nature a déshérités de ses faveurs. Nous ne consentirons jamais à accepter la maxime brutale que Plaute* mettait dans la bouche d'un personnage de son théâtre : « Celui qui donne à un mendiant de quoi manger ou de quoi boire lui rend un mauvais service, car il perd ainsi ce qu'il lui donne, et il ne fait que lui rendre la vie plus misérable. »

D'ailleurs, en fondant la charité sur le respect de la personne, nous ne lui donnons pas seulement un principe sûr : nous lui garantissons les caractères qu'elle doit revêtir dans une société démocratique, où elle n'est plus l'aumône dédaigneuse qui humilie, où elle doit être seulement le gage de la solidarité qui unit dans les liens d'une affection commune tous les membres de la famille humaine.

Diverses formes de la charité. — On pourrait suivre dans l'énumération des devoirs de charité le même ordre que dans l'exposition des devoirs de justice.

La justice respecte la vie, la liberté, la propriété, l'honneur d'autrui.

La charité se dévoue, se sacrifie pour assurer aux autres hommes la possession la plus complète possible de chacun de ces biens.

Il n'en est pas moins vrai que la forme la plus générale de la charité, c'est l'assistance donnée aux pauvres, c'est l'aumône.

La charité chez les anciens. — Il ne faudrait pas croire que l'antiquité ait ignoré les devoirs de la charité. Le philosophe grec Phocylide* avait des maximes comme celle-ci : « Ne rebute point le pauvre. Donne à l'instant au malheureux; ne lui dis pas de revenir le lendemain, et souviens-toi que c'est à pleines mains qu'il faut donner à l'indigent. »

Ajoutons d'ailleurs que l'institution même de l'esclavage avait cette conséquence, au premier abord inattendue, mais très réelle, d'arrêter le développement du paupérisme. Le maître était dans la nécessité de pourvoir à la subsistance de ses esclaves.

Le paupérisme sous l'ancien régime. — Quelques partisans attardés de l'ancien régime prétendent encore aujourd'hui que l'existence des corporations de métiers et des confréries préservait la société monarchique des maux de la misère. Les faits contredisent cette assertion. Au xvii· siècle, sous Louis XIV, il y avait deux millions de pauvres, parmi lesquels cinq cent mille mendiants. D'après le témoignage de Vauban*, sur dix Français, il y en avait un qui manquait positivement de pain, cinq qui n'en avaient pas suffisamment, et trois dont la situation était fort gênée.

Reconnaissons, d'ailleurs, que les conditions nouvelles de la société moderne, la liberté du travail, le développement de l'industrie, la concurrence de plus en plus acharnée qui tend à avilir les salaires, l'invention des machines, la substitution des grandes fabriques aux petits ateliers, d'autres causes encore, ont contribué à maintenir, à accroître parfois, au milieu de populations de plus en plus denses, la pauvreté et la gêne. De là, un devoir de plus en plus impérieux de venir en aide à tous ceux qui souffrent et de chercher à remédier au paupérisme.

Remèdes au paupérisme. — Les économistes prétendent qu'il y a un moyen infaillible de guérir le mal : c'est d'appliquer dans leur intégralité les principes du *laisser faire* et du *laisser passer*. De la liberté absolue des échanges dans une société laborieuse, productive à outrance, doit résulter, d'après eux, l'aisance générale. Nous ne partageons pas ces illusions. La liberté du travail a sans doute pour conséquence l'accroissement de la richesse générale ; mais elle ouvre une lutte sociale où il y aura toujours des vaincus, et où l'âpreté même de la concurrence fera un plus grand nombre de malheureux.

Nous n'accepterons pas non plus la thèse opposée, la théorie de l'organisation du travail par l'Etat, la théorie des ateliers nationaux *. Non, les principes de la liberté du travail sont définitivement acquis à la société moderne; l'application des principes contraires nous mènerait tout droit au despotisme et à la ruine.

Où donc chercher l'allègement aux souffrances des déshérités de la fortune? Elle est dans la pratique de cette belle parole de Turgot : « Le soulagement de ceux qui souffrent est le devoir de tous et l'affaire de tous. »

Une organisation plus régulière de l'assistance publique, une action plus intelligente de la charité privée, le développement de l'esprit de solidarité, et aussi le progrès des associations, des sociétés de secours mutuels, des institutions de prévoyance : voilà les vrais remèdes du paupérisme.

Assistance publique. — On appelle assistance publique toutes les institutions de charité officielle par lesquelles l'État vient en aide à l'indigence : les bureaux de bienfaisance, les hospices, les hôpitaux, les monts-de-piété, etc.

On a souvent critiqué l'assistance publique: on a dit qu'elle entretenait le mal, au lieu de l'extirper, qu'elle encourageait la paresse et le désordre, en offrant un peu au hasard un refuge sûr à des malheureux indignes des secours qu'on leur accorde. On a dit aussi qu'elle avait pour effet de décourager la charité privée, parce que les particuliers ne sont que trop disposés à se décharger sur l'administration du devoir de secourir les misérables.

Quoique ces critiques soient en partie fondées, le devoir de l'État n'en est pas moins de persévérer, tout en s'efforçant d'en améliorer les conditions, dans la pratique de l'assistance publique. Ce qui doit surtout le préoccuper, c'est de favoriser chez tous les citoyens l'esprit d'économie et de prévoyance par les encouragements qu'il accorde aux sociétés de secours mutuels et par l'organisation de plus en plus complète de caisses de retraite pour la vieillesse.

Charité privée. — Mais les efforts collectifs de la société ne doivent pas enrayer l'action de la charité privée. Nous ne ferons jamais trop de sacrifices pour soulager toutes les misères qui nous entourent.

Il y a d'ailleurs quelques précautions à prendre dans l'exercice de la charité.

Les anciens en indiquaient trois : 1° ne pas nuire à l'obligé, ni à d'autres personnes ; si l'on nuit à l'obligé, si l'on porte préjudice à autrui, on manque au devoir de justice, et la charité ne doit jamais se séparer de la justice ; 2° proportionner ses bienfaits à ses propres ressources, aux moyens dont on dispose : c'est de là qu'est sorti le proverbe : « Charité bien ordonnée commence par soi-même », qu'il faut entendre en ce sens qu'on ne doit pas, en obligeant autrui, faire tort à soi-même et à sa famille ; 3° enfin tenir compte de la personne de l'obligé, de ses mérites, de sa moralité ; distribuer équitablement ses bienfaits, ne pas prodiguer en pure perte à des ivrognes des secours qui seraient mieux appliqués ailleurs.

Ce sont ces difficultés qui faisaient dire à Sénèque :

« C'est une erreur de croire qu'il soit facile de donner : c'est une chose des plus difficiles que de bien placer ses bienfaits et de ne pas les semer au hasard. »

Le sacrifice. — Nous n'insisterons pas sur les précautions qui viennent d'être rappelées : la prudence de l'égoïsme humain n'est que trop disposée à en user et à en abuser, à les invoquer comme excuses à son manque de charité. Nous répondons sans cesse à ceux qui sollicitent notre aide : « Nous ne pouvons pas; nous ne sommes pas assez riches : vous ne méritez pas ce que vous demandez. »

Il faut donc prendre garde que les règles posées par la sagesse antique ne dégénèrent en maximes d'indifférence et ne servent à couvrir la sécheresse du cœur. La charité n'est qu'un vain mot si elle n'est pas le dévouement, le sacrifice, et qui dit sacrifice, dit renoncement volontaire à une part de ce qu'il possède pour en faire don aux autres. Ce n'est pas seulement sur notre superflu que nous devons prendre de quoi satisfaire aux exigences de l'aumône : l'homme vraiment charitable se sacrifie lui-même, se dépouille de son nécessaire pour venir en aide à ceux qui ont faim.

La bienfaisance. — La bienfaisance est un autre mot pour exprimer l'idée de la charité. Et si parfois la charité est confondue avec l'aumône, le mot de bienfaisance, nouveau d'ailleurs dans notre langue [1], n'a rien perdu au contraire de son sens général. On est bienfaisant de bien des manières : il y a mille espèces de bienfaits.

Diverses formes de la bienfaisance. — L'homme bienfaisant trouverait encore le moyen de l'être, à supposer qu'il fût plongé lui-même dans le plus complet dénuement. Fût-il réduit à l'impuissance absolue, il aurait encore la faculté d'être bienfaisant pour les autres par cela seul qu'il les aimerait. On est bienfaisant en effet en instruisant, en éclairant ses semblables, en répandant à pleines mains la science autour de soi. Les bienfaiteurs de l'humanité ne sont pas seulement ceux qui ont assisté les pauvres; ce sont aussi ceux qui ont éclairé leurs semblables, qui se sont faits avec dévouement, avec ardeur les propagateurs des vérités utiles.

---

1. Le mot de *bienfaisance* est peut-être l'invention la meilleure de toutes celles de l'abbé de Saint-Pierre. Il n'a figuré dans le *Dictionnaire* de l'Académie qu'à partir de 1762.

La devise de la bienfaisance est cette belle parole d'un ancien : « Rien de ce qui est humain ne m'est étranger. » C'est un bienfait que de donner, si l'on peut, du courage aux désespérés, de consoler les affligés. C'est un bienfait que de procurer aux autres, dans les limites de ce qui est honnête, du plaisir et du bonheur. La justice veut que nous respections les sentiments des autres hommes ; la bienfaisance ordonne que nous fassions effort pour les satisfaire. En ce sens la politesse elle-même est un devoir de bienfaisance, puisqu'elle nous commande de rechercher dans nos paroles ce qui peut être agréable à autrui.

Mais, à raison de leur caractère même, les devoirs de la bienfaisance ne se prêtent pas à être rédigés en code. Ses préceptes ne sauraient être aussi précis que ceux de la justice. C'est affaire à la libre conscience, c'est affaire aux cœurs bons et généreux de trouver eux-mêmes, dans la diversité des circonstances de la vie, ce qu'il convient de faire pour être charitable.

Devoirs de bonté envers les animaux. — Le fond de la charité étant la bonté, ce n'est pas seulement envers les autres hommes, c'est envers les animaux eux-mêmes qu'elle doit s'exercer.

L'animal est tout au moins un être sensible, qui, lorsqu'il est maltraité, souffre et se plaint. Il faut donc être inhumain pour lui imposer sans besoin des souffrances et des tortures. Assurément il convient de ne pas tomber sur ce point dans une fausse sensibilité. La vie humaine a ses nécessités, la science a ses devoirs ; et par suite nous ne songeons ni à recommander le végétarisme*, à l'exemple de ceux qui considèrent comme un crime de se nourrir de la chair des animaux, ni à condamner la vivisection*, comme font des âmes tendres qui, dans leur sollicitude pour les animaux, en viennent à oublier l'intérêt des hommes eux-mêmes. Mais, dans la mesure du possible, nous sommes tenus d'être bons envers les bêtes, de nous interdire toute destruction inutile, tout mauvais traitement qui n'est pas nécessaire.

Aussi la loi civile elle-même a-t-elle cru devoir intervenir pour protéger les animaux contre les brutalités de leurs maîtres.

« Sont punis d'une amende de cinq francs à quinze francs, et peuvent l'être d'un à cinq jours d'emprisonnement ceux qui ont exercé publiquement et abusivement de mauvais traitements envers les animaux domestiques » (Loi du 2 juillet 1850).

En recommandant la bonté envers les animaux, la morale ne se place pas seulement au point de vue de ce qui est dû à des créatures sensibles : elle songe encore plus à défendre le cœur de l'homme contre tous les sentiments mauvais indignes de l'humanité. On a souvent observé que les habitudes de brutalité envers les animaux étaient une école de dureté envers les hommes. Celui qui sans trouble martyrise un chien, un cheval, s'accoutume à l'insensibilité; et il est à craindre que dans ses devoirs sociaux il n'apporte quelque chose de l'humeur farouche à laquelle il aura donné d'abord carrière dans ses relations avec les animaux.

RÉSUMÉ

101. La justice devient une **vertu active,** quand, se rapprochant de la charité, elle nous oblige à défendre la vie, la liberté, les biens et l'honneur de nos semblables.

102. La charité n'est pas moins **obligatoire** que la justice.

103. Elle a pour fondement à la fois l'**amour du pro-**

chain et le **respect de la dignité** de la personne humaine.

104. Si l'on ne consultait que l'utilité sociale et générale, les devoirs de charité pourraient être niés comme ils l'ont été par Platon et par M. Herbert Spencer.

105. La première forme de la charité, c'est l'assistance envers les indigents, c'est l'**aumône** faite aux pauvres.

106. Le **paupérisme** a existé de tout temps, et il ne faut pas espérer que les progrès de la liberté ni le développement du travail puissent le faire disparaître entièrement.

107. Les **remèdes** au paupérisme doivent être cherchés dans l'**organisation de l'assistance publique ou privée**, et aussi dans le développement des **associations de secours mutuels** et de prévoyance.

108. L'assistance publique est au premier rang des devoirs de l'État.

109. Les efforts faits par l'État ne doivent pas décourager la charité des particuliers.

110. Il y a des **précautions** à prendre dans l'**exercice de la charité** ; il faut : 1° en obligeant quelqu'un **ne pas nuire à un autre** ; 2° proportionner ses libéralités à ses ressources ; 3° **ne pas obliger au hasard** ceux qui ne sont pas dignes d'assistance.

111. Il faut d'ailleurs prendre garde qu'une interprétation fausse de ces maximes de prudence n'ait pour conséquence fâcheuse de **modérer l'ardeur de la charité**, qui n'est vraiment ce qu'elle doit être que si elle va jusqu'au sacrifice.

112. Il y a diverses manières d'être charitable et bien-

faisant : la **bienfaisance** consiste, non seulement à secourir les pauvres, mais à éclairer les ignorants, à consoler les affligés, etc., par-dessus tout à aimer autrui.

113. La **bonté**, qui est le fond de la charité, nous oblige non seulement à l'égard de tous les hommes, mais aussi à **l'égard des animaux** eux-mêmes.

LECTURES

La Vraie Charité.

Il ne s'agit point d'épuiser sa bourse et de verser l'argent à pleines mains : je n'ai jamais vu que l'argent fît aimer personne.. Il ne faut point être avare et dur, ni plaindre la misère qu'on peut soulager; mais vous aurez beau ouvrir vos coffres, si vous n'ouvrez aussi votre cœur, celui des autres vous restera toujours fermé. C'est votre temps, ce sont vos soins, votre affection, c'est vous-même qu'il faut donner : car, quoi que vous puissiez faire, on sent toujours que votre argent n'est point vous.

Il y a des témoignages d'intérêt et de bienveillance qui font plus d'effet et sont plus utiles que tous les dons. Combien de malheureux, de malades, ont plus besoin de consolations que d'aumônes! combien d'opprimés à qui la protection sert plus que l'argent!

Raccommodez les gens qui se brouillent, prévenez les procès, portez les enfants au devoir, les pères à l'indulgence, empêchez les vexations, employez, prodiguez le crédit en faveur du faible à qui on refuse justice et que le puissant accable; déclarez-vous hautement le protecteur des malheureux; soyez juste, humain, bienfaisant. Ne faites pas seulement l'aumône, faites la charité; les œuvres de miséricorde soulagent plus de maux que l'argent : aimez les autres, et ils vous aimeront; servez-les, et ils vous serviront. Soyez leur père, et ils seront vos enfants. (J.-J. Rousseau.)

15.

Fraternité.

J'ai établi depuis quelque temps, dans ma maison de Guernesey, une petite institution de fraternité pratique que je voudrais accroître et surtout propager. Cela est si peu de chose que je puis en parler. C'est un repas hebdomadaire d'enfants indigents. Toutes les semaines des mères pauvres amènent leurs enfants dîner chez moi. J'en ai eu huit d'abord, puis quinze ; j'en ai maintenant vingt-deux. Les enfants dînent ensemble : ils sont tous confondus, catholiques, protestants, Anglais, Français, Irlandais, sans distinction de religion ou de nation. Je les invite à la joie et au rire, et je leur dis : Soyez libres. Ils ouvrent et terminent le repas par un remerciement à Dieu, simple et en dehors de toutes les formules religieuses.

Ma femme, ma fille, ma belle-sœur, mes fils, mes domestiques et moi aussi, nous les servons. Ils mangent de la viande et boivent du vin, deux grandes nécessités pour l'enfance. Après quoi, ils jouent, puis vont à l'école....

J'abrège, mais il me semble que j'en ai dit assez pour faire comprendre que cette idée, l'introduction des familles pauvres dans les familles moins pauvres, introduction à niveau et de plain-pied, fécondée par des hommes meilleurs que moi, par le cœur des femmes surtout, peut n'être pas mauvaise. Je la crois pratique et propre à de bons fruits ; et c'est pourquoi j'en parle, afin que ceux qui pourront et voudront l'imitent.

Ceci n'est pas de l'aumône, c'est de la fraternité. Cette pénétration des familles indigentes dans les nôtres nous profite comme à eux ; elle ébauche la solidarité ; elle met en action et en mouvement, et fait marcher pour ainsi dire devant nous la sainte formule démocratique : *Liberté, Égalité, Fraternité.* C'est la communion avec nos frères moins heureux. Nous apprenons à les servir, et ils apprennent à nous aimer.

(Victor Hugo.)

LECTURE RECOMMANDÉE

Recueil des *Discours sur les prix de vertu* prononcés à l'Académie française.

LEÇON IX

MORALE SOCIALE. — DEVOIRS DES CITOYENS.

Devoirs civiques. — La patrie. — L'État et les citoyens. — Fondement de l'autorité publique. — La constitution et les lois. —
Devoirs des citoyens. — Obéissance aux lois. — Les obligations
sociales. — Les droits et les devoirs. — Devoirs des gouvernants.
— Pouvoirs législatif, exécutif et judiciaire. — Les lois et les
mœurs. — Devoirs professionnels. — Le droit des gens.

Devoirs civiques. — Les obligations sociales dont
nous avons parlé jusqu'à présent sont des devoirs
généraux qui nous engagent envers tous les hommes.
Il nous reste à parler des devoirs spéciaux qui s'ajoutent aux autres, quand nos semblables sont liés à
nous, soit par les rapports particuliers qui unissent
les citoyens d'une même patrie, les membres d'une
même famille, soit enfin par les relations de l'amitié.

A mesure que le cercle se rétrécit, que la société
dont nous faisons partie se fait plus intime et moins
nombreuse, nos obligations augmentent et revêtent
des formes plus précises.

Chaque personne humaine est placée, pour ainsi
dire, au milieu de plusieurs circonférences concen-
triques : l'humanité, la patrie, la famille. A proportion
que le rayon diminue, les devoirs s'accroissent, les
sentiments deviennent plus intenses, les actes moraux
plus nombreux et mieux définis.

La patrie. — Il n'est pas nécessaire de définir la
patrie. Point n'est besoin d'invoquer l'hypothèse d'un
prétendu contrat social primitif, par lequel les hommes
se seraient engagés à vivre sous les mêmes lois. La

patrie, comme la famille, est un fait qui ne se discute pas. On est né Français, comme on est né dans la famille de Jacques ou de Pierre. Un honnête homme ne songe pas plus à renier son origine nationale que sa descendance domestique. Aux malheureux qui seraient tentés de contester la réalité de la patrie, il n'y a point de réponse à faire ; et toutes les dissertations de la science ne réussiraient pas à suppléer au sentiment absent, si la nature et le cœur n'ont point parlé. Les patriotes ne raisonnent pas les motifs de leur foi : ils sont patriotes, parce qu'il y a une patrie, et cela leur suffit.

Que si l'on veut pourtant analyser en philosophe l'idée de la patrie, on y distinguera surtout les cinq ou six éléments suivants : d'abord la communauté de territoire ; ensuite la communauté de langue, malgré certaines exceptions : les Basques sont d'excellents Français ; la communauté d'intérêts, de mœurs et de coutume ; la communauté de race, qui n'est pourtant pas une condition indispensable : dans le sang français se sont mêlées, à travers les siècles, tout au moins la race franque et la race gauloise ; la communauté des lois ; un même passé historique : quand les pères et les aïeux ont souffert ensemble, lutté, triomphé ou souffert pour les mêmes causes, les fils se sentent étroitement unis par cette communauté de souvenirs ; enfin et surtout, l'accord dans les sentiments et les volontés.

C'est cette dernière condition surtout qui est le principe de la patrie : des provinces annexées par la conquête brutale ne font point véritablement partie du nouvel État auquel la force les a incorporées, tant qu'elles n'en partagent point librement les aspirations et les volontés propres.

Comme l'a dit un écrivain contemporain, M. Renan :

« La nationalité est une grande solidarité constituée par le sentiment des sacrifices qu'on a faits et qu'on est disposé à faire encore Elle suppose un passé : elle se résume pourtant dans le présent par un fait tangible, le consentement, le désir clairement exprimé de continuer la vie commune. »

L'État et les citoyens. — La notion de l'État est différente de la notion de la patrie. L'Etat, c'est, dans chaque nation, dans chaque patrie, la puissance qui gouverne, le souverain en un mot [1].

Aussi le caractère de l'Etat a varié avec les diverses régimes politiques. Monarque absolu, seul maître, seul gouvernant, Louis XIV pouvait dire avec autant de vérité que de fierté : « L'État c'est moi! »

Du jour où les libertés politiques ont été enfin reconnues, où à la souveraineté d'un roi ou d'un empereur a été substituée la souveraineté de la nation, l'Etat n'est plus absorbé dans une seule personne : l'État désormais c'est l'ensemble des citoyens. C'est la nation en tant qu'elle gouverne et fait prévaloir ses volontés.

Fondement de l'autorité publique. — Le suffrage universel est l'instrument de la souveraineté. Tous les citoyens participent pour une part égale, par leur vote, à la souveraineté collective. Seulement, comme il est impossible de rêver l'accord unanime des volontés, ce n'est pas l'unanimité, si désirable qu'elle fût, c'est la majorité des citoyens qui gouverne, c'est la majorité qui fait loi.

Pratiquement et en fait la volonté nationale ne peut être que la volonté du plus grand nombre.

Théoriquement il faut souhaiter que cette majorité se rapproche de plus en plus de l'unanimité : un peuple n'est fort que quand il est uni. De plus il faut ajouter que la volonté du plus grand nombre tire sa force et son autorité, non de ce fait mathématique qu'elle émane de cinq ou six millions de citoyens contre trois ou quatre millions, mais de cette idée qu'elle exprime plus exactement que la volonté contraire la justice éternelle et l'intérêt bien entendu de la nation.

---

1. Sur tous ces points voyez notre *Cours d'instruction civique*, 1re partie, *Principes généraux*.

La constitution et les lois. — C'est dans nos *Leçons d'instruction civique* qu'on pourra étudier la différence de la constitution et des lois. Rappelons seulement qu'elles ont une origine commune. Elles n'ont droit à notre respect que si elles sont fondées sur la volonté générale. Or nous sommes en France dans un pays affranchi, où les constitutions et les lois sont l'œuvre du suffrage universel, les filles de la liberté.

Devoirs des citoyens. — Le premier devoir du citoyen est d'aimer son pays. La morale n'exige pas seulement des actes conformes à la loi; elle veut des sentiments qui, en remplissant le cœur, préparent la volonté à l'accomplissement du devoir.

On n'est pas un citoyen digne de ce nom si l'on se contente de remplir extérieurement les obligations qu'impose ce titre, si l'on songe simplement à s'acquitter envers la loi. Il faut aussi que le cœur soit d'accord avec la conduite matérielle. Il faut avant tout faire une place dans ses affections à la grande famille qui est la nation.

Et si le patriotisme est par lui-même le premier devoir des citoyens, il est aussi la condition de l'accomplissement de tous les autres. Aimez-vous votre pays, nous sommes tranquilles; vous remplirez sans hésiter toutes vos obligations civiques, et il devient presque inutile de vous les indiquer. Votre patriotisme, qui est un instinct sûr et infaillible, vous les inspirera de lui-même, sans que vous ayez besoin de recourir à un cours de morale. Et à supposer même que vous soyez impuissant à remplir vos obligations sociales, à payer l'impôt étant indigent, à faire votre service militaire étant infirme, vous n'en serez pas moins un patriote si rien de ce qui intéresse votre patrie ne vous est indifférent, si vous sentez frémir votre cœur au récit de ses malheurs ou de ses succès.

Obéissance aux lois. — La première leçon du patriotisme, c'est qu'il nous enseigne l'obéissance aux lois, et par suite le respect des magistrats. Si les citoyens ne s'inclinent pas devant la loi, la société tombe dans le désordre, dans l'anarchie, et c'en est fait de la patrie. On peut mesurer la grandeur d'une nation, comme le mérite d'une école, au degré de discipline qui y règne. Heureux les peuples qui, sans rien perdre de leur fierté, de leur dignité, savent se courber respectueusement sous le joug de la loi, qui ne connaissent pas les révoltes inconsidérées, et qui, enfin, ne confondent pas la liberté avec la licence !

Mais, dira-t-on, les lois sont parfois injustes, arbitraires ! Cela est vrai sous les régimes despotiques, où la volonté capricieuse d'un monarque fait seule la loi. Mais alors que la loi est l'expression de la volonté générale, il est à présumer que la loi est juste, et que, par conséquent, notre devoir de lui obéir se confond avec notre intérêt. Que si pourtant elle est mauvaise, le peuple libre dans ses suffrages peut donner mandat à ses représentants de la modifier, de l'abroger; et, en attendant, il doit avec patience continuer d'obéir à ses commandements, qui, à un moment au moins et dans le passé, ont été l'expression de la volonté générale.

Le devoir de l'obéissance aux lois a pour corollaire le respect des magistrats chargés à des degrés divers de faire appliquer et exécuter les lois. Il n'y a pas de plus haute fonction au monde que celle qui consiste à être un des instruments de la loi; et qu'il s'agisse d'un simple gendarme, ou du président de la République, tous ceux qui ont reçu de l'État une parcelle d'autorité, ou qui détiennent la puissance publique, ont droit également à notre respect.

Mais le citoyen n'a pas seulement à s'abstenir de toute action de désobéissance aux lois : il a encore des devoirs positifs envers la patrie.

Les obligations sociales. — Trois obligations essentielles résument les devoirs effectifs du citoyen envers l'État : l'obligation scolaire; l'obligation du service militaire; l'obligation de l'impôt.

Nous n'avons pas à insister ici sur ces devoirs, qui

sont en même temps des obligations légales, auxquelles
on ne peut se soustraire sans encourir les pénalités
prévues par la loi. Disons seulement quelles raisons
morales justifient ces diverses charges sociales.

L'obligation scolaire est tellement conforme à l'intérêt et aux devoirs de l'individu qu'il n'y a pas d'hési-
tation possible sur ce point. Elle s'impose à la raison
moderne comme l'une des plus impérieuses obligations du citoyen, quoiqu'elle soit la plus nouvellement
inscrite dans nos lois. Ici d'ailleurs divers devoirs se
confondent : le devoir du père, qui est d'élever ses
enfants dans leur intérêt propre; le devoir du citoyen,
qui est de préparer à la société, en instruisant ses fils,
de bons et utiles serviteurs; enfin le devoir des enfants
eux-mêmes, qui ne sont encore que de petits citoyens,
mais qui doivent penser à l'avenir, et en attendant se
conformer à la volonté de leurs pères et à la loi.

L'obligation du service militaire est un devoir personnel, auquel il ne saurait y avoir d'autre exception
que celles qui dérivent soit de l'infirmité de l'individu,
soit de la coexistence de devoirs contraires que crée
à certains jeunes gens leur situation d'indispensables
soutiens de famille. Il y a d'ailleurs deux parts à distinguer dans cette obligation universelle : d'un côté,
la nécessité de se préparer en temps de paix au métier
militaire, par le séjour à la caserne, par la présence
sous les drapeaux; d'un autre côté, le devoir, au jour
du danger, de courir tous à la frontière et de sacrifier sa vie au besoin pour la défense de la patrie.

Quant à l'obligation de l'impôt, elle résulte de la
nécessité de participer aux charges sociales, aux dé-
penses des grands services publics, alors qu'on participe
aux avantages qui en résultent.

L'impôt, dans les conditions actuelles, est d'ailleurs
consenti par la nation, puisqu'il est voté par ses représentants. On peut désirer que dans l'avenir le législateur le répartisse plus équitablement encore et dans une
proportion plus exacte avec les ressources de chacun.

Mais tel qu'il est, il doit être payé sans résistance, sans murmure, et celui qui fraude en matière d'impôts commet un véritable vol : il vole l'État et ses concitoyens.

Les devoirs et les droits. — Le citoyen n'est pas au bout de sa tâche quand il a acquitté les dettes sociales que nous venons d'indiquer. C'est dans l'exercice des droits, plus encore peut-être que dans l'accomplissement des devoirs stricts et légaux, qu'éclate la vertu civique. C'est dans la façon dont il use de la liberté en général, du droit de vote en particulier, que le citoyen manifeste véritablement sa responsabilité.

Sous un régime despotique, peut-être, tout est fini pour le citoyen quand il a payé l'impôt et obéi à la loi. Sous un régime républicain, le devoir s'étend plus loin, et les droits reconnus au citoyen lui créent autant de redoutables devoirs.

Vous êtes libre d'écrire, de parler, selon votre conscience : de là l'obligation de plus en plus étroite de conformer vos paroles et vos écrits aux règles de la justice, de respecter les droits de vos semblables, de mesurer vos discours, de réfléchir avant de prendre la plume, de ne rien laisser échapper qui soit injurieux pour autrui ou contraire à la vérité.

Vous êtes électeur : vous participez par votre vote au gouvernement de votre pays : de là d'abord le devoir de voter, d'user du droit que vous confère la constitution libre de votre patrie. De là aussi le devoir de voter en homme éclairé et consciencieux, qui ne dépose pas au hasard un bulletin dans l'urne, qui ne se laisse pas intimider ou acheter, qui choisit librement et en connaissance de cause les hommes les plus dignes, auxquels il donne le mandat de le représenter dans les assemblées.

Et c'est ainsi que toute liberté nouvelle, en même temps qu'elle ennoblit et élève l'homme, accroît sa responsabilité et étend ses devoirs. C'est ce que va nous montrer encore l'étude des devoirs particuliers qui incombent aux citoyens chargés du gouvernement du pays.

Devoirs des gouvernants. — Après avoir étudié les devoirs des citoyens, il convient en effet d'indiquer les devoirs des gouvernants. A vrai dire, dans une société démocratique et libre, les gouvernants sont encore des citoyens, qui au nom de la nation exercent la puissance publique. Délégués de leurs concitoyens, ils ne s'en distinguent pas, comme sous un régime monarchique le souverain se distingue de ses sujets. Ils sont soumis, eux aussi, à toutes les obligations civiques : seulement, à raison du pouvoir qu'ils détiennent par la volonté du peuple, ils ont des obligations particulières à remplir.

La première de ces obligations est qu'ils n'abusent pas de l'autorité qui leur est confiée. Or, comme le remarquait déjà Montesquieu, c'est une expérience éternelle, que tout homme qui a du pouvoir est porté à en abuser : « Il va jusqu'à ce qu'il trouve des limites. »

Voilà pourquoi, dans les sociétés modernes, on a génélement adopté, d'après la théorie de Montesquieu, la séparation des pouvoirs, exécutif, législatif et judiciaire. Cette séparation est en même temps une limitation des pouvoirs, qui fait que « le pouvoir arrête le pouvoir », et que les usurpations sont moins à redouter.

Mais le moraliste n'a pas à se préoccuper des dispositions ingénieuses, ni du mécanisme savant que les politiques ont imaginés, pour maintenir dans les limites du droit l'exercice du pouvoir. La morale ne cherche son point d'appui que dans la conscience libre, dans le sentiment de la responsabilité personnelle. Elle peut se féliciter que les constitutions aient créé des barrières matérielles, qui arrêtent, sur la pente des abus de la force, les hommes que la confiance de leurs concitoyens a élevés au pouvoir. Mais, à supposer même que ces entraves n'eussent pas été établies, et que la puissance matérielle des gouvernants fût illimitée, la morale apparaîtrait encore comme l'interprète du droit pour leur rappeler leurs devoirs, pour les avertir que le bien du peuple, l'intérêt général, et non leur intérêt particulier doit être la règle constante de leurs actes.

Pouvoirs législatif, exécutif, judiciaire. — Il serait trop long d'énumérer toutes les obligations particulières imposées aux citoyens qui détiennent une des fractions du pouvoir. Disons seulement quelle doit être en général la conduite des législateurs, du gouvernement exécutif, de la magistrature judiciaire.

Le devoir du législateur est sans doute de se conformer à la volonté de ses mandataires ; mais, au-dessus des vœux particuliers de ses électeurs, il doit cependant considérer l'intérêt général de la nation, et par delà cet intérêt général, avoir sans cesse présente à l'esprit l'idée de la justice absolue. Telle loi peut être vivement désirée par une fraction du peuple ; il ne faut pas hésiter pourtant à la repousser, si elle doit léser les intérêts généraux du pays. Telle loi encore est d'accord avec les intérêts de la plus grande partie de la nation ; mais si elle viole les lois de l'humanité, si elle attente aux droits de la minorité, si elle est oppressive et contraire à la liberté, le législateur doit à sa conscience de la repousser aussi.

Faire des lois utiles et justes, telle est la fonction du législateur : le pouvoir exécutif, le gouvernement proprement dit, a pour mission de les appliquer. Il doit le faire sans faiblesse, avec autorité, sans crainte des responsabilités. Il doit aussi être impartial, c'est-à-dire appliquer indistinctement la loi à tous, sans jamais céder à l'esprit de faveur. Il doit être toujours prêt à résigner ses fonctions plutôt que de consentir à une violation de la loi.

Les devoirs des pouvoirs judiciaires sont de même nature. Les magistrats chargés de punir la violation de la loi doivent se prémunir contre l'intrigue, contre les sollicitations intéressées. Gardiens de la loi, qu'ils s'inspirent constamment d'elle, et rien que d'elle. Ils ne doivent pas connaître les personnes ; ils ne connaissent que la loi. Que, sans cesser d'être des juges inflexibles, ils n'oublient pas d'ailleurs d'être modérés. Qu'ils ne recherchent pas la vaine satisfaction de faire des victimes, et, par exemple, d'obtenir beaucoup de condamnations capitales. La clémence aussi fait partie de la justice.

Si les différents pouvoirs ont leurs obligations particulières, il y a un devoir qui leur est commun à tous, c'est de s'entendre entre eux, de marcher d'accord. Quelque distincts et séparés qu'ils soient, il faut pour le bonheur de la nation qu'ils vivent unis. Malheur au peuple où l'exécutif et le législatif seraient en lutte ouverte, et où le pouvoir judiciaire, abusant de son indépendance, se mettrait en opposition avec la volonté dés législateurs et des gouvernants.

Les lois et les mœurs. — Sans doute il faut beaucoup attendre du progrès des lois. Mais les lois ne peuvent être votées, ni, une fois édictées, devenir efficaces, si elles ne sont aidées par les mœurs. C'est d'un progrès constant de la moralité, c'est du développement de l'instruction, de l'affermissement constant des vertus privées et des vertus civiques, que peut résulter la réforme sociale.

Comme l'a dit un philosophe contemporain, M. Secrétan, « la condition de la réforme sociale, c'est la confiance réciproque des classes appelées à reviser leurs accords ».

* L'antagonisme actuel, ajoute-t-il, ne peut rien produire. La confiance réciproque ne peut résulter que d'un changement de point de vue, d'attitudes et de dispositions. Tant que le capitaliste se croira le maître et ne se reconnaîtra pas débiteur, tant qu'il n'aimera pas l'ouvrier dont il sait n'être point aimé, il n'acceptera aucune réforme sérieuse, incisive, efficace. Et si l'ouvrier, sans avoir vaincu sa haine, entre dans la place à coups de fusil ou de bulletins, il manquera le but en le dépassant, il détruira de ses mains violentes l'organisme du travail qu'il ne comprend pas et centuplera sa propre misère. Une réforme salutaire ne saurait avoir lieu que par voie d'entente. Il faut donc avant tout éteindre les haines, désarmer la défiance pour pouvoir éclairer le peuple sur ses intérêts et sur la limite de ses droits. Et l'initiative ne

saurait être prise que par les riches, qui n'ont aucun sujet de haine, quoiqu'ils aient peut-être lieu de craindre. Qu'ils s'adressent à l'ouvrier par des procédés affectueux et par des bienfaits solides : ils y parviendront, car plusieurs l'ont fait... Qu'ils comprennent et qu'ils remplissent sérieusement leur simple devoir envers la classe ouvrière : alors ils pourront en être écoutés lorsqu'ils essayeront de lui faire entendre quels sont ses devoirs envers elle-même... Quand la confiance et la bienveillance domineront dans les rapports, quand la réforme morale sera accomplie, imparfaitement sans doute, mais réellement, alors, et seulement alors, on pourra faire adopter des lois plus justes et les observer une fois adoptées [1]. »

Devoirs professionnels. — Les devoirs des gouvernants sont déjà des devoirs professionnels : le gouvernement est en effet la plus haute des professions. Au-dessous des gouvernants, à tous les degrés de l'échelle, tous ceux qui à un titre quelconque exercent une fonction publique doivent s'inspirer des mêmes règles : l'équité, l'impartialité, l'exactitude, la modération.

Ce serait un sujet infini, que l'examen des obligations particulières de chaque profession.

S'il s'agit de professions libérales, le premier devoir est de savoir son métier ; le second, de le pratiquer consciencieusement. L'étudiant en médecine ou en droit, le futur médecin, le futur avocat, qui négligent d'acquérir la science dont ils ont absolument besoin, sont coupables d'un grave manquement social ; de même, si, une fois entrés dans la carrière, ils traitent à la légère les affaires ou les maladies de leurs clients.

S'il s'agit de professions industrielles, les devoirs sont les mêmes. De plus, à cause des relations plus constantes qui dérivent de la situation des patrons et des ouvriers, les règles générales de la justice et de la charité trouvent dans ce cas une application particulière. Respect mutuel des droits, bienveillance, bonté, absence d'envie, assistance, etc. : tels sont les sentiments qui devraient toujours animer les industriels,

---

1. M. Ch. Secrétan, *la Question sociale*, p. 93.

les commerçants, et les salariés qu'ils emploient.

Le droit des gens. — Si les citoyens d'une même nation ont des devoirs réciproques, les nations ont aussi des obligations mutuelles. C'est l'ensemble des règles auxquelles les peuples sont tenus de se conformer les uns par rapport aux autres qui constitue ce qu'on appelle le *droit des gens.*

Nous n'avons pas à entrer dans l'examen détaillé des conventions formelles ou des coutumes traditionnelles dont se compose le droit international. Qu'il nous suffise de dire que les nations sont, en un sens, des personnes morales qui sont tenues à se respecter mutuellement dans leur existence, dans leur indépendance, dans leur honneur, tout aussi bien que le font entre eux les simples particuliers.

Malheureusement la justice internationale est à chaque instant violée par le fait brutal de la guerre. Et il n'y a point, tant qu'on n'aura pas établi (et quánd l'établira-t-on?) un tribunal d'arbitrage, de recours possible contre ces violations du droit. Du moins espérons que le progrès de la civilisation rendra de plus en plus rares les guerres de conquête, que le développement de l'industrie, du commerce, des lettres et des arts, qui sont le patrimoine commun de l'humanité toute entière, effaceront insensiblement les haines de peuple à peuple, les ambitions et les convoitises injustes. Rappelons-nous en tout cas que s'il faut aimer tous nos concitoyens, et garder un souvenir fidèle à ceux qui ne le sont plus, cela n'est pas une raison pour vouer à l'exécration les autres peuples.

L'amour de la patrie, la volonté ardente de la défendre, n'impliquent pas la haine violente de l'étranger.

RÉSUMÉ

114. Aux devoirs généraux qui nous obligent envers tous les hommes s'ajoutent les **devoirs spéciaux** qui nous lient à nos concitoyens et à nos parents.

115. La **patrie** est surtout fondée sur l'accord du sentiment et des volontés ; d'autres causes concourent à la constituer : la communauté du territoire, de la langue, des intérêts et des lois ; la communauté d'un même passé historique.

116. L'**État** c'est encore la nation, mais la nation considérée comme puissance souveraine, comme pouvoir de gouvernement.

117. L'État, ou l'autorité souveraine a son principe dans la **volonté nationale**.

118. La volonté nationale en fait est la **volonté du plus grand nombre** ; mais il est à souhaiter que cette volonté soit le plus générale possible, et aussi qu'elle se conforme à la raison et à la justice idéale.

119. La constitution et les lois sont l'expression de la volonté nationale ; et le premier devoir du citoyen est d'**obéir à la constitution et aux lois**.

120. Le **respect des magistrats** chargés de l'application des lois est la conséquence du devoir précédent.

121. A ces devoirs négatifs s'ajoutent des obligations positives : l'**obligation scolaire**, l'**obligation du service militaire**, l'**obligation de payer l'impôt**.

122. D'autres devoirs civiques correspondent aux

droits que les constitutions libres confèrent aux citoyens : chaque liberté nouvelle crée des obilgations particulières et étend la responsabilité morale du citoyen.

123. C'est ainsi que la liberté de la presse, le suffrage universel, etc., **accroissent les devoirs** de ceux qui jouissent de ces droits.

124. Les gouvernants ont des devoirs particuliers : le premier est de **ne pas abuser du pouvoir** qu'ils tiennent de la confiance de leurs concitoyens.

125. Le **pouvoir législatif**, le **pouvoir exécutif**, le **pouvoir judiciaire**, s'ils sont nécessairement distincts et séparés, doivent pourtant marcher d'accord et **s'unir** dans une action commune.

126. Les gouvernants n'ont pas seulement à se préoccuper d'**appliquer** les lois existantes avec exactitude, avec impartialité, avec indépendance : il convient aussi qu'ils cherchent à **améliorer** par deslois réformatrices l'état social du pays.

127. Les **devoirs professionnels** varient avec la nature des fonctions qu'on exerce; le premier de ces devoirs est de savoir son métier.

128. Le **droit des gens** est l'ensemble des lois qui règlent les rapports des nations.

LECTURE

Le Suffrage universel.

Le plus grand acte de la République de 1848 fut d'établir le suffrage universel.

Et voyez comme ce qui est profondément juste est en même temps profondément politique. Le suffrage universel, en donnant à ceux qui souffrent un bulletin, leur ôte le fusil. En leur donnant la puissance, il leur donne le calme.

Le suffrage universel dit à tous, et je ne connais pas de plus admirable formule de la paix publique : « Soyez tranquilles, vous êtes souverains. »

Il ajoute : « Vous souffrez ? eh bien, n'aggravez pas vos souffrances, n'aggravez pas les détresses publiques par la révolte. Vous souffrez ? eh bien, vous allez travailler vous-mêmes, dès à présent, à la destruction de la misère, par des hommes qui seront à vous, par des hommes en qui vous mettrez votre âme, et qui seront en quelque sorte votre main. Soyez tranquilles. »

Puis, pour ceux qui seraient tentés d'être récalcitrants, il dit :

« Avez-vous voté ? — Oui. — Vous avez épuisé votre droit, tout est dit. Quand le vote a parlé, la souveraineté a prononcé. Il n'appartient pas à quelques-uns de défaire ni de refaire l'œuvre de tous. Vous êtes citoyens, vous êtes libres, votre heure reviendra, sachez l'attendre. En attendant, travaillez, écrivez, parlez, discutez, éclairez-vous, éclairez les autres. Vous avez à vous aujourd'hui la liberté, demain la souveraineté : vous êtes forts !... »

Il y a un jour dans l'année où le gagne-pain, le journalier, le manœuvre, l'homme qui traîne des fardeaux, l'homme qui casse des pierres au bord des routes, juge les représentants, le Sénat, les ministres, le président de la République. Il y a un jour dans l'année où le plus modeste citoyen prend part à la vie immense du pays tout entier, où la plus étroite poitrine se dilate à l'air vaste des affaires publiques; un jour où le plus faible sent en lui la grandeur de la souveraineté nationale, où le plus humble sent en lui l'âme de la patrie.

Quel accroissement de dignité pour l'homme, et par conséquent de moralité. Quelle satisfaction, et par conséquent quel apaisement! (Victor Hugo.)

Le Régime républicain.

Un homme ne peut incarner la République, non! il peut la représenter comme fonctionnaire, il doit la défendre comme citoyen; mais ce n'est que par les efforts de tous les bons citoyens que ce gouvernement peut vivre et prospérer. Et c'est précisément dans ce caractère collectif, unanime, général, du gouvernement républicain que se trouvent son excellence et sa supériorité.

Les autres gouvernements, en effet, ne peuvent vivre ou que par la domination d'un maître, trompeur ou despote, qui s'impose par la force, ou par une sorte de privilège constitué dans une famille, qui hérite d'un peuple comme d'une terre, et qui le transmet à ses héritiers avec autant de sans façon.

C'est là ce qui fait que le régime républicain offre des garanties sérieuses même contre l'incapacité, contre les hasards de la naissance, contre les infirmités, contre les passions, contre les vices d'un seul homme. Aussi faut-il bien se garder, parmi nous, de jamais faire du régime républicain l'apanage d'un seul homme; il faut en faire au contraire un régime qui change de mains, qui est mobile et qui va, par l'élection, par le choix, tous les jours plus assuré, plus juste et plus moral, au plus digne. Quand celui-ci a fait son temps, on le remplace, la nation étant appelée à se donner ainsi pour premier magistrat, — et non pas pour maître, — le plus intelligent, le plus expérimenté, le plus digne.

C'est pourquoi la République est, par excellence, le régime de la dignité humaine, le régime du respect de la volonté nationale. C'est le régime qui peut, seul, supporter la liberté de tous; qui, seul, peut faire les affaires d'un peuple qui a besoin de communiquer avec lui-même, de se réunir, de s'associer, d'exiger des comptes, de critiquer, d'examiner, en un mot de diriger ses propres intérêts et de changer ses intendants quand ils ont mal agi.

Voilà le régime républicain. (Gambetta, *Discours*.)

LEÇON X

MORALE SOCIALE. — DEVOIRS DE LA FAMILLE

Devoirs de la famille. — La famille et la société. — Division des
devoirs de la famille. — Le mariage. — Devoirs conjugaux. —
Devoirs communs aux deux époux. — Devoirs particuliers au
mari. — Devoirs particuliers à la femme. — Indissolubilité du
mariage. — Le divorce. — Devoirs des parents. — Autorité paternelle. — Principe de l'autorité paternelle. — Devoirs des enfants.
— Devoirs fraternels. — L'amitié en général. — L'amitié fraternelle. — Le droit d'aînesse. — Devoirs de parenté.

Devoirs de la famille. — Les devoirs de la famille
sont assurément de tous les plus importants ; et c'est
pourtant sur ce sujet qu'il convient peut-être que le
moraliste insiste le moins, car les devoirs de la famille
sont les plus connus et les plus universellement
pratiqués. Ici le sentiment nous guide, en effet, et
les affections naturelles nous conduisent instinctivement à l'accomplissement du devoir. Il est si naturel aux parents d'aimer les enfants, aux enfants de
vénérer leurs parents, que les longues leçons d'un
cours de morale deviennent alors à peu près inutiles.
Les vertus domestiques sont celles qui ont rencontré
le moins de détracteurs en théorie, et celles aussi qui
trouvent le moins d'infidèles dans la pratique.

La famille et la société. — La société est un
assemblage de familles. C'est avec raison qu'on a pu
dire que la famille, et non l'individu, constituait
la véritable unité sociale. Partout où la famille est
constituée, où les devoirs qu'elle impose sont respec-
tés, la société prospère.

« Le degré de civilisation d'un peuple, dit M. Marion, pourrait se mesurer à la solidité de l'esprit de famille et au respect de ce peuple pour les vertus domestiques. A Rome, quand le relâchement des mœurs publiques faisait craindre pour la patrie, on faisait des lois spéciales pour resserrer les liens de la famille, par exemple pour fortifier l'union conjugale ou l'autorité paternelle. »

C'est qu'en effet les vertus domestiques ne valent pas seulement par elles-mêmes ; il est évident qu'elles préparent à toutes les autres, et que la famille est la première école du devoir. Dans cette chaîne de solidarité qui unit toutes les vertus entre elles, le premier chaînon correspond aux devoirs familiaux. Ce ne sont pas seulement les vertus sociales, ce sont aussi les vertus individuelles, qui naissent sous l'action douce et pénétrante des sentiments domestiques. On est presque nécessairement un honnête homme, si l'on est un bon fils : car pour obéir à son père et lui témoigner qu'on l'aime, il faut être vertueux. Et de même comment un bon père ne serait-il pas du même coup un bon citoyen, puisqu'ayant besoin pour élever sa famille du secours des lois, du concours de ses semblables, il est naturellement porté à respecter les unes et à aimer les autres ?

Division des devoirs de la famille. — Il y a deux groupes dans la famille : d'une part les parents, de l'autre les enfants. Il y a par suite quatre espèces de rapports domestiques, quatre catégories de devoirs :

1° Les *rapports des parents entre eux*, d'où les devoirs conjugaux ;

2° Les *rapports des parents aux enfants*, d'où les devoirs paternels et maternels ;

3° Les *rapports des enfants aux parents*, d'où les devoirs filiaux ;

4° Les *rapports des enfants entre eux*, d'où les devoirs fraternels.

Le mariage. — Le mariage est le commencement

---

1. M. Marion, *Leçons de morale*, p. 301.

et le principe de la famille. Il est l'acte fondamental, acte de choix et de volonté, qui la crée; et il la constitue déjà, bien que la famille ne soit complète que le jour où la nature donne des enfants au couple qui s'est volontairement formé.

Nous n'avons pas à considérer ici les origines historiques du mariage, ni à raconter comment la civilisation a débarrassé l'humanité, soit des mœurs sauvages qui admettent la promiscuité, l'accouplement passager et fortuit, soit des mœurs grossières qui autorisent la polygamie, pour donner enfin au mariage un caractère fixe, une forme régulière, pour en faire l'union solennelle d'un homme et d'une femme, union fondée sur leur consentement mutuel, et consacrée soit par l'autorité civile, soit par l'autorité ecclésiastique.

Le mariage est admirablement défini par notre Code : une association de l'homme et de la femme pour partager les plaisirs et supporter en commun les épreuves de la vie.

Un élément pourtant manque à cette définition, l'idée de ce qui est précisément le but essentiel du mariage : la perpétuité de l'espèce, le fait de revivre en autrui, de se survivre dans ses enfants.

Devoirs conjugaux. — On a dit avec raison que les devoirs conjugaux commencent avant le mariage, ne serait-ce que dans la responsabilité si délicate du choix que les époux font l'un de l'autre, choix qui doit être laissé le plus possible à la libre initiative des futurs conjoints, sous le regard attentif des familles. La plupart des maux qui troublent la vie domestique, les querelles qui l'empoisonnent, les infidélités qui la détruisent, proviennent précisément de ce que l'on s'est engagé à la légère dans les liens du mariage. On en a fait une affaire, une négociation d'argent. On s'est préoccupé des conditions matérielles de l'union. La question de la dot a joué le plus grand rôle. On a été indifférent aux conditions morales du mariage. On n'a pas assez considéré que pour être heureuse l'union d'un homme et d'une femme devait être fondée, non sur les convenances des deux familles auxquelles ils appartiennent, sur la volonté parfois imprévoyante des parents, mais sur l'inclination naturelle des deux conjoints, sur leur affection réciproque, gage le plus sûr de l'accord futur de leurs sentiments et de leurs volontés.

« Il s'agit, dit Barni, de faire en quelque sorte de deux personnes une seule, de former de deux parties diverses un tout moral où elles se complètent réciproquement; il semble donc que la première chose à rechercher ce soit la sympathie des âmes et des caractères [1]. »

« Je suis toujours persuadé, disait J.-J. Rousseau, que le vrai bonheur de la vie est dans un mariage bien assorti, et je ne le suis pas moins que tout le succès de cette carrière dépend de la façon de la commencer. »

Qu'on recherche donc dans le mariage, non l'union des fortunes, mais l'union des caractères : on assurera ainsi l'accomplissement facile des devoirs du mariage, et par là le bonheur même de la famille.

Devoirs communs aux deux époux. — Les devoirs conjugaux sont les uns communs aux deux conjoints, les autres particuliers seulement à l'un d'eux.

Les devoirs communs aux deux époux sont la fidélité, le secours et l'assistance.

Il ne peut être question, aux yeux de la morale, d'établir une différence entre la fidélité de la femme et celle du mari. Quoique le Code, qui protège l'intérêt social plus que la vertu proprement dite, soit plus indulgent aux fautes du mari, la moralité ne connaît pas de variétés dans l'adultère ; elle le condamne sous toutes les formes, comme un manquement à la parole donnée, aux engagements contractés, comme la vio-

1. J. Barni, *la Morale dans la démocratie*, p. 41.

lation coupable du pacte juré, comme la rupture du lien sacré qui est l'essence même du mariage. L'infidélité conjugale, de quelque côté qu'elle vienne, est une polygamie déguisée, hypocrite, et encore une polygamie irrégulière et capricieuse très inférieure à la polygamie légale : car celle-ci au moins laisse subsister certaines règles, et fixe d'une manière précise la condition des diverses épouses. L'adultère est un retour ouvert ou furtif aux mœurs sauvages, où le caprice seul et la passion décident du rapprochement des sexes.

Outre la fidélité, qui est un devoir négatif, les époux se doivent mutuellement secours et assistance, ce qui constitue des devoirs positifs.

« La fidélité la plus stricte n'est elle-même qu'une vertu froide et négative, dit M. Janet, dans son beau livre de *la Famille*. Il faut y joindre la complaisance, l'indulgence, la bonté, l'assiduité, la sollicitude, la douce familiarité. »

La vie conjugale doit être un commerce constant de bons offices, un mutuel support. Pour les besoins moraux comme pour les besoins matériels de l'existence, les deux époux doivent toujours être prêts à s'assister et à se secourir. Mais ces devoirs prennent un caractère particulier suivant qu'il s'agit de l'homme ou de la femme.

Devoirs particuliers au mari. — Les devoirs particuliers au mari se résument dans un mot : la protection. C'est au mari qu'il appartient de faire vivre sa femme, de satisfaire à ses besoins journaliers comme à ceux de sa famille. Le Code entend ainsi la protection qu'il impose au mari comme une obligation légale. Mais la morale exige davantage : elle ne demande pas seulement que le mari donne du pain à sa femme ; elle veut qu'il la soutienne dans ses afflictions, qu'il la protège dans l'accomplissement de ses obligations particulières, qu'il lui prête main-forte dans le gouvernement de la famille, dans l'éducation des enfants, dans la direction des domestiques; qu'il soit enfin toujours pour elle, non un maître qui gronde, mais un ami qui conseille, un compagnon qui guide.

Devoirs particuliers à la femme. — La femme, dit le Code, doit obéissance au mari. Elle a, par exemple, l'obligation de le suivre partout où il juge à propos de résider, même à l'étranger.

Si le Code réclame l'obéissance de la femme, c'est qu'il est nécessaire que dans toute association il y ait un chef. L'homme n'est plus, dans le mariage moderne, le maître de sa femme, mais il est son guide, il est le chef incontesté de la famille. La femme n'est plus son esclave, ni même sa sujette; mais elle lui est subordonnée dans l'ordre du droit.

C'est le mari qui a la responsabilité suprême, c'est lui qui est le protecteur de la famille. De ces devoirs mêmes naissent ses droits, les droits d'une autorité qui s'exerce dans toute son ampleur sur les enfants, mais qui doit aussi être acceptée par la femme, à condition que le mari en use avec discrétion et avec mesure.

La subordination légale de la femme ne saurait en effet excuser en aucune façon la tyrannie, le despotisme du mari. J'ajoute qu'elle ne détruit pas l'égalité morale des deux conjoints. Rappelons-nous cette belle maxime d'Aristote : « L'union conjugale est de nature républicaine. »

Quoiqu'ils aient dans la famille des charges différentes, puisque le mari, comme on l'a dit spirituellement, est surtout le ministre des affaires étrangères, la femme, le ministre de l'intérieur qui veille aux soins du ménage pendant que son mari travaille au dehors; quoiqu'ils aient, à raison de la différence des sexes, des aptitudes distinctes, les deux époux ont des droits égaux l'un à l'égard de l'autre et tous les deux sur leurs enfants.

Indissolubilité du mariage. — Le mariage est par essence une association perpétuelle, indissoluble.

Je ne parle pas seulement des raisons de dignité morale, qui veulent que le don de la personne ait pour sanction l'engagement irrémissible en même temps que la fidélité absolue. Mais la grande raison qui justifie l'indissolubilité du mariage, c'est l'intérêt des enfants.

« Il faut aux enfants des soins, il leur faut des soins continus et des soins unis. L'enfant ne peut se passer ni du père ni de la mère. Ils ne doivent donc pas se séparer l'un de l'autre. Si l'on plaint tant et avec juste raison les enfants auxquels la Providence a enlevé un de leurs parents ou tous les deux, ne serait-il point odieux de voir les parents anticiper eux-mêmes sur cette séparation cruelle, et chercher loin l'un de l'autre de nouveaux plaisirs, abandonnant les enfants aux hasards de toutes ces rencontres nouvelles [1]. »

Le mariage est donc indissoluble, et ce sont seulement les violations de fait, que subissent parfois les devoirs les plus sacrés des conjoints, qui ont pu décider le législateur à admettre soit la séparation, soit le divorce.

Le divorce. — Le divorce, on le sait, inscrit dans notre Code à l'origine, aboli par la loi du 8 mai 1816, a été rétabli récemment dans notre législation. Est-ce donc que la loi civile conclut, à l'inverse de la loi morale, contre l'indissolubilité du mariage? Non, mais le législateur tient compte des exceptions; il compatit aux faiblesses humaines, et il se résigne à dissoudre en droit le mariage, quand il est dissous en fait, quand le mariage, loin d'être une association paisible et régulière, n'est plus qu'une lutte, une guerre intestine de tous les instants.

Le divorce a beau être inscrit dans la loi : la morale ne saurait l'admettre en principe, et la preuve c'est que le divorce légal suppose toujours que l'un au moins des conjoints a manqué aux engagements du mariage.

1. M. P. Janet, *la Famille.*

Ajoutons que la possibilité du divorce doit être limitée, comme elle l'est en fait, à des cas assez rares.

« Si l'amour est une passion qu'un rien fait naître et qu'un rien
fait mourir, l'amitié est une affection calme que cimentent la raison
et l'habitude. Elle se fortifie sous la règle, et elle n'est jamais si
forte que quand deux personnes sont liées dans la poursuite d'un
intérêt commun. Combien de dégoûts légers s'efforceront-ils d'oublier par prudence, s'il faut passer la vie l'un avec l'autre, et qu'on
laissera s'enflammer jusqu'à l'aversion, si l'on aperçoit la perspec-
tive d'une facile séparation [1] ! »

Le législateur ne saurait donc imposer trop de conditions sévères à la possibilité du divorce. Il ne saurait
être question d'autoriser la dissolution du mariage
pour un prétexte futile, parce que l'inconstance du
mari ou de la femme se sera lassée de la vie commune,
ou aura aperçu tout à coup un défaut chez son conjoint.
Displicuit nasus... « le nez de ma femme m'a déplu »,
disait un ancien.

Devoirs des parents. — Les époux ont des devoirs
comme époux, ils en ont comme parents. Une des
fins principales du mariage, c'est d'*élever en commun
les enfants.*

« Les époux contractent ensemble, par le fait seul du mariage,
l'obligation de nourrir, entretenir et élever leurs enfants » (Code
civil, art. 203).

Ce n'est pas seulement la nourriture matérielle,
c'est l'instruction et l'éducation que les parents doivent
à leurs enfants.

Et ces devoirs sont si impérieux que l'État croit
devoir intervenir pour empêcher les mauvais traitements, le manque de soins, et aussi pour imposer l'instruction obligatoire.

Est-il nécessaire d'ajouter que le devoir des parents
est d'aimer leurs enfants, de les aimer pour eux-
mêmes, et non pas pour soi, enfin de les aimer également, sans préférence ?

Autorité paternelle. — La famille n'est pas seu-

[1]. D. Hume, *Essais de morale.*

lement faite d'affection, de tendresse; elle suppose aussi l'autorité dans les mains du père et de la mère, le pouvoir exercé avec sagesse et avec mesure par les chefs de la famille. L'enfant ne saurait être traité en homme fait, et il faut réagir contre les tendances vraiment énervantes qui se font jour dans certaines familles où les parents ne savent plus commander, ni les enfants obéir.

L'autorité est commune au père et à la mère. C'est à tort que parfois les ordres demeurent la part du père seul, les tendresses et les caresses la part de la mère. Aux deux parents même responsabilité, mêmes devoirs, et par conséquent mêmes droits. Il est vrai que l'usage semble avoir consacré les expressions de pouvoir paternel et d'amour maternel, comme si le pouvoir était tout d'un côté, l'amour tout de l'autre. Non, le pouvoir paternel appartient aussi à la mère : tant que le père vit, elle l'exerce à côté de lui, d'accord avec lui; si le père vient à manquer, en cas d'absence ou de mort, la mère l'exerce seule, dans les mêmes conditions. C'est seulement dans le cas de désaccord que la volonté de la mère doit céder devant la volonté du père.

Principe de l'autorité paternelle. — Le droit d'autorité ne doit pas être confondu, comme il l'était dans la société antique, avec un droit de propriété. A Rome, le père était le propriétaire de ses enfants : il pouvait les vendre comme esclaves, il avait sur eux le droit de vie et de mort. Dans notre conception moderne de la famille, les droits du père nous apparaissent comme limités par l'intérêt et les droits de l'enfant. L'enfant sans doute n'est pas une personne morale, puisqu'il ne sait pas encore se gouverner lui-même, puisqu'il ne sait pas faire un usage raisonnable de sa volonté: de là les droits du père. Mais l'enfant est destiné à devenir une personne morale, un être libre à son tour; il a sa dignité, ses droits propres : de là les limites de l'autorité paternelle.

On comprend, par suite, que l'autorité paternelle ne dure pas toute la vie dans les mêmes conditions et dans les mêmes formes, qu'elle diminue à mesure que l'enfant devient plus apte à se gouverner lui-même. L'autorité du père et de la mère varie avec l'âge des enfants, et l'on peut avec justice y distinguer trois moments : 1° le premier, lorsque les enfants n'ont encore aucun discernement; 2° le second, lorsque, déjà capables de juger par eux-mêmes, ils sont encore membres de la famille paternelle et n'ont pas leurs affaires à part; 3° le dernier, lorsqu'ils sont devenus eux-mêmes chefs de famille.

D'abord absolue, exigeant l'obéissance passive, l'autorité paternelle se tempère peu à peu; à la responsabilité des parents succède la responsabilité des enfants. Sans doute le respect, l'affection, la déférence restent toujours le devoir des fils, et il faut même dire qu'ils doivent toujours l'obéissance aux auteurs de leurs jours. Mais ceux-ci abuseraient de leur autorité, s'ils voulaient exiger l'obéissance absolue, alors que l'âge et la raison ont émancipé leurs enfants.

Devoirs des enfants. — Nous avons énuméré ailleurs les devoirs de l'enfant envers la famille, et nous n'y insisterons pas de nouveau[1]. Le premier devoir est d'aimer ses parents. Rien ne saurait remplacer le sentiment de l'amour filial. On a beau obéir à ses parents, et dans sa conduite extérieure leur témoigner le respect qui leur est dû, on n'est pas un bon fils si on ne les aime pas.

Une fois le sentiment filial développé au cœur de l'enfant, les autres devoirs deviennent faciles : c'est d'abord l'obéissance, une obéissance absolue et qui s'étend à tout. L'enfant doit obéir même aux ordres dont il ne comprend pas la raison. Il n'y a pas de désobéissance permise, quelque légère qu'elle soit.

A l'obéissance il faut joindre le respect, la recon-

---

1. Voir nos *Éléments d'éducation morale et civique*, chap. ii, *Devoirs de l'enfant envers la famille*, Paul Delaplane, éditeur.

naissance, le dévouement filial qui consiste à exposer sa santé, sa fortune, et au besoin sa vie, pour le service de ses parents.

Devoirs fraternels. — Si les devoirs des enfants envers leurs parents sont les plus graves de tous les devoirs, ceux des enfants entre eux sont les plus doux. Quoi de plus agréable au cœur que d'aimer, de protéger, de servir ses frères, et particulièrement ses sœurs ! Le frère et la sœur sont des amis donnés par la nature, et l'amitié fraternelle est la meilleure, la plus complète des amitiés.

L'amitié en général. — C'est l'amitié en général, dont l'amour fraternel n'est qu'une espèce, qu'il convient d'abord de définir. L'amitié est l'union volontaire de deux âmes. Sans doute l'intimité, la sympathie irréfléchie, les circonstances, la camaraderie, la vie en commun, sont les causes pour ainsi dire fortuites de l'amitié. Mais la vraie amitié suppose pourtant un choix. Entre tous ceux que nous fréquentons, par un mouvement décidé de notre affection, nous en élisons un ou plusieurs pour en faire les confidents de nos pensées, les conseillers de notre conduite, les objets privilégiés de notre tendresse.

« L'amitié consiste dans une telle union des âmes qu'elle est en quelque sorte insensible. Dans la vraie amitié les amis ont à peine besoin de se témoigner qu'ils pensent l'un à l'autre; ce n'est que dans les commencements de l'amitié ou dans son ébranlement qu'un tel soin devient nécessaire [1]. »

L'amitié est donc faite de confiance, d'affection, d'obligeance : elle est un échange perpétuel de bons offices. En outre, elle implique l'égalité la plus parfaite : entre amis, comme disaient les anciens, tout est commun. Quelles que soient les différences dans la fortune, dans la condition sociale, même dans les opinions et dans les croyances (car l'amitié ne suppose pas toujours la ressemblance des caractères), qui dit

J. M. P. Janet, *la Famille*, p. 240.

amis, dit égaux, ayant les uns à l'égard des autres les mêmes droits et les mêmes devoirs.

Amitié fraternelle. — Nous retrouvons dans l'amitié fraternelle les mêmes caractères que dans l'amitié en général, avec quelque chose de plus intime et de plus doux, qui provient d'une communauté naturelle, plus complète encore, fondée sur la naissance, sur l'éducation, sur la ressemblance des conditions et des habitudes.

« Il y a dans l'amitié fraternelle plus d'égalité encore que dans l'amitié ordinaire : car les frères naissent dans l'égalité des conditions. Nés dans la même fortune, exposés aux mêmes privations ou jouissant des mêmes avantages, les frères ne rencontrent rien qui fasse obstacle au sentiment naturel qui les attire l'un vers l'autre. »

Ajoutons qu'un des liens les plus forts qui puissent exister entre les hommes, c'est d'aimer les mêmes choses et les mêmes personnes. La communauté des affections est la source d'affections nouvelles entre ceux qui y participent. Or, où trouver plus qu'entre frères qui aiment les mêmes parents, la même maison natale, cette égalité de sentiments doux et tendres ?

Les devoirs des frères et des sœurs, comme les devoirs des amis, seront donc la confiance, l'assistance mutuelle. Entr'aidons-nous entre frères avant de nous entr'aider entre citoyens, entre hommes.

Si nous sommes les aînés de la famille, nos devoirs se précisent : nous devons protection à nos frères cadets, plus faibles que nous ; si le malheur veut que la mort des parents laisse vide la place du chef de famille, c'est à nous qu'incombera la charge de remplacer, dans la mesure de nos forces, le père et la mère que nous avons perdus.

Si nous sommes les cadets, bien que l'égalité fraternelle doive toujours être une réalité, c'est par un sentiment de déférence amicale que nous témoignerons la seule chose qui doive rester du droit d'aînesse.

Comme le disait déjà Socrate, « c'est au plus jeune à faire les avances au plus âgé. »

Le droit d'aînesse. — On a longtemps attaché, on attache encore, dans certains pays, au hasard de la naissance certains avantages de fortune. Le fils aîné hérite seul, les fils puînés n'héritent pas, ou héritent moins. Il n'est pas possible à la conscience moderne d'hésiter dans cette question. Les enfants ont un droit égal. Si l'un d'entre eux méritait un privilège, ce serait plutôt le dernier venu, le plus faible, celui qui a le moins longtemps joui de la protection de ses parents. Mais toute inégalité serait une injustice, et en supprimant le droit d'aînesse la Révolution a rendu un vrai service à la cause de la famille. Ce prétendu droit, en effet, détruisait les rapports naturels entre les frères; il rendait le frère aîné odieux à ses frères et à ses sœurs.

Devoirs de parenté. — Nos obligations de famille s'étendent avec les liens que crée la parenté à des degrés divers. Il y a trois espèces de parenté : la parenté en ligne directe, grands-parents et petits-fils; la parenté collatérale, cousins, neveux, oncles et tantes; la parenté d'alliance, beaux-frères et belles-sœurs. Plus le rapport de parenté est direct et immédiat, plus les devoirs sont précis, plus nous sommes tenus envers nos parents à l'affection et au dévouement.

RÉSUMÉ

129. Les **devoirs de la famille** sont les plus importants des devoirs et en même temps les mieux connus, les plus universellement pratiqués.

130. La **famille**, véritable unité sociale, est l'école de toutes les vertus.

131. Il y a quatre catégories de devoirs domestiques :

1º Les **devoirs conjugaux** ou devoirs des parents entre eux ;

2º Les **devoirs paternels ou maternels** ;

3º Les **devoirs filiaux** ;

4º Les **devoirs fraternels**, ou devoirs des enfants entre eux.

132. Le **mariage** est le principe de la famille. Il peut être défini l'**association de l'homme et de la femme** pour partager les plaisirs et les peines de la vie et pour élever en commun des enfants.

133. Les **devoirs conjugaux** commencent avant le mariage, tout au moins dans le choix que les époux font l'un de l'autre.

134. Les devoirs communs aux deux époux, et également obligatoires pour le mari et pour la femme, sont la **fidélité**, le **secours, l'assistance**.

135. Le devoir particulier au mari, c'est la **protection**; le devoir particulier à la femme, c'est l'**obéissance**.

136. La subordination légale de la femme ne détruit pas l'**égalité morale** des deux époux.

137. L'**indissolubilité du mariage** est fondée sur des raisons de dignité morale et sur la sécurité des enfants.

138. Le **divorce** n'est qu'une exception légale à la règle morale de l'indissolubilité du mariage.

139. Le **devoir primordial des parents** est d'**élever en commun les enfants**, de les nourrir, de les entretenir, et aussi de les instruire.

140. L'affection pour les enfants, une **affection**

égale pour tous, est commandée par la morale, non moins qu'inspirée par la nature.

141. Des devoirs mêmes des parents résultent leurs droits. **L'autorité paternelle** appartient à la mère aussi bien qu'au père : fondée sur l'intérêt des enfants, elle a pour limite cet intérêt même ; elle diminue en proportion de l'âge des enfants.

142. **Les devoirs des enfants** sont l'amour filial, l'obéissance, le respect, la reconnaissance, le dévouement.

143. Les **devoirs fraternels** sont analogues aux devoirs de l'amitié.

144. **L'amitié** exige la confiance, l'obligeance, l'assistance mutuelle, l'égalité.

145. Le **droit d'aînesse** est en contradiction avec la loi naturelle d'égalité qui existe entre les frères et les sœurs.

146. Aux **devoirs de famille** proprement dits il faut joindre les **devoirs de parenté.**

LECTURES

Définition de la famille

Quand on vit ensemble, quand on s'aime les uns les autres, quand chacun aime les autres plus que soi, quand il est heureux de ce qui leur arrive de bien, malheureux de ce qui leur arrive de mal, quand il est prêt à les soigner s'ils ont besoin de lui, à les défendre si on les attaque, quand il aime mieux souffrir que de les voir souffrir et qu'on n'est tous ensemble qu'un seul cœur, cela, c'est la *famille*. (Bersot, *Conseils d'enseignement.*)

La Famille dans la démocratie

Dans la famille démocratique, le père n'exerce guère d'autre pouvoir que celui qu'on se plaît à accorder à la tendresse et à l'expérience d'un vieillard. Ses ordres seraient peut-être méconnus, mais ses conseils sont d'ordinaire pleins de puissance. S'il n'est point entouré de respects officiels, ses fils du moins l'abordent avec confiance. Il n'y a point de formule reconnue pour lui adresser la parole ; mais on lui parle sans cesse, et on le consulte volontiers chaque jour. Le maître et le magistrat ont disparu : le père reste.

Il suffit, pour juger la différence des deux états sociaux sur ce point, de parcourir les correspondances domestiques que les aristocraties nous ont laissées. Le style en est toujours correct, cérémonieux, rigide et si froid que la chaleur naturelle du cœur peut à peine s'y sentir à travers les mots.

Il règne au contraire, dans toutes les paroles qu'un fils adresse à son père, chez les peuples démocratiques, quelque chose de libre, de familier et de tendre à la fois, qui fait découvrir au premier abord que des rapports nouveaux se sont établis au sein de la famille.

La douceur de ces mœurs démocratiques est si grande que les partisans de l'aristocratie eux-mêmes s'y laissent prendre, et que, après l'avoir goûtée quelque temps, ils ne sont point tentés de retourner aux formes respectueuses et froides de la famille aristocratique. Ils conserveraient volontiers les habitudes domestiques de la démocratie pourvu qu'ils pussent rejeter son état social et ses lois. Mais ces choses se tiennent, et l'on ne saurait jouir des unes sans souffrir les autres. (De Tocqueville, *la Démocratie en Amérique*.)

Devoir fraternel

Pour bien pratiquer envers tous les hommes la science divine de la charité, il faut en faire l'apprentissage en famille.

Quelle douceur ineffable n'y a-t-il pas dans cette pensée : « Nous sommes les enfants d'un même père et d'une même mère ! » Avoir trouvé, à peine venus en ce monde, les mêmes objets à vénérer et à chérir entre tous, quelle douceur encore ! Cette communauté de sang et la conformité d'un grand nombre d'habitudes entre frères et sœurs produisent naturellement une puissante sympathie, qui ne saurait être anéantie que par un épouvantable égoïsme.

Si vous voulez être bon frère, défendez-vous de l'égoïsme ; imposez-vous chaque jour d'être généreux dans vos relations fraternelles. Que chacun de vos frères, que chacune de vos sœurs voie que ses intérêts vous sont chers autant que les vôtres. Si l'un d'eux commet une faute, soyez indulgent pour le coupable, non pas seulement comme vous le seriez avec un étranger, mais plus encore. Réjouissez-vous de leurs vertus, imitez-les, et, à votre tour, excitez-les par votre exemple : faites qu'ils aient à bénir la Providence de vous avoir pour frère.

... L'intimité du foyer ne doit jamais vous faire oublier d'être poli envers vos frères.

Soyez encore plus délicat de manières avec vos sœurs.

... Réjouissez-vous de l'influence qu'elles exercent sur votre âme pour l'adoucir, et, puisque la nature les a faites plus faibles et plus sensibles que vous, soyez d'autant plus attentif à les consoler dans leurs afflictions, à ne pas les affliger vous-même, à leur témoigner constamment du respect et de l'amour.

Ceux qui contractent à l'égard de leurs frères et de leurs sœurs des habitudes de malveillance et de grossièreté restent grossiers et malveillants avec tout le monde. Que ce commerce de la famille soit uniquement beau, uniquement tendre, uniquement saint, et alors, quand l'homme passera le seuil de sa maison, il portera dans ses relations avec le reste de la société ce besoin d'estime et d'affection noble, et cette foi dans la vertu que produit toujours l'exercice journalier des sentiments élevés. (Silvio Pellico, *Devoirs des hommes.*)

LECTURES RECOMMANDÉES

M. P. Janet, *la Famille.*
M. Legouvé, *les Pères et les Enfants au XIXe siècle.*

LEÇON XI

DEVOIRS RELIGIEUX ET DROITS CORRESPONDANTS

Morale religieuse. — Philosophie religieuse. — Religion naturelle. — Preuves de l'existence de Dieu. — Preuves métaphysiques. — Preuves physiques. — La conscience et le ciel étoilé. — Preuves morales. — Dieu et l'idée du mérite. — Devoirs envers Dieu. — Droits correspondants. — Rôle du sentiment religieux en morale. — Efficacité pratique de l'idée de Dieu. — La destinée humaine.

Morale religieuse. — La morale philosophique ne doit s'engager qu'avec précaution, avec discrétion et mesure, sur le terrain de la morale religieuse. Chaque communion impose à ses adhérents des pratiques confessionnelles dont nous n'avons pas à parler, puisqu'elles relèvent, non de l'autorité de la raison seule, mais des dogmes particuliers à chaque religion. En les accomplissant, l'homme obéit à son sentiment propre, à une conviction intime. Il ne saurait être question, dans un siècle de liberté, de les imposer à tous les hommes comme une règle universelle de conduite. Ils n'obligent que les fidèles de chaque confession religieuse.

Remarquons cependant que le premier devoir religieux de l'homme, même au sens philosophique, consiste précisément à respecter la religion des autres, à n'entraver en rien les pratiques des différents cultes, à s'abstenir de tout acte qui tendrait à blesser dans sa foi ou à gêner dans la manifestation de ses croyances la conscience d'autrui.

La liberté de discussion veut sans doute que chacun

17.

ait le pouvoir de contredire les opinions même religieuses de ses semblables. Il n'y a pas de croyance qui n'ait le droit de se mànifester, et en s'affirmant elle-même de combattre les autres croyances. Il y a dans toute opinion une aspiration légitime à la propagande et au prosélytisme. Mais, les croyances religieuses étant ce qu'il y a de plus intime, de plus personnel au monde, c'est avec un sentiment de réserve respectueuse qu'il conviendrait d'engager la controverse en ces matières, sans oublier jamais ce qu'on doit de déférence aux erreurs religieuses, quand elles sont sincères et de bonne foi.

En résumé, s'il est libre de ne point participer à des pratiques qu'il n'approuve pas, s'il a le droit de combattre des croyances qui ne sont pas les siennes, le citoyen a cependant le devoir de ne pas gêner, chez ses concitoyens, le libre exercice du culte, et de ne pas chercher à ridiculiser, à bafouer les croyances qui sont le principe des différents cultes.

Philosophie religieuse. — Cela dit, faut-il s'arrêter, et conclure que la morale philosophique, après avoir recommandé le respect des devoirs religieux pratiqués dans les différentes communions, n'a plus qu'à garder le silence et à laisser faire les ministres ou les adeptes des religions positives?

Nous ne le croyons pas : en dehors et au-dessus des confessions particulières il y a une croyance naturelle et universelle en Dieu. L'homme, dont on a dit qu'il était un animal politique et social, est aussi, en un sens, un animal religieux. L'idée de Dieu est un de ses instincts primitifs. Et la raison philosophique s'est efforcée de tout temps de confirmer cet instinct, de le transformer en croyance rationnelle.

Il peut donc y avoir, du fait de la croyance naturelle et rationnelle en Dieu, des obligations religieuses, qui sont communes à tous les hommes, sans distinction de secte, et qui relèvent de la morale philosophique.

Religion naturelle. — L'existence de la morale religieuse philosophique est liée à l'existence d'une religion naturelle. En laissant de côté toute révélation, toute foi au surnaturel, la raison humaine a fait effort pour établir l'existence et définir la nature de Dieu. C'est ce qu'on appelait autrefois la théologie naturelle; c'est ce que les philosophes désignent aujourd'hui sous le nom de *théodicée*.

Preuves de l'existence de Dieu. — La théodicée s'attache surtout à prouver l'existence de Dieu, et elle emploie pour cela un certain nombre d'arguments que depuis longtemps on a l'habitude de diviser en trois catégories : *Preuves métaphysiques, preuves physiques, preuves morales.*

Preuves métaphysiques. — Ce n'est pas ici le lieu d'examiner en détail les preuves dites métaphysiques de l'existence de Dieu. La pensée humaine à la recherche du divin s'est jetée dans de longs circuits de raisonnements abstraits, où il est difficile de pénétrer. D'ailleurs, outre leur caractère ardu, les preuves abstraites de l'existence de Dieu sont moins décisives qu'elles ne veulent l'être. Elles témoignent de la bonne volonté de croire à Dieu, plus qu'elles n'obligent la raison à y croire. Elles attestent le sentiment religieux de leur auteur plus qu'elles ne servent à communiquer, à répandre dans d'autres âmes la foi qui les a inspirées. Elles sont comme de belles prières adressées par de grands esprits, par Descartes *, par Leibnitz, à un Être divin, plus désiré que prouvé, plus adoré que défini.

Pour tout dire, en dehors d'un petit cercle d'esprits méditatifs qui peuvent s'y complaire, les preuves abstraites de l'existence de Dieu ne sauraient guère exercer d'influence sur le sentiment religieux de l'humanité. Elles risquent ou de ne pas être comprises, ou, si elles le sont, de décourager par leur insuffisance la foi de ceux qui y chercheront un appui et un supplément de force.

Preuves physiques. — Quoiqu'il paraisse singulier au premier abord que l'on puisse recourir à des preuves physiques pour établir l'existence de l'Être divin et parfait, les philosophes ont toujours fait grand cas des arguments qu'ils ont empruntés à l'existence du monde, à l'ordre qui y règne, pour préparer l'esprit à admettre l'idée de Dieu.

D'une part, le monde doit être expliqué dans son existence même. On a beau remonter de cause en cause, expliquer notre système solaire actuel par la condensation d'une nébuleuse* primitive ; on a beau reculer dans le passé, la question se pose toujours de savoir quelle est l'origine du monde ; la raison demande à s'arrêter dans cette régression indéfinie de causes secondes* ; elle proclame l'existence d'une cause première.

D'autre part, l'ordre et l'harmonie qui se manifestent dans l'univers, les causes finales* qui éclatent partout et qui nous montrent dans l'agencement des organes, dans leur adaptation admirable à leurs fonctions, une intention, une pensée d'organisation, une action providentielle, nous acheminent aussi à l'idée d'un être tout-puissant et souverainement intelligent.

La conscience et le ciel étoilé. — Kant, qui de tous les philosophes a le plus approfondi les rapports de l'idée de Dieu et de la morale, Kant disait que les plus beaux de tous les spectacles de l'univers étaient, d'une part le ciel étoilé, au-dessus de nos têtes, d'autre part la conscience au dedans de nous. Et en parlant ainsi il entendait certainement signaler le caractère commun de deux choses qui, malgré leurs différences profondes, l'une par des signes sensibles, l'autre par une révélation toute morale, nous parlent également de Dieu.

Il n'hésitait d'ailleurs pas à penser que le témoignage de la conscience est infiniment supérieur au témoignage du monde sensible, et que, tandis que les choses matérielles éveillent obscurément l'idée d'une puissance mystérieuse et divine dont elles seraient l'instrument et l'effet, le monde moral nous conduit avec une impérieuse clarté à concevoir et à reconnaître un idéal de justice et de bonté dont la conscience humaine n'est que le reflet imparfait.

Preuves morales. — Les trois notions fondamentales de la morale, le bien, le devoir, le mérite, nous conduisent à l'idée de Dieu.

L'idée du bien, nous le savons, est universelle et absolue. Sans doute elle n'est pas également claire dans toutes les consciences. Elle se développe avec l'âge dans chaque individu, avec le progrès des siècles dans l'humanité. Elle s'épure, elle s'étend, elle se fortifie par l'expérience et la réflexion. Mais enfin elle n'est absente d'aucune âme humaine qui a grandi dans un milieu normal. Elle résiste à toutes les défaillances de la vie pratique. Elle rayonne dans tout son éclat chez les sages et chez les saints. Elle se manifeste encore par une lueur affaiblie jusque dans les âmes avilies, qui peuvent se dérober à ses lois, mais qui ne sauraient échapper au remords qu'elle leur inspire. Elle est la source d'une multitude de belles actions. Elle provoque les sacrifices, les dévouements des héros.

Eh bien, est-il permis de croire que cette idée du bien, si universelle et si puissante, ne se rattache en dehors de nous à aucun être réel ? Toutes les âmes vertueuses qui depuis l'origine de l'humanité travaillent et souffrent pour le bien n'auraient-elles aspiré qu'à une chimère ? N'est-il pas vrai que l'idéal qu'elles ont conçu, l'idéal de justice qu'elles ont voulu réaliser autour d'elles dans les rapports sociaux, l'idéal de charité auquel de toutes leurs forces elles se sont dévouées, l'idéal de sainteté dont elles ont voulu se rapprocher dans leur vie personnelle, a son principe, au-dessus de nos têtes fragiles et de nos vies périssables, dans un principe divin, dans un Dieu juste, bon et parfait !

Dieu et l'idée du mérite. — Si l'on examine les autres idées morales, on se convainc qu'elles nous conduisent aussi à l'idée de Dieu, et que Kant avait raison de dire : « Dieu est avant tout une idée morale, qui appartient à la morale. »

Nous ne parlerons pas de l'idée du devoir, que, quant à nous, nous croyons suffisamment fondée dans le sentiment de la dignité personnelle. Il faut pourtant ajouter qu'aux yeux d'un grand nombre de philosophes la loi catégorique qui nous ordonne de faire le bien a son principe en Dieu, et que derrière la loi il y a le législateur, source suprême et garantie dernière de l'autorité de la loi.

Mais c'est surtout dans la dernière des conceptions morales, celle qui proclame le mérite, c'est-à-dire le droit de l'honnête homme à la récompense, l'harmonie nécessaire de la vertu et du bonheur, et réciproquement la liaison fatale de la faute et de la punition, que Dieu nous apparaît comme juge nécessaire, après nous être apparu comme législateur. Sur ce point nous donnerons la parole à M. P. Janet.

« Il est difficile, dit-il, de concevoir une loi qui soit telle qu'un agent puisse toujours avoir raison contre elle, une loi qui, dans son opposition avec l'agent, ne serait pas sûre d'avoir le dernier mot. Or, sans nous demander si ce dernier mot doit être prononcé ici-bas ou ailleurs, nous pouvons affirmer qu'il doit y avoir quelque être qui se charge de mettre d'accord la justice et la liberté, c'est-à-dire qui, après avoir laissé toute liberté d'action à l'agent, se réserve d'établir quelque part l'autorité de la loi. Ce qui n'aurait pas lieu sans cela : car l'agent qui voudrait avoir raison contre la loi serait sûr d'y réussir, puisqu'il est libre, et qu'il n'aurait qu'à se préserver des lois humaines pour être aussi indifférent qu'on peut l'être aux conséquences de ses actions. Aussi la liberté laissée au coupable d'agir contre la loi n'est explicable que si cette loi est assurée de trouver une sanction, qui tôt ou tard venge l'autorité.

« Il en est de même des cas où la loi est librement et sincèrement accomplie par l'agent ; la loi en effet ordonne à l'agent le désintéressement absolu ; et la justice veut cependant que celui qui a tout sacrifié pour bien faire ne soit pas puni de sa vertu : car, s'il doit être juste envers tout le monde, il faut bien qu'il y ait quelqu'un qui, au nom de la loi morale, soit juste envers lui. Une loi qui serait telle qu'elle me ferait à moi-même ce qu'elle m'interdit de faire aux autres, c'est-à-dire qui me rendrait nécessairement malheureux, serait une loi barbare qui se contredirait elle-même. Or c'est ce qui arriverait si l'harmonie exigée par la loi entre la justice et le bonheur n'était pas garantie par une cause souveraine, laquelle ne peut être précisément que celle qui a porté la loi [1]. »

Les idées morales en dernière analyse se rattachent et sont comme suspendues à l'existence d'un Dieu. Des devoirs peuvent donc résulter de cette conception philosophique de la Divinité.

Devoirs envers Dieu. — D'une part, on peut soutenir que l'idée de Dieu doit intervenir dans chacun de nos actes moraux. Toute pensée morale devient alors religieuse, et, comme l'a dit Kant, « tous nos devoirs peuvent être conçus comme des ordres divins ». Toute vertu est une piété. C'est là une dévotion indirecte en quelque sorte, qui embrasse en les transformant tous les devoirs humains. à quelque catégorie qu'ils appartiennent.

Mais d'autre part il y a aussi une dévotion directe, qui ne se contente pas, pour affirmer sa foi, de faire le bien en toutes choses, avec l'intention de consacrer à Dieu sa vertu. L'homme religieux se sent obligé soit à nourrir dans son âme, soit à manifester par des actes, des sentiments de respect et d'amour, d'adoration en un mot, pour l'Être souverainement parfait.

Si ces sentiments et ces actes sont renfermés dans l'âme, c'est le *culte intérieur;* s'ils se traduisent au dehors, c'est le *culte extérieur;* l'un et l'autre ont pour essence la prière, surtout la prière qui est une action de grâces, le remerciement de la créature à son créateur.

Droits correspondants. — Les devoirs religieux nous créent des droits correspondants qui se résument dans la liberté de conscience. Nous n'avons pas à y

1. M. Paul Janet, *Cours de morale,* p. 315.

revenir ici, ayant déjà traité ce sujet dans une leçon précédente. (Voy. leçon V.)

Rôle du sentiment religieux en morale. — Il ne saurait plus être question aujourd'hui de considérer le sentiment religieux comme le principe nécessaire et la condition indispensable de la moralité.

On peut même affirmer que le véritable honnête homme est celui qui fait le bien simplement parce que c'est le bien, sans se préoccuper d'être agréable à un Être divin de qui il attendrait la récompense de sa vertu. Le véritable honnête homme n'a pas besoin du sentiment religieux pour se décider à l'accomplissement de son devoir. C'est, en effet, une vertu servile, une vertu précaire, une vertu intéressée que celle qui ne trouve pas en elle-même sa raison d'être et sa récompense, et qui disparaîtrait du jour où elle ne serait plus déterminée par la crainte des châtiments divins et par l'espoir des récompenses futures. Une moralité supérieure se suffit à elle-même et se passe de toute autre considération que celle du devoir lui-même.

Efficacité pratique de l'idée de Dieu. — On peut se demander néanmoins si cette moralité supérieure est à la portée du commun des hommes, s'il n'est pas vrai que l'honnête homme athée déploie une force d'âme peu commune. En renonçant à la croyance en Dieu, ne se prive-t-il pas d'un secours qui lui faciliterait sa tâche à lui-même, et dont, en tout cas, la plupart des hommes ne sauraient se passer. Il est bien évident, en effet, que la croyance en Dieu, — surtout si le sentiment aidant cette croyance est profond et si elle pénètre l'âme tout entière, si elle est non pas seulement un raisonnement abstrait conçu par l'esprit, mais une foi sincère, une adhésion intime du cœur à l'existence d'un Dieu vivant, — la croyance en Dieu agit efficacement sur la conscience humaine, vivifie l'idée du bien et accroît singulièrement l'autorité du devoir.

Enlevez à l'espèce humaine la croyance à un monde supérieur, et vous lui ôtez assurément une partie des forces nécessaires à la pratique du bien. Si cet univers n'est plus qu'une vaste solitude où la voix de l'humanité se perd dans le vide, sans qu'aucune puissance secourable assure le triomphe définitif de la justice, l'humanité est exposée à se laisser aller, par désenchantement et par impuissance morale, à l'appât des jouissances matérielles, à une vie inférieure.

Comme l'a dit un écrivain contemporain :

« Ce qu'il y a de meilleur dans la religion lui vient de la conscience, d'où jaillissent le sentiment de l'obligation, celui de la liberté, et la notion du droit, fondement inébranlable de notre dignité personnelle et de l'édifice social : seulement la religion, en s'assimilant les éléments fournis par la conscience, leur donne en retour une force nouvelle. »

Ne méconnaissons donc pas tout ce que le sentiment religieux peut faire pour soutenir les débiles volontés humaines, tout ce que des millions de créatures puisent de lumière morale, de force et de joie dans l'idée d'un Dieu, présent dans la loi morale, comme le législateur suprême de leurs devoirs, comme le témoin de leurs actes, comme le juge futur de leur vie.

L'enfant fait ce qu'il doit pour plaire à son père. Combien d'hommes restent enfants toute leur vie à l'égard du Père céleste !

La destinée humaine. — Ce n'est pas seulement l'idée de Dieu, c'est aussi le souci de la destinée humaine qui donne à la vie un caractère religieux. On a longtemps fait de la méditation de la mort la vertu essentielle et le premier des devoirs. A quoi Montaigne répondait finement : « La mort est bien le *bout* de la vie ; mais elle n'en est pas le but. » L'ascétisme, qui est au fond de toutes les religions, se trompe assurément quand il veut nous distraire de l'activité pratique, de nos devoirs de chaque jour, pour nous absorber dans la contemplation de nos mystérieuses destinées. Non, l'homme se doit à ses occupations réelles, à sa patrie, à sa famille, à lui-même. Mais s'il a cependant conscience de la noblesse et de la dignité de sa nature, il saura aussi faire une part dans sa vie aux réflexions graves que lui doit inspirer le souci de sa destinée. Il ne faut pas vivre au jour le jour, sans s'inquiéter du lendemain; et le lendemain c'est la vie tout entière, ce sont aussi les espérances par delà le tombeau. La méditation de notre destinée, comme la prière, est une manière d'ennoblir notre existence : elle est, elle aussi, une « élévation de l'âme ».

RÉSUMÉ

147. La morale, au sens philosophique, n'a pas à se préoccuper des **pratiques confessionnelles** que chaque communion religieuse impose à ses fidèles.

148. Cependant le premier devoir religieux de l'homme est de **respecter la religion d'autrui.**

149. Il y a d'ailleurs, en dehors et au-dessus des confessions particulières, une croyance **naturelle** et **rationnelle** en Dieu, d'où dérivent des obligations religieuses communes à tous les hommes.

150. La morale religieuse philosophique est liée à l'existence d'une **religion naturelle** ou théodicée.

151. La théodicée présente trois ordres de preuves de l'existence de Dieu : **preuves métaphysiques, physiques** et **morales.**

152. Les preuves métaphysiques sont trop **abstraites,** trop compliquées, pour exercer une grande influence sur les croyances religieuses.

153. Les preuves physiques s'appuient sur l'**ordre du monde**, sur les **causes finales.**

154. Les preuves morales sont de toutes les plus fortes et les plus persuasives : elles nous montrent Dieu comme une **idée morale**, comme le principe du bien, comme le législateur et le juge des lois morales.

155. Il y a donc au sens philosophique des **devoirs envers Dieu** : ces devoirs sont ou bien une dévotion indirecte qui nous présente tous nos devoirs comme des ordres divins ; ou bien une dévotion directe qui se manifeste tantôt par des sentiments intérieurs d'adoration et d'amour, tantôt par des actes extérieurs, d'où la distinction du **culte intérieur** et du **culte extérieur.**

156. Les devoirs religieux impliquent des droits correspondants, qui se résument dans la **liberté des cultes.**

157. La morale est en un sens **indépendante** théoriquement des idées religieuses, mais dans la pratique la croyance à Dieu exerce une **influence** profonde sur les volontés morales.

158. Ce n'est pas seulement l'idée de Dieu, c'est la **préoccupation de notre destinée** qui donne à la vie morale un caractère religieux.

LECTURES

Des devoirs envers Dieu.

Kant ne reconnaît pas les devoirs envers Dieu. La raison qu'il en donne, c'est que tout devoir suppose une relation entre deux êtres bien connus et qu'il est impossible de définir les relations de l'homme avec un être dont nous ne connaissons ni la nature ni tous les attributs. Il serait même de l'avis de Rousseau, s'il était possible, que les enfants ne fussent jamais témoins d'aucun acte de vénération envers Dieu, et n'en entendissent jamais prononcer le nom. Mais il veut qu'on les pénètre bien de cette idée que toutes les pratiques religieuses sont des préparations aux bonnes œuvres, non de bonnes œuvres en elles-mêmes, et qu'on ne peut plaire à l'Être suprême qu'en devenant meilleur. Du reste, Kant n'entend pas que la morale soit athée; il pense que si la religion sans morale n'est qu'un culte superstitieux, la morale sans la religion, c'est-à-dire sans l'idée de Dieu, manque d'efficacité.

« Les reproches de la conscience resteront sans effet, dit-il, si on ne les considère pas comme la voix de Dieu, dont le siége sublime est bien élevé au-dessus de nous, mais qui a aussi établi en nous son tribunal. » Toujours est-il que Kant supprime les devoirs religieux proprement dits.

Nous ne croyons pas que la question puisse être tranchée par une sorte de fin de non-recevoir. Parce que nous n'avons pas de Dieu une notion complète, il ne s'ensuit pas que nous ne puissions avoir des devoirs envers lui. Tout dépend du rapport sous lequel nous le concevons avec nous et de l'idée que nous nous en faisons. Si Dieu est bien réellement ce que nous montre la religion de l'humanité, c'est-à-dire un être individuel et séparé du monde, doué d'intelligence, de volonté, d'amour comme l'homme, avec la différence de la perfection, père et monarque d'un monde qu'il a librement créé, et qu'il gouverne comme un roi absolu son empire, ayant la main pleine de grâces individuelles qu'il laisse tomber sur qui le sollicite et le prie, selon les sentiments de sa bienveillance ou les mouvements de sa pitié; si Dieu, dis-je, peut être représenté sous de pareils traits, nous ne voyons pas pourquoi l'homme n'aurait pas des devoirs envers lui, et de quel droit la philosophie voudrait supprimer le chapitre de la morale religieuse. Et même en retranchant de l'idée de la personnalité divine tout ce qui tient à notre nature sensible, en ne lui laissant que la sagesse et la justice, il resterait encore, entre l'homme et Dieu législateur et juge, assez de rapports pour comporter certains devoirs de l'être créé envers le Créateur. (E. Vacherot, *Essai de philosophie critique.*)

Problème de la destinée.

Il est impossible qu'aucun homme, si irréfléchi qu'on le suppose et dans quelque condition qu'on l'imagine, échappe pendant le cours d'une longue vie à la conception du problème de la destinée. Car ne croyez pas qu'il faille être savant pour s'élever jusque-là : le pâtre, sur le sommet de la montagne, est aussi une force de la nature : il songe aussi, dans ses longs loisirs, et à ce qu'il est, et à ce que sont ces êtres qui habitent à ses pieds; il a aussi des ancêtres, descendus au tombeau les uns après les autres, et il se demande aussi pourquoi, après avoir traîné leur vie sur notre terre pendant quelques années, ils sont morts pour céder la place à d'autres qui ont disparu à leur tour, et toujours ainsi sans fin ni raison. Le pâtre rêve comme nous à cette infinie création dont il ne voit qu'un fragment; il se sent comme nous perdu dans cette chaîne d'êtres dont les extrémités lui échappent : entre lui et les animaux qu'il garde, il lui arrive ainsi de chercher le rapport, il lui arrive aussi de se demander si, de même qu'il est supérieur à eux, il n'y aurait pas d'autres êtres supérieurs à lui; et quand il sent sa misère, il conçoit facilement des créatures plus parfaites, plus capables de bonheur, environnées d'une nature plus propre à le donner; et de son propre droit, de l'autorité de son intelligence qu'on qualifie d'infime et de bornée, il a l'audace de poser au Créateur cette haute et mélancolique question : « Pourquoi m'as-tu fait et que signifie le rôle que je joue ici-bas? » (Jouffroy, *Mélanges philosophiques*.)

LECTURE RECOMMANDÉE.

Caro, *l'Idée de Dieu*.

LEÇON XII

Médecine de l'âme. — Le moraliste n'a point achevé sa tâche, lorsqu'il a didactiquement exposé les principes de la conduite et complètement énuméré les devoirs de l'homme. La morale est aussi l'hygiène et la médecine de l'âme; elle doit rechercher avec soin les moyens préventifs qui assurent la santé morale, et les remèdes qui guérissent les maladies de l'esprit. Il ne suffit pas d'indiquer le but; il faut fournir les moyens. Assurément la première condition pour faire son devoir, est de le connaître; de savoir à quoi il nous engage exactement dans les diverses situations de la vie, et aussi quelles fortes raisons théoriques la philosophie nous propose pour nous en démontrer l'obligation. Mais il est si difficile de s'affermir dans la pratique du devoir, nous avons tant de peine à transformer en habitudes et en vertus même les obligations les mieux comprises et les plus claires, nos volontés honnêtes ont à lutter contre tant de difficultés, contre tant d'obstacles du dehors et du dedans, qu'il y a intérêt, avant de clore ce cours, à arrêter un instant notre pensée sur les méthodes qui sont les plus propres à assurer l'apprentissage de la vertu.

Énumération des difficultés. — Il n'entre pas dans l'esprit de certaines personnes, qui par une sorte de vocation naturelle sont prédisposées à la pratique du devoir, qu'il y ait autre chose à faire pour devenir un honnête homme qu'à suivre la pente facile de l'instinct et de l'inclination. A leurs yeux le mal est toujours volontaire et témoigne d'une sorte de perversité voulue. Il n'en est rien pourtant : du fait soit de dispositions héréditaires mauvaises, soit d'une éducation insuffisante, soit de la faiblesse naturelle de notre nature et de la fragilité de notre volonté, soit de l'influence des exemples d'autrui, nous sommes à chaque instant détournés de notre devoir ; et la vertu n'est pas généralement un don naturel, elle est une conquête acquise au prix de pénibles efforts : c'est d'elle plus encore que du génie qu'on peut dire qu'elle est une longue patience.

Dans une étude complète sur le sujet que nous nous contentons d'esquisser ici, il y aurait lieu de distinguer un grand nombre d'ennemis de la moralité :

1° Les tendances vicieuses de notre constitution et de notre tempérament ;

2° Les préjugés ou l'ignorance qu'une instruction incomplète a laissés subsister dans notre esprit ;

3° Les mauvaises habitudes morales contractées dans notre enfance et dans notre jeunesse, les passions auxquelles ont donné lieu, en s'égarant et en s'exaltant, quelques-uns de nos sentiments naturels ;

4° Les influences extérieures, le milieu domestique ou social, les mauvaises compagnies.

Les tempéraments moraux et physiques. — Les tempéraments moraux, comme les tempéraments physiques, ont besoin d'un traitement approprié. Quoique les devoirs soient les mêmes pour tous les hommes et qu'il n'y ait pas deux morales, il est néanmoins certain qu'on ne peut demander à tous les hommes au même degré les mêmes vertus. Tel qui sera porté par sa nature aux actions courageuses et même héroïques se pliera difficilement aux vertus tendres et délicates. Tel autre qui dans son ardeur affectueuse se montrera bon et charitable aura de la peine à pratiquer ces devoirs de justice qui exigent plus de raison que de cœur, plus de solidité d'esprit que de générosité sensible.

Il est certain que le tempérament moral dépend en partie de la constitution physique. Kant distinguait précisément les caractères, en s'appuyant sur des considérations où la vie corporelle joue un grand rôle, comme l'indiquent les noms mêmes des quatre tempéraments qu'il énumère : le sanguin, le mélancolique, le colérique, le flegmatique ; il est évident que la chaleur, la force ou au contraire la pauvreté du sang sónt un des éléments essentiels de la physionomie morale des individus.

La première précaution à prendre dans la culture morale d'une âme, c'est de se rendre un compte exact des tendances qu'elle tient de son tempérament physique ou intellectuel. On ne procédera point de la même façon avec un enfant enjoué, bienveillant, animé, sanguin en un mot, et avec un enfant triste, renfermé, froid, c'est-à-dire flegmatique ou mélancolique. Et quand nous aurons à nous gouverner nous-mêmes, quand à l'éducation donnée par les autres succédera celle qui importe le plus, car elle dure toute la vie, l'éducation personnelle, nous devrons ne jamais oublier, dans les actions que nous entreprendrons, dans les obstacles que nous affronterons, quelles sont nos forces et les prédispositions de notre tempérament. Si nous n'avions pas égard à cette appréciation de nos moyens naturels, du fort et du faible de notre caractère, nous nous exposerions à bien des fautes que la connaissance de nous-mêmes peut seule nous éviter.

Examen de conscience. — Aussi les moralistes

de tous les temps ont-ils recommandé comme une des pratiques les plus efficaces, dans l'apprentissage de la vertu l'examen de conscience, qui est un des meilleurs moyens de se connaître soi-même.

L'examen de conscience a pour résultat de nous révéler nettement non seulement ce que notre nature comporte en général de qualités et de défauts, les points faibles où il faut apporter une surveillance spéciale, mais aussi de nous montrer exactement où nous en sommes dans la voie du perfectionnement moral, quel chemin nous avons parcouru, quels progrès nous restent à faire.

L'examen de conscience peut d'ailleurs être entendu de diverses façons. Sénèque recommandait déjà ces réflexions intérieures qu'une conscience scrupuleuse s'impose au commencement et à la fin de chaque journée.

« Nous devons tous les jours, dit le moraliste latin, appeler notre âme à rendre ses comptes. Ainsi faisait Sextius ; sa journée terminée, il interrogeait son âme : De quel défaut t'es-tu aujourd'hui guérie ? Quelle passion as-tu combattue ? En quoi es-tu devenue meilleure ? Quoi de plus beau que cette habitude de repasser ainsi toute sa journée !... Ainsi fais-je, et, remplissant envers moi les fonctions de juge, je me cite à mon tribunal. Quand on a emporté la lumière dé ma chambre, je commence une enquête sur toute ma journée, je reviens sur toutes mes actions et mes paroles. Je ne me dissimule rien, je ne me passe rien. Eh ! pourquoi craindrais-je d'envisager une seule de mes fautes, quand je puis me dire : Prends garde de recommencer : pour aujourd'hui, je te pardonne [1] ? »

Mais les formes suivies importent peu. Nous n'exigeons pas que l'examen de conscience soit régulier comme la prière du chrétien, qu'il se renouvelle périodiquement à certaines heures, le soir ou le matin ; ce qui est essentiel, c'est que le plus souvent possible nous fassions sur nous-mêmes un salutaire retour.

Méthode de Franklin. — Chaque homme, en fait de morale, doit être son médecin à lui-même. Et

1. Sénèque, *De la colère*, liv. III, 3 s.

voilà pourquoi nous ne citons pas comme un modèle à suivre, mais simplement pour mémoire, le *calendrier moral* de Franklin.

Ingénieux à chercher les moyens de s'affranchir moralement, Franklin avait imaginé de dresser une liste de ses défauts principaux et des vertus correspondantes qu'il avait le plus besoin d'acquérir. Il en comptait treize : tempérance, silence, ordre, résolution, frugalité, industrie, moralité, justice, modération, propreté, tranquillité, chasteté, honnêteté. Convaincu qu'il ne réussirait pas à extirper d'un seul coup toutes ses mauvaises habitudes, et qu'il faut diviser les difficultés morales, comme toutes les autres, si on veut les résoudre ; il s'appliquait particulièrement pendant une semaine à pratiquer une des treize vertus; puis la semaine d'après il passait à la suivante; heureux de pouvoir dire avec l'*Imitation de Jésus-Christ :* « Si seulement nous déracinions tous les ans un seul vice, nous deviendrions bientôt hommes parfaits. »

L'ignorance et les préjugés. — Bien que la vertu soit surtout une affaire de volonté, de volonté persévérante et peu à peu transformée en habitude, il est certain que l'ignorance et les préjugés sont un obstacle redoutable aux progrès de la moralité dans le monde. Combien de vices qui n'ont d'autre origine que le défaut de lumières ! Combien de crimes qui ne sont pas seulement dans leur source des volontés mauvaises, mais aussi des ignorances !

A ce mal on ne peut remédier que par la diffusion de l'enseignement moral. Et voilà pourquoi le livre de morale est utile ! Il nous apprend à reconnaître notre chemin au milieu des tourbillons de poussière que les passions soulèvent et qui obscurcissent nos yeux. Nous ne réfléchirons jamais assez sur les principes de la morale, ni sur la nature des obligations particulières qui en découlent. Débarrassons-nous d'abord de tous les préjugés qui enveloppent notre conscience mal éclairée, et, une fois que nous aurons acquis la vue claire du devoir, il nous sera plus aisé de trouver dans notre âme les forces nécessaires pour l'accomplir. Nous serons moins exposés à admettre dans notre conduite l'empire des mauvaises habitudes et des passions.

Guérison des passions. — C'est surtout à la guérison des passions que doivent travailler les médecins des âmes. Sans doute le mieux serait d'en empêcher l'éclosion, de ne jamais laisser prendre pied dans nos âmes à la colère, à l'intempérance, et aux autres maladies morales. Mais il est malheureusement impossible d'espérer que l'éducation et l'hygiène de l'âme exercent sur les hommes un assez puissant empire pour les mettre à l'abri de tous les germes du mal qui circulent dans le monde et qui empoisonnent l'air que nous respirons; de même que les hygiénistes du corps les plus enclins à l'illusion ne comptent pas que les précautions, les moyens préventifs qu'ils préconisent, puissent avoir pour effet d'arrêter le développement de toutes les maladies physiques.

Il faut donc se mettre en face de la réalité. Nous avons tous des dispositions vicieuses, prêtes à s'exalter, à se transformer en habitudes dominantes et tyranniques, en passions en un mot. Sachons donc faire bonne garde et nous rappeler le précepte médical : *Principiis obsta :* c'est aux débuts surtout et lorsque la passion est en train de naître qu'il est le plus facile de la combattre et de la vaincre. Mais enfin, si elle a réussi à prendre racine dans nos âmes, que devons-nous faire?

Moyens indirects. — Pour vaincre une passion établie et dominante dans notre cœur, il ne faut guère songer, comme le dit Bossuet, à la prendre de face; elle résisterait le plus souvent à une attaque directe. Il faut recourir à des moyens détournés; il faut biaiser avec elle. « Il en est de la passion, dit encore Bossuet, comme d'une rivière qu'on peut plus aisément détourner qu'arrêter de droit fil. » Donnons un autre cours à nos sentiments; détournons sur d'autres objets notre besoin de plaisirs; substituons une passion innocente à une passion mauvaise : cherchons une occupation qui absorbe notre activité, qui ne nous laisse pas le temps, s'il est possible, de satisfaire notre passion.

« Il faut calmer les esprits par une espèce de diversion et se jeter pour ainsi dire à côté plutôt que de combattre de front; c'est-à-dire qu'il n'est plus temps d'opposer des raisons à une passion déjà émue; car en raisonnant sur la passion, même pour l'attaquer, on en imprime plus fortement les traces. Où les sages réflexions ont grand effet, c'est à prévenir la passion. Il faut donc nourrir son esprit de considérations sensées et lui donner de bonne heure des attachements honnêtes afin que les objets des passions trouvent la place déjà prise [1]. »

Moyens directs. — Il ne faudrait pourtant pas s'en tenir, dans la lutte avec les passions, aux moyens de ruse, à la tactique savante que nous propose Bossuet. Nous croyons plus que lui à l'efficacité d'une volonté résolue, qui, ayant reconnu le mal dont elle souffre, se décide bravement à le supprimer, comme le blessé se résout à laisser amputer son bras ou sa jambe malade. Trop souvent, si nos passions se prolongent et nous accompagnent pendant toute notre vie, c'est simplement que nous ne voulons pas rompre avec elles. Commençons par nous convaincre que notre passion est mauvaise, qu'il y va de notre intérêt et de notre honneur de ne plus faire bon ménage avec elle, et peut-être, si nous essayons de l'écarter, serons-nous étonné de la facilité de notre victoire : nous pensions avoir affaire à une force redoutable, à un obstacle invincible, et nous n'avons devant nous qu'un fantôme qu'il a suffi de regarder en face pour l'exorciser. Il y a bien quelque vérité dans le vieux proverbe : *Vouloir c'est pouvoir.*

Il ne conviendrait pas d'ailleurs d'abuser de la méthode qui consiste à guérir une passion par une

1. Bossuet, *Connaissance de Dieu et de soi-même*, ch. III.

autre passion. Rappelons sur ce point les hautes pensées de Platon :

> « Ce n'est pas, disait-il, un chemin qui mène à la vertu que de changer des voluptés pour des voluptés, des tristesses pour des tristesses, des craintes pour des craintes, et de faire comme ceux qui changent une pièce en petite monnaie. La sagesse est la seule monnaie de bon aloi pour laquelle il faut changer toutes les autres. »

Règles de Bacon. — Bacon, qui est un maître en logique, est aussi un conseiller digne d'être écouté dans les choses morales. Il a appliqué à la pratique du devoir quelques-unes des règles qu'il imposait si judicieusement au savant dans la recherche de la vérité.

Savoir ménager les transitions. — Il faut, disait-il, se garder de commencer par des tâches très difficiles, il faut procéder par degrés et mesurer son entreprise à ses forces. C'est la traduction morale de la règle logique qui recommande les inductions lentes, progressives. On se trompe, dans les recherches scientifiques, si l'on veut aller d'un bond aux lois les plus élevées. On risque d'échouer en morale si l'on veut du premier coup atteindre à la vertu la plus haute. Ne demandons pas au paresseux que nous voulons corriger de surmonter en un jour son défaut : habituons-le au travail, en lui imposant d'abord de petites tâches, que nous augmenterons peu à peu, au fur et à mesure que ses forces grandiront. C'est par petites progressions successives qu'il faut procéder en toutes choses. La loi posée par Leibnitz que « la nature ne fait rien par sauts et par bonds », est aussi une règle de morale. La vertu ne s'organise dans une âme que petit à petit. Tout défaut, tout vice est une maladie qui demande des ménagements : le convalescent ne revient qu'insensiblement à la santé et à la vie complète.

Brusques réformes. — La règle que nous venons d'exposer comporte pourtant des exceptions. Il y a

1. Platon, *Phédon.*

certains défauts avec lesquels il faut savoir rompre brusquement, si l'on veut s'en débarrasser. Tous les fumeurs savent qu'il est plus facile de renoncer absolument à fumer, que de modérer par degrés leur passion. De même, s'il s'agit d'ivresse, d'intempérance, le mieux est de recueillir en une fois toutes ses forces et, par un effort héroïque, de couper court à ses habitudes.

Occasions de bien faire. — Une autre maxime de Bacon, c'est qu'il faut choisir, pour s'habituer à l'accomplissement de son devoir, deux sortes d'occasions : celles où l'on est le mieux disposé et celles aussi où on l'est le plus mal. Dans le premier cas, on acquiert aisément une habitude qui correspond à l'état de l'âme, à ses instincts, à ses inclinations : par exemple, si l'esprit est reposé, la santé vigoureuse, on se mettra au travail, et par le plaisir qu'on y trouvera, on s'accoutumera à devenir laborieux. Dans le second cas, au contraire, on est obligé, par les obstacles mêmes que nous opposent les dispositions mauvaises de l'âme, à faire d'autant plus d'efforts, à déployer d'autant plus d'énergie et de volonté : ce n'est pas une mauvaise manière de s'exercer à la vertu que de se cramponner à la loi du devoir au moment même où la tentation de l'enfreindre est le plus forte.

Persistance du naturel. — Une troisième règle posée par Bacon, c'est qu'il faut se défier de son naturel, de ses mauvaises tendances, même quand il semble qu'on en ait triomphé.

« Chassez le naturel, il revient au galop, » disait Boileau ; et ce qui est vrai des défauts littéraires d'un auteur, l'est aussi des dispositions vicieuses de l'âme. Nous avons pris les résolutions les meilleures, nous les avons même réalisées ; et cependant, si l'occasion se représente de faire le mal, nous cédons de nouveau à l'attrait d'une ancienne passion. La vertu exige une surveillance incessante, un effort continu, et, quoi qu'on puisse dire de la toute-puissance des bonnes habitudes, le plus vertueux des hommes, s'il n'y prend garde, est encore exposé à des rechutes. Les maladies physiques, même guéries, laissent quelques traces dans le corps; les maladies morales, même surmontées, laissent un résidu dans l'âme, et dans la cendre des passions éteintes couve parfois un reste de flamme qui peut se rallumer.

Les influences extérieures. — Nous avons signalé les ennemis du dedans, il faudrait aussi étudier les ennemis du dehors, les obstacles que la moralité rencontre dans les tentations et les occasions extérieures, dans les mauvais exemples et dans les mauvaises sociétés. Mais on n'en finirait pas si l'on voulait répéter sur ce point tous les conseils que les moralistes ont tant de fois déjà présentés aux hommes. Il y a une prudence nécessaire qui nous apprend à éviter, à écarter de notre chemin tout ce qui peut être pour notre vertu chancelante une occasion de chute. Les conditions extérieures de la moralité ne sont pas à dédaigner. Il y a pour la vertu des climats propices; il y a aussi pour elle des climats meurtriers. Sans doute il ne dépend pas de nous de choisir toujours le milieu où nous sommes appelés à vivre; mais dans le choix de nos relations, de nos amitiés, notre volonté a cependant sa grande part.

Et c'est à la volonté, en effet, qu'il faut toujours en revenir quand on parle de l'apprentissage de la vertu. La volonté est le vrai principe de la pratique morale. C'est elle qu'il faut fortifier, qu'il faut entourer de tuteurs, si elle est encore faible, qu'il faut habituer à s'en passer le plus tôt possible et à valoir par elle-même.

Habituons-nous donc dès l'enfance, dès la jeunesse, à accroître l'empire de la volonté sur nos sentiments sur nos inclinations. Habituons-nous à considérer le devoir, non comme une chose exceptionnelle, qui n'est réclamée de nous qu'à certaines heures, dans des circonstances rares, dans des occasions d'éclat, mais comme l'obligation de toutes les heures, de tous les instants. « La vie morale, a-t-on dit, est un tissu de petits événements et de menues obligations dont l'accomplissement continu a une grandeur égale à celle des vertus d'exception. » Même quand nous n'avons pas à agir, la moralité ne perd pas ses droits. Que de mauvaises actions du lendemain ont déjà germé dans les pensées coupables de la veille ! Surveillons donc notre pensée non moins que notre conduite. Ne laissons pas le mal se glisser dans notre âme à la faveur d'une imagination, d'une idée sottement caressée : ce n'est pas au moment d'agir seulement qu'il faut se préparer à l'action.

Enfin ne cherchons pas dans la médiocrité de notre condition, dans l'obscurité de notre vie des excuses à nos défaillances morales. Les vertus les plus humbles sont les plus difficiles et les plus méritoires. « Nous avons beaucoup moins de peine, dit Bourdaloue, à faire plus que nous ne devons qu'à faire ce que nous devons. »

RÉSUMÉ

159. Il y a une **hygiène** et une **médecine de l'âme** c'est-à-dire une étude soit des moyens préventifs, soit des remèdes qu'il convient d'employer pour empêcher de naître ou pour guérir les maladies morales.

160. Les ennemis de la moralité sont ou **intérieurs** ou **extérieurs** : d'une part, les dispositions vicieuses des tempéraments, les mauvaises habitudes et les passions, l'ignorance et les préjugés ; d'autre part, les influences du milieu, les mauvais exemples.

161. L'apprentissage de la vertu suppose d'abord

une connaissance exacte du **tempérament moral**
auquel on a affaire.

162. La **connaissance de soi-même** est le commencement de la sagesse.

163. Un des meilleurs moyens de nous connaître
nous-mêmes est la pratique fréquente des **examens
de conscience.**

164. L'examen de conscience nous révèle le fort et
le faible de notre caractère, et en nous rappelant nos
fautes les plus habituelles nous prépare à les éviter
dans l'avenir.

165. L'examen de conscience peut d'ailleurs revêtir
bien des formes; une des plus ingénieuses est celle
que pratiquait Franklin dans son **calendrier moral.**

166. L'ignorance et les préjugés étant les sources
de bien des manquements à la morale, la **diffusion
de l'enseignement** moral est une des conditions
essentielles du progrès de la vertu dans le monde.

167. La passion doit être combattue dans ses commencements surtout; mais il ne faut pas renoncer à
la guérir, même quand elle est invétérée : il y a une
cure des passions.

168. La plupart des moralistes recommandent dans
la lutte contre les passions les **moyens indirects,**
les divertissements, la substitution d'une passion
innocente à une passion vicieuse.

169. Il y a aussi des **remèdes directs** à employer
contre les passions : les réflexions, les fortes résolutions.

170. Bacon a exposé un certain nombre de **règles
d'hygiène morale,** qui consistent surtout à ménager
les transitions et les difficultés, à rechercher certaines

occasions de bien faire, à se défier toujours des tendances persistantes d'un mauvais naturel.

171. Il faut tenir compte aussi dans l'apprentissage
de la vertu des **conditions extérieures de la moralité.**

172. C'est la **volonté** qui est le vrai principe de la
pratique de la vertu.

LECTURES

Cure des passions.

Lorsqu'un homme est dans de bons mouvements, il doit se
faire des lois et règlements pour l'avenir et les exécuter avec
rigueur, s'arracher aux occasions capables de le corrompre,
ou brusquement, ou peu à peu, selon la nature de la chose.
Un voyage entrepris tout exprès guérira un amant, une retraite
nous tirera des mauvaises compagnies. François Borgia, général des jésuites, qui a été enfin canonisé, étant accoutumé à
boire largement lorsqu'il était homme du grand monde, se
réduisit peu à peu au petit pied, lorsqu'il pensa à la retraite,
en faisant tomber chaque jour une goutte de cire dans le verre
qu'il avait coutume de vider. *A des sensibilités dangereuses
on opposera quelques autres sensibilités innocentes,* comme
l'agriculture, le jardinage ; on fuira l'oisiveté, on ramassera
des curiosités de la nature et de l'art ; on fera des expériences
et des recherches ; on s'engagera dans quelque occupation
indispensable, ou, si l'on n'en a pas, dans quelque conversa-
tion ou lecture utile ou agréable. En un mot, il faut profiter
des bons mouvements, comme de la voix de Dieu qui nous
appelle, pour prendre des résolutions efficaces. (Leibnitz.)

Le Calendrier moral de Franklin.

Je dressai un petit livre de treize pages portant chacune
en tête le nom d'une des vertus. Je réglai chaque page à l'encre

rouge, de manière à y établir sept colonnes, une pour chaque jour de la semaine, mettant au haut de chacune des colonnes la première lettre du nom d'un de ces jours. Je traçai ensuite treize lignes transversales au commencement desquelles j'écrivis les premières lettres du nom d'une des treize vertus. Sur cette ligne, et à la colonne du jour, je faisais une petite marque d'encre pour noter les fautes que, d'après mon examen, je reconnaissais avoir commises contre telle ou telle vertu.

Je résolus de donner une semaine d'attention sérieuse à chacune de ces vertus successivement. Ainsi mon grand soin pendant la première semaine fut d'éviter la plus légère faute contre la tempérance, laissant les autres vertus courir leurs chances ordinaires, mais marquant chaque soir les fautes de la journée. Si, dans la première semaine, je me croyais assez fortifié dans la pratique de ma première vertu et assez dégagé de l'influence du défaut opposé, j'essayais d'étendre mon attention sur le second, et, procédant ainsi jusqu'à la dernière, je pouvais faire un cours complet en treize semaines, et le recommencer quatre fois par an. De même qu'un homme qui veut nettoyer son jardin ne cherche pas à en arracher toutes les mauvaises herbes en même temps, ce qui excéderait ses moyens et ses forces, mais commence d'abord par une des plates-bandes, pour ne passer à une autre que quand il a fini le travail de la première ; ainsi j'espérais goûter le plaisir encourageant de voir dans mes pages les progrès que j'aurais faits dans la vertu, par la diminution successive du nombre de marques, jusqu'à ce qu'enfin, après avoir recommencé plusieurs fois, j'eusse le bonheur de trouver mon livret tout blanc après un examen particulier pendant treize semaines. (Franklin, *Mémoires*.)

Les Inventeurs en morale

C'est une très belle pensée de M. Janet, qu'il y a des inventeurs en morale, des hommes d'élite qui font des découvertes non pas dans la science ou dans les systèmes, mais dans la pratique, et qui trouvent de nouveaux devoirs auxquels d'autres n'avaient pas songé. Ce sont eux qui, semblables à des artistes de génie, proposent à nos efforts, par leur volonté et leur initiative, des images de plus en plus belles de l'humanité et des modèles plus achevés à nos efforts. Ils ouvrent de nouveaux horizons à la conscience humaine. Si le commun des hommes ne les imite pas en tout, il en arrive du moins à comprendre qu'il vaudrait mieux leur ressembler; et celui qui s'arrête dans la carrière qu'ils ont parcourue jusqu'au bout, n'en croit pas moins qu'il soit louable de le faire: il n'a pas assez de force pour les rejoindre. Nous tous qui marchons sur la même route, celle du devoir, nous y avançons inégalement. Le bien, dira-t-on, est alors trop difficile, et la morale qui le prescrit risque de décourager les âmes. Vaut-il mieux l'abaisser au niveau de la vertu la plus vulgaire et déclarer qu'il règne ici-bas dans toute sa pureté? Peut-on reprocher à une science qui a pour objet un idéal de le concevoir trop pur et trop parfait? La pratique n'en rabattra que trop, et moins on demande à la volonté, moins elle donne. Les premiers, après ceux qui atteignent le but, sont ceux qui l'aperçoivent et savent combien ils en sont encore éloignés. (M. Charles, *Éléments de philosophie.*)

LECTURES RECOMMANDÉES

M. P. Janet, *Éléments de morale*, chap. x, Médecine et Gymnastique morales.

M. Martha, *les Moralistes romains.*

INDEX

A

Acte, par opposition à *puissance*, dans le langage philosophique signifie une énergie réalisée, un être qui est devenu tout ce qu'il peut être.

Adam Smith, célèbre économiste écrivain (1723-1790) a publié en 1759 une *Théorie des sentiments moraux*, où il développe cette idée que la sympathie est le mobile de toutes les actions humaines.

Adéquat, terme de logique, se dit des idées égales à leur objet, et par conséquent exactes et précises.

Aristippe de Cyrène, philosophe grec qui suivit les leçons de Socrate. — Il florissait vers l'an 390 avant J.-C. L'école cyrénaïque qu'il fonda, et qui est la devancière de l'école épicurienne, professait que le plaisir est la fin de la vie.

Aristogiton, Athénien, conspira avec son ami Harmodius contre les tyrans Hippias et Hipparque. Mort en 514 avant J.-C.

Aristote, philosophe grec, 384 à 322 av. J.-C., élève de Platon, précepteur d'Alexandre le Grand, fonda à Athènes une école de philosophie appelée le *Lycée*. Sa doctrine est connue sous le nom de *péripatétisme* tiré de son mode d'enseignement, en se promenant. Elle a eu une grande influence au moyen âge, où l'on ne jurait que par Aristote. Il a embrassé dans ses recherches toutes les parties de la science, apportant dans toutes ses investigations un esprit positif et la méthode d'observation et d'expérience. Ses *Éthiques*, traités de morale, sont la partie la plus vivante de ses œuvres.

Ascétisme, doctrine et pratique de ceux qui par excès du sentiment religieux négligent les soucis de la vie humaine et mondaine pour se consacrer exclusivement à des exercices de piété.

Ateliers nationaux, ateliers ouverts en 1848 aux frais du trésor public pour venir en aide aux ouvriers sans travail.

Augustin Thierry, célèbre historien français.

Augustin (Saint) (354-430), évêque d'Hippone, un des Pères de l'Église.

Autodafé, mot à mot, acte de foi, exécution des jugements de l'inquisition qui condamnait les hérétiques au supplice du feu.

B

Bacon, célèbre logicien et moraliste anglais (1560-1626), auteur du *Novum Organum* et des *Essais de morale.*

savant français, mort il y a quelquesannées.

Brutus (Marcus Junius), rigide républicain romain, se tua de désespoir après avoir perdu contre Octave la bataille de Philippes.

Buchanan, poète et historien, né en Écosse en 1506, mort en 1582.

C

Cadoudal (Georges), chef de chouans, né en 1771, condamné à mort en 1804 pour avoir pris part au complot de Pichegru.

Caro, philosophe français, de l'école spiritualiste, mort en 1887.

Casuistique, partie de la morale théologique qui traite des cas de conscience.

Caton d'Utique, stoïcien romain, se tua à Utique, en Afrique, l'an 46 avant J.-C. pour ne pas céder à César victorieux.

Causes efficientes, les causes réelles qui produisent des effets qu'elles précèdent.

Causes finales, les causes idéales qui déterminent un effet dont elles sont la fin et le but.

Cause première, la cause initiale de tout ce qui existe, la puissance créatrice du Dieu.

Causes secondes, les êtres créés, issus de la cause première.

Cercle vicieux, terme de logique qui désigne les

publicaine ardente, qui assassina Marat le 13 juillet 1793.

Cornaro (1467-1566), riche Vénitien, a écrit des discours sur la sobriété.

Cousin (Victor), philosophe français, fondateur de l'éclectisme, l'un des plus éloquents défenseurs du spiritualisme dans notre siècle.

Criterium, ce qui sert de preuve ; la règle de la certitude.

Cujas, célèbre jurisconsulte français (1520-1590).

Cyrénaïque (École), fondée par Aristippe de Cyrène.

D

Dante, le plus grand poète italien (1265-1321), l'auteur de la *Divine Comédie*.

Descartes, le plus grand des philosophes français, né à La Haye-Descartes, en Touraine (1596), mort en Suède (1650). C'est lui qui a fondé la philosophie moderne en substituant au principe d'autorité la méthode du libre examen. Ses principaux ouvrages sont le *Discours de la Méthode* (1637), les *Méditations métaphysiques* (1641). Sa doctrine est un spiritualisme idéaliste. Descartes a été aussi un mathématicien, un physicien, un savant universel en un mot.

Diogène Laërce, écrivain grec, qui vécut au iii° siècle après J.-C. Il est l'auteur d'un ouvrage d'histoire de la philosophie, intitulé : *Des vies,* *doctrines et apophtegmes des philosophes célèbres.*

Distributive (Justice), la justice en tant qu'elle inflige des peines ou accorde des récompenses à chacun selon ce qui lui est dû.

Droit naturel, par opposition à *droit positif*, le droit fondé sur la raison et sur la nature, qui est le principe des lois civiles.

E

Épictète, philosophe stoïcien, du 1er siècle après Jésus-Christ.

Épicure, philosophe grec (342-270 av. J.-C.) qui acquit les théories de Démocrite sur les atomes; fondateur de la secte morale qui faisait du plaisir le but de la vie et qui s'opposait au stoïcisme.

Esthétique, la science du beau.

F

Fatum, mot latin qui désigne le destin, la puissance fatale de laquelle dépendent les événements de ce monde.

Fénelon, un des grands écrivains français du xviie siècle (1651-1715).

Ferraz (M.), professeur et philosophe français contemporain.

H

Harmodius, l'ami et le complice d'Aristogiton (Voy. ce mot).

Helvétius (1715-1771), philosophe matérialiste français, auteur du livre *De l'esprit*.

Herbart, philosophe allemand (1776-1841).

Hobbes (1588-1679), philosophe et politique anglais, matérialiste en philosophie, partisan de la monarchie absolue en politique. Son principal ouvrage est le *Traité de la nature humaine.*

Holbach (d'), né en 1723, mort en 1769, un des chefs du matérialisme philosophique au XVIII° siècle, auteur du *Système de la Nature.*

Hypnotisme, d'un mot grec qui veut dire *sommeil*, l'art d'endormir artificiellement.

I

Imputabilité, le fait de pouvoir attribuer à une personne la responsabilité de telle ou telle chose.

Instruction criminelle, l'ensemble des procédures suivies pour rechercher et convaincre l'auteur d'une action coupable.

J

Janet (M. P.), philosophe français contemporain, qui appartient à l'école spiritualiste, professeur à la Sorbonne, auteur d'un grand nombre d'ouvrages qui ont contribué au relèvement des études philosophiques en France : *Histoire de la science politique dans ses rapports avec la morale; la Famille; la Morale; les Causes finales*, etc.

Joseph II, empereur d'Allemagne, fils de François I*er* et de Marie-Thérèse (1741-1790).

Jouffroy, philosophe français de l'école spiritualiste (1796-1842), s'est surtout occupé de psychologie et de morale. Ses travaux principaux ont été recueillis dans deux volumes intitulés : *Mélanges philosophiques; Nouveaux Mélanges.*

Jugement de Dieu, duels du moyen âge où Dieu était censé donner raison à l'innocent et tort au coupable.

K

Kant (1724-1804), le plus grand, avec Leibnitz, des philosophes allemands. Ses ouvrages principaux sont : *la Critique de la raison pure et la Critique de la raison pratique.* Kant nie la possibilité de la métaphysique, mais il rétablit les croyances à Dieu, à l'âme et à la liberté en les présentant comme des con-

Son grand ouvrage, *la Recherche de la vérité*, contient sur les causes des erreurs des parties encore vivantes.

Maistre (Joseph de), politique et écrivain français (1753-1821).

Manou (lois de), code des lois brahmaniques.

Marc-Aurèle, empereur romain (121-180).

Mariana, jésuite espagnol (1537-1624) qui soutenait la doctrine du tyrannicide.

Marion (M.), philosophe et pédagogue français contemporain, professeur à la Sorbonne.

Métempsycose, la doctrine qui croit que les âmes humaines passent après la mort dans le corps des animaux.

Mirabeau, célèbre orateur et politique français (1749-1791).

Molina, jésuite espagnol (1535-1601).

Montaigne, l'auteur des *Essais* (1533-1592).

Montesquieu, célèbre écrivain français (1689-1755) auteur de *l'Esprit des lois*.

Mungo-Park, voyageur écossais, né en 1771, mort assassiné en Afrique à une date inconnue.

N

Nébuleuse, agglomération d'étoiles qui ne se distinguent qu'au télescope.

Nécessité, terme philosophique qui exprime l'action d'une force à laquelle on ne peut se soustraire.

Nicole, moraliste et théologien, auteur des *Essais de morale* (1625-1695).

O

Oppède (baron d'), né à Aix, en 1495, mort en 1558, procéda en 1545 au massacre des Vaudois.

P

Panthéisme (de deux mots grecs, *tout*, *Dieu*), doctrine philosophique qui confond l'univers et Dieu, qui divinise la nature ; le mot a été imaginé vers 1700 par le philosophe anglais John Toland. Les principaux philosophes de cette école sont, dans l'antiquité, Parménide, les Alexandrins, et dans les temps modernes, Spinoza et Hegel.

Paralogisme, faux raisonnement, fait sans intention de tromper.

Pascal (1623-1662), l'un des plus grands écrivains du xviie siècle, adversaire des jésuites dont il a vivement critiqué les maximes morales dans les *Provinciales*.

Périclès, Athénien, illustre homme d'État, orateur et guerrier (494-429).

Petit (Jean), cordelier, mort en 1413, fit l'apologie du meurtre du duc d'Orléans en 1408.

Philippes, ville de Macédoine où Antoine et Octave vainquirent Brutus et Cassius, l'an 42 av. J.-C.

Phocylide, poète grec qui florissait vers 540 avant J.-C.

Plaute, poète comique latin (227-183 av. J.-C.).

Platon, le plus grand des philosophes grecs avec Aristote (427-347 av. J.-C.), élève immédiat de Socrate, dont il n'a pas toujours reproduit fidèlement les doctrines, aussi enclin à l'idéalisme que Socrate l'était peu : sa morale, exposée dans le *Gorgias* et dans d'autres dialogues, est admirable ; sa politique et sa pédagogie, qu'il a formulées dans *la République* et dans *les Lois*, sont en partie chimériques.

Plotin, philosophe de l'école d'Alexandrie (205-270).

Plutarque, moraliste et historien grec (50-138 ap. J.-C.).

Positivisme, système philosophique dont Auguste Comte est le fondateur, qui écarte toute doctrine théologique ou métaphysique et s'appuie exclusivement sur les sciences positives.

Postulat, une affirmation qu'on ne peut démontrer et qui sert de principe à une série de raisonnements.

Prédestination, terme théologique, le dessein formé par Dieu de toute éternité de perdre certains hommes et de sauver les autres.

Proudhon, publiciste français (1809-1865).

Puissance, par opposition à *acte*, signifie une existence virtuelle qui ne s'est pas encore réalisée, actualisée.

Pufendorf, historien et juriste, né en 1632, mort à Berlin en 1694.

R

Racine, grand poète tragique français (1639-1699).

Rituel, l'ensemble des règles, des pratiques suivies dans une religion.

Robinson Crusoé, titre du célèbre roman de Daniel de Foë.

Rollin, un des plus célèbres pédagogues français, auteur du *Traité des Études*.

Rousseau (J.-J.), l'auteur du *Contrat social* et de l'*Émile* (1712-1778).

S

Sand (George), née en 1804, auteur illustre d'un grand nombre de romans.

Secrétan (M.), philosophe suisse contemporain.

Sénèque, le plus grand des moralistes latins, né l'an 3 ou 4 après J.-C.

Simon (Jules) (M.), philosophe et politique français contemporain.

Simoniens (Saints-), disciples de Saint-Simon, utopiste français (1760-1825).

Socrate (470-400 av. J.-C.), fondateur de la philosophie grecque.

Sophisme, faux raisonnement qui a quelque apparence de vérité.

Sophocle, un des trois

T

Tertullien, docteur de l'Église chrétienne (160-245).

Théocratique, se dit des institutions politiques qui attribuent à Dieu et à ses représentants toute autorité.

Théodicée, la partie de la philosophie qui traite de l'existence et des attributs de Dieu. Le mot remonte à Leibnitz.

Thomas (Saint), docteur catholique du moyen âge (1227-1724).

Thrasybule, général athénien, mort en 390 avant J.-C.

Transcendant, terme philosophique, se dit de ce qui dépasse l'expérience.

U

Utilitarisme, le système des moralistes qui ramènent toutes nos actions au principe unique et exclusif de l'intérêt.

V

Vacherot, philosophe français contemporain.

Vauban, célèbre ingénieur français (1633-1707).

Vauvenargues (1715-1747), moraliste français.

Végétarianisme, le système des personnes qui par scrupule s'interdisent de manger la chair des animaux et ne se nourrissent que de végétaux.

Vivisection, l'action de disséquer des animaux vivants.

Voltaire, célèbre poète et prosateur français ; cultiva tous les genres : poésie, philosophie, histoire, théâtre, etc...., exerça une immense influence sur les esprits au xviiie siècle (1745-1778).

W

Wolf (1679-1754), philosophe allemand, disciple de Leibnitz.

Wollaston, philosophe anglais (1659-1724).

Z

Zénon, de Citium, fondateur de l'école stoïcienne, né en l'an 362 avant J.-C.

Zoroastre, législateur et philosophe dont la patrie, l'époque et la vie ne présentent qu'incertitude.

FIN DE L'INDEX

TABLE DES LECTURES

CONTENUES DANS LE VOLUME

TABLE DES MATIÈRES

INTRODUCTION

POURQUOI ON ENSEIGNE ET COMMENT ON DOIT ENSEIGNER LA MORALE

PREMIÈRE PARTIE

Morale théorique.

PREMIÈRE LEÇON

OBJET ET MÉTHODE DE LA MORALE

LEÇON II

UNIVERSALITÉ DE LA MORALE

LEÇON III

LA CONSCIENCE MORALE

LEÇON IV

LA RESPONSABILITÉ OU LES CONDITIONS DE LA MORALE

LEÇON V

LA LOI MORALE ET LES DIVERS MOTIFS DE NOS ACTIONS

LEÇON VI

LES PRINCIPES FAUX OU INSUFFISANTS DE LA MORALE : L'INTÉRÊT, LE SENTIMENT

LEÇON VII

LES VRAIS PRINCIPES DE LA MORALE. — LE BIEN ET LE DEVOIR

LEÇON VIII

LES SANCTIONS DE LA LOI MORALE

DEUXIÈME PARTIE

Morale pratique.

PREMIÈRE LEÇON

LE DROIT ET LE DEVOIR. — DIVISION DES DEVOIRS

LEÇON II

MORALE INDIVIDUELLE. — DEVOIRS ENVERS LE CORPS

LEÇON III

MORALE INDIVIDUELLE. — DEVOIRS ENVERS L'AME

LEÇON IV

MORALE SOCIALE. — JUSTICE ET CHARITÉ

LEÇON V

MORALE SOCIALE. — RESPECT DE LA VIE HUMAINE

LEÇON VI

MORALE SOCIALE. — ESCLAVAGE ET INTOLÉRANCE

LEÇON VII

MORALE SOCIALE. — VOL ET DIFFAMATION

LEÇON VIII

MORALE SOCIALE. — DEVOIRS DE CHARITÉ

LEÇON IX

MORALE SOCIALE. — DEVOIRS DES CITOYENS

LEÇON X

MORALE SOCIALE. — DEVOIRS DE LA FAMILLE

LEÇON XI

DEVOIRS RELIGIEUX ET DROITS CORRESPONDANTS

LEÇON XII

APPRENTISSAGE DE LA VERTU

FIN DE LA TABLE DES MATIÈRES

COURS DE PÉDAGOGIE

THÉORIQUE ET PRATIQUE

PAR

Gabriel COMPAYRÉ

1 vol. in-12 broché........................... **3 50**
— relié toile anglaise souple.............. **4 »»»**

Ouvrage honoré d'une souscription du ministère de l'Instruction publique.

Dans la *première partie* de cet ouvrage, nous avons fait appel à tous les observateurs de l'enfance, en contrôlant et en complétant leurs observations par nos recherches personnelles.

Dans la *seconde partie*, nous avons surtout consulté les hommes du métier, ceux qui par la pratique même ont expérimenté les méthodes d'instruction et les lois de la discipline. Nous avons par exemple dépouillé pour en extraire tous les conseils pratiques qui y sont comme perdus, les volumineux et intéressants *Rapports* des inspecteurs généraux sur la situation de l'enseignement primaire.

Table des matières du cours de pédagogie

Ce volume prépare spécialement au certificat d'aptitude pédagogique.

HISTOIRE
DE
LA PÉDAGOGIE

PAR

GABRIEL COMPAYRÉ

1 vol. in-12 broché.................. **3 50**
— relié, toile anglaise souple.. **4 »»**

Honoré d'une souscription du Ministère de l'Instruction publique.

TABLE DES MATIÈRES DE L'HISTOIRE DE LA PÉDAGOGIE

L'INSTRUCTION CIVIQUE

COURS COMPLET

SUIVI DE NOTIONS D'ÉCONOMIE POLITIQUE

à l'usage des Écoles normales primaires
et des écoles primaires supérieures.

Programmes du 3 août 1881, du 10 août et du 27 juillet 1885

PAR

Gabriel COMPAYRÉ

1 vol. in-12 contenant les dernières modifications
législatives, broché... **3 »»»**
— Relié, toile anglaise souple..................... **3 80**

Adopté pour les bibliothèques scolaires de Paris.

Composé tout exprès pour les **écoles normales primaires**
et les **écoles primaires supérieures**, ce livre n'est que le
développement méthodique et fidèle du programme d'*Instruction civique* définitivement établi par l'arrêté du 10 août 1885.
L'auteur a suivi pas à pas le texte du programme officiel et
n'a introduit dans la distribution des matières que quelques
interversions insignifiantes.

Le nombre des chapitres dont se compose ce volume ne
dépasse guère le nombre fixé par le programme qui annonce
quinze leçons environ (l'économie politique mise à part). Les
sommaires qui précèdent chaque chapitre permettent de
saisir d'un coup d'œil les idées essentielles qui y sont exposées. Des **numéros** placés en tête de chaque article important
permettent, ce qui est souvent nécessaire dans un livre de ce
genre, le renvoi à d'autres articles.

Enfin nous ajouterons que ce livre, avant d'être rédigé sous
sa forme présente, a été professé en partie aux *Cours préparatoires* ouverts à Sèvres en 1881, et transférés depuis à
Saint-Cloud.

BOURLOTON. — Imprimeries réunies, B, rue Mignon, 2.